NOUS SOMMES TOUS IMMORTELS

Dans la collection
l'Homme et l'Univers

BERLITZ (Ch.). *L'Atlantide retrouvée.* Le huitième continent.
BERLITZ (Ch.). *L'Arche de Noé retrouvée.*
BERLITZ (Ch.). *Les Phénomènes étranges du monde.*
BUESS (L.). *La Numérologie de l'ère du verseau.*
CHARON (J.). *La femme de la Genèse.*
CHAUVIN (R.). *Les Veilleurs du temps.*
CHAUVIN (R.). *Voyage outre-terre.*
DANIKEN (E. van). *Preuves des civilisations extraterrestres.*
DONNER (F.). *Le Rêve de la sorcière.*
DROUOT (P.). *Des vies antérieures aux vies futures.*
FONTBRUNE (J.-Ch. de). *Histoire et prophétie des papes.*
FONTBRUNE (J.-Ch. de). *Nostradamus, historien et prophète.* T. 1.
FONTBRUNE (J.-Ch.). *Nostradamus, historien et prophète* (relié). T. 1.
FONTBRUNE (J.-Ch.). *Nostradamus, historien et prophète.* T. 2.
HARDY (Ch.). *L'Après-vie à l'épreuve de la science.*
HARDY (Ch.). *L'Autre-monde de l'ultra-perception à l'ultra-logique.*
HUTIN (S.). *Nostradamus et l'alchimie.*
KOECHLIN DE BIZEMONT (D.). *Prophéties d'Edgar Cayce.*
KOECHLIN DE BIZEMONT (D.). *Edgar Cayce : Guérir par la musique.*
KURTH (H.). *Dictionnaire des rêves de A à Z.*
MAC GAREY (W.). *Les remèdes d'Edgar Cayce.*
MULDOON (S.)/CARRINGTON (H.). *La Projection du corps astral.*
MURPHY (J.) Dr. *Comment utiliser les pouvoirs du subconscient.*
OSIS/HARALDSON. *Ce qu'ils ont vu au seuil de la mort.*
RAMPA (T. L.). *L'Ermite.*
RAMPA (T. L.). *La Treizième chandelle.*
RAMPA (T. L.). *Pour entretenir la flamme.*
REANT (R.). *La Parapsychologie et l'invisible.*
REANT (R.). *Parapsychologie pratique pour tous.*
REANT (R.). *Pratiquez la parapsychologie.*
REANT (R.). *Nouvelles expériences de parapsychologie.*
REJU (D.). *Le Troisième secret de Fatima.*
ROBINSON (L. W.). *Enseignement et prédictions d'Edgar Cayce, médium et guérisseur.*
WONDER (J.)/DONOVAN (P.). *Utilisez les pouvoirs de votre cerveau.*

PATRICK DROUOT

NOUS SOMMES TOUS IMMORTELS

Collection « l'Homme et l'Univers »

ÉDITIONS DU ROCHER

Jean-Paul Bertrand
Éditeur

Du même auteur
aux Éditions du Rocher

Des vies antérieures aux vies futures.

ISBN 2-268-00638-7

« Ce qui compte ce n'est pas l'endroit où l'on va, c'est la route que l'on suit pour s'y rendre. Et si quelqu'un a commencé à vous initier, ce n'est que vous-mêmes. »

Patrick Drouot

A Marguerite,
A Patrick

AVANT-PROPOS

Quelques mois après sa parution, « Nous sommes tous immortels » en est à sa cinquième édition, c'est dire le vaste mouvement qui se crée non seulement autour du concept de la vie avant la vie, mais aussi en faveur d'une nouvelle approche de la dimension de l'être humain. J'ai reçu plusieurs milliers de lettres d'encouragement provenant de toutes les couches socioprofessionnelles ; des centaines de membres du corps médical m'ont écrit pour me faire part de leur intérêt, mais aussi des gens de scène, des acteurs connus, des scientifiques d'organismes officiels... et puis des gens comme vous et moi. Tous convergent vers une seule et même question : qui est réellement l'être humain et quelle est la nature de la conscience humaine ?

Les grands médias s'y intéressent et tous les journalistes, reporters, présentateurs et réalisateurs d'émissions télévisées que j'ai rencontrés ont témoigné de leur ouverture d'esprit face à un concept qui remet en question notre vision cartésienne de la science actuelle. Le concept de la réincarnation est un phénomène de mode, ce qui n'est peut-être pas tout à fait inexact, mais derrière cette apparence se dessine un nouveau cadre de pensée. La vision que nous avons de nous-même est en train de changer. Peu à peu, de nombreux scientifiques évoluent vers l'idée que l'inclusion de la conscience humaine dans le champ des recherches actuelles permettrait l'accès à la compréhension de la nature de l'être humain et par conséquent à celle de l'univers.

Ma recherche a commencé il y a plus de dix ans et pourtant j'ai l'impression intense et indescriptible qu'elle a commencé il y a bien des vies. Dans cette démarche, j'ai souvent été confronté aux manifestations de nature spirituelle et, ce à quoi je n'étais pas préparé, à la souffrance morale et physique des êtres. Bien souvent, cette dernière est un levier pour accéder à la compréhension de la nature de l'être humain et de la Vie, le principe même de l'existence. Ainsi, chacun d'entre nous est un processus dynamique d'une conscience immortelle se révélant dans un être de chair. Et cet éveil confère à chaque personne le sens de sa totalité, la conscience d'être en harmonie avec la vie, de faire partie de l'univers et de ne pas être en conflit avec celui-ci.

Dans cet esprit, nous pouvons réellement nous dégager des vieilles peurs du passé, même celles de notre « avant-vie ». Nous pouvons transformer notre présent et notre avenir en nous rappelant que la beauté qui brûle en chacun d'entre nous est la Vie insufflée sur terre, l'éternité s'unissant au temps, l'infini s'unissant au fini.

Patrick DROUOT
Paris, novembre 1987

REMERCIEMENTS

Je voudrais exprimer ma profonde gratitude aux très nombreuses personnes qui m'ont aidé, soutenu et suivi durant toutes ces années de recherches. Elles m'ont permis de constater la noblesse et la beauté qui brûle au plus profond de chaque être humain.

Je tiens à remercier Marie Borrel pour sa collaboration à cet ouvrage ainsi qu'à son aide efficace et imaginative ; à Jean-Yves Casgha pour avoir cru en ma démarche et pour m'avoir constamment guidé tout au long de la rédaction du manuscrit.

Ma reconnaissance va tout spécialement à des êtres qui, sous différents aspects, ont profondément modifié mon existence et ma vision de l'univers : à Goswami Kryiananda qui m'a enseigné la nature spirituelle de l'homme et l'humilité ; à mon épouse Marguerite qui m'a constamment épaulé durant toutes ces années, qui était présente durant les moments de doutes et qui m'a permis d'être ce que je suis réellement ; enfin à mon fils Patrick que j'ai fait naître et qui m'a enseigné la sagesse innée que possède un enfant

Il y a bien longtemps, j'ai déjà marché en compagnie de ces 3 êtres, aujourd'hui et une fois encore, nos chemins se sont rejoints.

A ceux d'en haut.

Patrick Drouot

PRÉFACE

C'est avec plaisir que nous répondons à l'invitation de Patrick Drouot de présenter son premier livre au public. Ce n'est pas seulement un plaisir, c'est aussi un devoir sacré, celui d'encourager la hardiesse de la tâche entreprise par ce chercheur, qui, s'il n'oublie pas qu'il est un scientifique, titulaire d'une maîtrise de physique et diplômé de Columbia University, New York, n'en a pas moins délibérément choisi de consacrer sa vie à l'élucidation d'un phénomène qui suscite encore beaucoup de réactions de défenses, sectaires, de la part des corps constitués, tant dans le domaine religieux, que dans le monde scientifique.

Dans le traitement d'un problème aussi délicat que celui des éventuelles vies passées, et à l'heure de la science expérimentale pionnière, sa formation plaide en faveur de l'honnêteté et de l'objectivité de la recherche de l'auteur, qui n'hésite pas, un an après avoir écrit ce livre, à faire son autocritique dans la conclusion de son ouvrage. Peut-être est-il trop sévère, mais en matière scientifique, la modestie est de rigueur.

Patrick Drouot est déjà bien connu du public par ses conférences, ses séminaires et les émissions de radio qui lui ont été consacrées. Personnellement, lors d'un séminaire que j'animais au Brésil, j'ai eu la surprise de trouver entre les mains de l'un des participants une cassette de Patrick Drouot, tandis que mon interlocuteur me demandait si je connaissais ce chercheur français ?

Je dois avouer que les premiers récits concernant son

histoire personnelle relative à son passé lointain m'ont réellement fasciné ; d'autres récits, sélectionnés parmi les cas les plus intéressants de sa clientèle, passionneront tous les amateurs de casuistique suffisamment ouverts au concept de la réincarnation ; mais si vous êtes très rationnel et cultivez le scepticisme scientifique, un conseil amical : commencez par le chapitre quatre, pour éviter de fermer un livre vous paraissant par trop invraisemblable : les aspects scientifiques de cet ouvrage, branché sur les dernières recherches de pointe, vous amèneront progressivement à réaliser que les cas de vies passées choisis entre plus de 2 500 séances effectuées sur environ six cents personnes ne relèvent pas de la science-fiction, mais s'intègrent dans une démonstration parfaitement cohérente.

Parler de vies passées est un sujet extrêmement complexe et délicat, comme en témoigne par exemple Ian Stevenson, ce Directeur du Département de Neuropsychiatrie de l'Université de Virginie, qui a rassemblé plus de trois mille cas d'enfants qui prétendaient se souvenir de leurs vies antérieures, et qui ont effectivement retrouvé leur famille précédente. Pour conclure, dans chaque cas, qu'il s'agissait bien de vie antérieure, il lui a fallu éliminer de nombreuses variables pouvant donner à ce phénomène d'autres explications tout aussi crédibles. A la faveur de cette recherche, il propose d'ailleurs une méthodologie qui permet d'éviter de nombreux écueils.

A l'instar de Ian Stevenson, le docteur Hélène Wambach, une psychologue, a fait également des études statistiques sur des milliers de vies antérieures. Patrick Drouot nous en présente une synthèse d'autant plus passionnante qu'il a pu obtenir une longue interview exclusive d'Hélène Wambach avant sa mort, interview dans laquelle elle dresse un bilan de ses dernières recherches, non encore publiées, sur la vie future de l'humanité en général et des personnes en particulier.

Par ailleurs, non content d'être un scientifique, Patrick Drouot a poursuivi sa quête en direction de l'Orient dans la voie initiatique hindouiste du Kryia Yoga de Paramahansa Yogananda ; cette démarche est essentielle pour qui veut consacrer sa vie à ce genre d'investigations.

Au fil des pages, l'évolution progressive de l'auteur se dessine en filigrane, et l'un des aspects de cet ouvrage le plus fondamental serait peut-être de dédramatiser un concept et de s'interroger d'une manière pleinement positive sur la raison d'être de la réincarnation, et sur ce que nous en faisons dans cette existence même.

Ceci n'invalide en rien la valeur thérapeutique de l'expérience des vies passées ; dans certains cas de souffrance morale et de névrose grave sans explication causale dans cette existence, le revécu expérientiel de traumatismes de vies passées s'est révélé d'une efficience surprenante comme l'atteste Patrick Drouot, confirmant en cela les travaux d'autres Français comme Denise Desjardins et le psychiatre J.-P. Schnetzler entre autres.

Il est bien difficile à la suite de tous ces travaux de nier l'existence du phénomène dit réincarnatoire ; cet ouvrage constitue un nouveau témoignage appréciable parmi les recherches précédentes. Gageons qu'il pèsera d'un bon poids dans la balance de l'évaluation de cette phénoménologie. Il dépasse le cadre du simple témoignage par une tentative d'intégration du sujet dans un ensemble plus vaste où la problématique existentielle occidentale et le principe oriental de causalité ou karma trouveraient enfin une justification à la fois scientifique et spirituelle.

Mais, se demandera à nouveau le lecteur : *la réincarnation existe-t-elle vraiment ?* N'est-elle pas un rêve ou une illusion ? Il nous paraît pertinent de préciser, avant de répondre à cette question cruciale, que pour les raisons exposées par René Guenon, nous préférons le terme plus adéquat de « Transmigration » dont la réincarnation n'est qu'un cas spécialement réservé aux corps de chair animaux et humains : si l'on en croit par exemple l'expérience tibétaine, il existe encore quatre autres règnes sans corps charnels mais où il y aurait transmigration.

C'est dans l'Ecole du Vajrayana du Bouddhisme tibétain que l'on obtiendra la réponse sans doute la plus autorisée, puisque ces êtres exceptionnels que sont les grands Lamas illuminés tibétains savent comment transmigrer « volontairement » et maintiennent depuis près de mille ans plusieurs lignées ininterrompues de grands maîtres. La réponse qu'ils donnent à cette question est extrêmement prudente et nuancée, c'est une réponse sur mesure en fonction du degré de compréhension de chaque personne

Pour ceux qui sont encore immergés dans la croyance en un monde solide et en un moi substantiel, la réponse sera sans doute positive : « Oui, la réincarnation existe... » et ils ajouteront peut-être prudemment : ... « comme tous les autres phénomènes ! » Cette dernière phrase constituera dans ce cas une restriction extrêmement subtile ; en effet tout phénomène n'est qu'apparence, mirage, comme un rêve. Et si l'on accepte ce point de vue qui vient rejoindre les dernières découvertes de la microphysique, on peut affirmer que la réincarnation est aussi illusoire ou aussi réelle qu'une montagne ou qu'un corps humain.

Comme le dirait le Bouddha au sujet de n'importe quel phénomène :

On ne peut pas dire qu'il n'existe pas

On ne peut pas dire qu'il existe

On ne peut pas dire qu'il existe et n'existe pas en même temps

On ne peut pas non plus affirmer le contraire de la proposition précédente.

Sur un autre niveau de connaissance de la nature de l'esprit, où l'on « sait » par « expérience » la valeur relative de la causalité linéaire et par conséquent du karma, la réincarnation n'existe que dans le monde relatif du Samsara, c'est-à-dire du monde illusoire des phénomènes, dualisme, sujet-objet qui nous conduit à l'attachement et à ce que nous percevons comme objets solides source de plaisir. Ce qui réincarne, c'est justement cette illusion ; une fois que le fantasme de la séparativité comme nous l'avons appelé se dissout, il n'y a plus matière à quoi s'attacher ; il n'y a plus de réincarnation, ni de transmigration d'aucune espèce.

C'est donc dans cette existence, ici et maintenant par la pratique de la méditation, que nous pouvons sortir du cercle vicieux de nos éternelles répétitions. Voilà le message essentiel que Patrick Drouot a réussi à dégager de sa recherche.

Celle-ci constitue un effort gigantesque d'évolution personnelle et d'aide à l'évolution des autres. Patrick et sa femme Marguerite forment un couple uni autour de la Sagesse indissociable de l'Amour ; leur manière d'être a profondément touché mon cœur ; c'est peut-être là ce qu'ils transmettent d'essentiel à tous ceux qui les approchent ; et c'est cela qui me semble être le plus important de ce que je pourrais exprimer !

Pierre WEIL (1), du Département de Psychologie de l'Université Fédérale de Belo-Horizonte, Brésil.

(1) Pierre Weil est Docteur en Psychologie de l'Université de Paris ; responsable des recherches scientifiques en psychologie transpersonnelle pour l'Association Française du Transpersonnel. Pierre Weil est Directeur honoraire de l'A.F.T. et professeur à l'Université.

INTRODUCTION

Depuis environ trente ans, et plus particulièrement au cours des cinq dernières années, un courant de pensée réincarnationniste s'est mis à souffler sur le monde occidental. Est-ce un phénomène de mode dû à une angoisse existentielle latente ? Est-ce le début d'un grand réveil spirituel de l'Occident ? Ou est-ce tout simplement le prochain pas de l'évolution de l'espèce humaine ? Il est encore difficile de répondre. Pourtant, tout cela ne date pas d'hier. Depuis des temps immémoriaux, l'être humain s'est posé des questions fondamentales sur son origine et sur son devenir. Sommes-nous limités à nos cinq sens, ou existe-t-il d'autres univers que nos yeux ne peuvent percevoir ? Y a-t-il une parcelle de Vérité chez ces hommes et ces femmes, sages et saints de toutes races et de toutes religions, qui affirment être entrés en contact direct avec la Vérité et avoir eu l'intuition intense et indescriptible d'une réalité différente ? Et que dire des innombrables personnes qui décrivent des événements qui ne se sont pas produits dans leur présent ? Leurs récits reposent-ils sur des bases quelque peu solides ?

A toutes ces questions ancestrales, l'homme d'aujourd'hui comme celui d'hier, s'efforce de trouver des réponses, à l'aide de toutes les disciplines qui sont à sa disposition. La physique des quanta, par exemple, nous affirme que l'interpénétration des univers a commencé. D'autres chemins sont en train de s'ouvrir à notre compréhension, qui nous permettront un jour de sortir de notre cercle limité le conscience. Selon le physicien américain Fritjof Capra (1), nous nous efforçons toujours d'appliquer les concepts dépassés de la vision mécaniste du monde, propres à la science cartésienne, à une réalité qui ne peut plus être abordée en ces termes. C'est pourquoi aujourd'hui, nous devons tenter de nous rapprocher d'une vision holistique de l'univers (2). Et notre démarche cartésienne ne nous permet pas d'aborder cette nouvelle vision de l'être humain, et de l'univers dans lequel il vit. C'est dans ce sens que j'ai axé mes recherches depuis bientôt dix ans. A travers toutes ces années, je me suis trouvé dans l'obligation de remettre sans cesse en question ma formation scientifique, parfois d'une semaine à l'autre. Aux Etats-Unis, j'ai rencontré de nombreux chercheurs de toutes les disciplines : des physiciens des astro-physiciens, des médecins, psychiatres, archéologues tous engagés dans les mêmes recherches. Tous ten taient de répondre à la même question : « Qui sommes-nous réellement, et quelles sont nos possibilités ? ».

Par ailleurs, j'ai rencontré des sages qui m'on décrit leurs visions mystiques. Des personnes ordinaires, parfois les larmes aux yeux, m'ont parlé de mondes de lumière situés bien au-delà des étoiles. Ces gens-là sont nombreux, même si, comme le dit Pierre Weil (3) : « beaucoup se taisent, soit parce qu'ils considèrent cette prise de conscience comme trop intime, soit parce qu'ils craignent de n'être pas compris et d'être traités de fous ». Et j'ai parfois découvert d'étranges points communs entre les uns et les autres, entre les recherches rigoureuses des scientifiques, et celles, plus intérieures et plus subjectives, des mystiques et des sages.

Pour appréhender ces concepts qui dépassent largement le cadre de ce que nous avons l'habitude d'entendre, j'ai ressenti le besoin d'expérimenter à mon tour des états de conscience différents. Depuis toujours, j'avais en moi une sorte de désir de compréhension et d'absolu. Lorsque j'avais cinq ans, un soir d'été, alors que je me promenais

(1) Fritjof Capra, « Le temps du changement », Ed. du Rocher.

(2) Holistique : vient du grec « holos », qui signifie « tout, entier », une vision holistique s'efforce donc de percevoir quelque chose dans son ensemble, et non de le considérer comme un élément indépendant de ce qui l'entoure.

(3) Pierre Weil, « La conscience cosmique », Ed. L'homme et la Connaissance.

avec mon grand-père à la lisière du village alsacien où je suis né, je vis une pluie de météorites égratigner la voûte étoilée. Je demandai immédiatement à mon grand-père s'il y avait des habitants dans ces lumières, comment ils vivaient, et pourquoi tout cela disparaissait si vite. L'explication qu'il me donna ne me satisfit point, et mon esprit d'enfant essaya de s'élever vers les étoiles dans le but de comprendre d'où venaient ces « pierres du ciel ». D'aussi loin que je me souvienne, ce fut là ma première tentative consciente d'élever ma compréhension vers l'univers qui nous entoure. Ce désir ne m'a jamais quitté depuis. C'est pourquoi je me suis livré, dans le cadre de mes recherches, à des expériences desquelles j'ai ramené des souvenirs précis d'événements qui s'étaient produits bien avant ma naissance, en d'autres temps, en d'autres lieux, dans d'autres vies. J'ai marché dans mes rêves, comme j'ai marché dans les forêts d'un autre monde. Mes yeux ont contemplé le fond des âges. Parfois, j'ai eu l'intuition irrésistible d'avoir ramené certains secrets cachés du temps.

Comme moi, d'autres chercheurs se sont projetés dans des univers mathématiques d'où ils ont ramené des concepts stupéfiants. Des musiciens, comme Stephen Halpern aux U.S.A., Jean-Claude Mejstelman en France, et vraisemblablement Kitaro au Japon, ont pénétré des univers sonores, et ont essayé de reproduire, sur terre, des sons qu'ils avaient entendus ailleurs. D'autres encore se sont projetés le long de la trame temporelle pour revenir à l'aube des temps.

L'histoire nous parle d'initiés, de sages, de saints, qui transcendèrent l'univers physique. Des cercles occultes perpétuent une Vérité Originelle qui s'est transmise secrètement de génération en génération. Une poignée d'hommes aurait reçu un savoir perdu, à charge pour chacun d'eux de le communiquer à ceux qui seraient capables d'en saisir toute la signification. De là est née l'initiation et le culte des écoles de mystère grecques et égyptiennes, de là est née la notion de « savoir ésotérique ». Or, aujourd'hui, il semble bien qu'un savoir perdu soit peu à peu redécouvert par une multitude de chercheurs de tous horizons, de toutes races, de toutes cultures, de toutes croyances. Mais la science nie ce qui la dépasse, si bien que nous passons notre temps à refermer les portes de notre propre compréhension, celles-là mêmes qu'avec notre conscience, nous nous efforçons d'entrouvrir. Pourtant, notre conscience me semble bien être, au-delà de l'espace et du temps, notre véritable « totalité », notre vrai « moi ». Je pense que la conscience et l'énergie sont UN, et que tout l'espace-temps est construit par la conscience. Notre perception « normale » de la réalité serait alors un composite d'un nombre infini d'univers dans lesquels nous coexistons. Ce que nous percevons comme étant nous-mêmes ne serait qu'une projection locale de la totalité de nos vrais « moi » (1). Dans cette optique, nous serions pareils à des diamants à mille facettes, et l'être humain en tant que tel, à travers ses cinq sens physiques, vivrait dans l'une de ces facettes. Or, si grâce à un « saut de conscience », l'être humain de facette devenait diamant, il aurait accès à la connaissance inscrite dans tous les univers, dans toutes les facettes du diamant. Ce n'est qu'ainsi qu'il pourrait redevenir UN.

Cette nouvelle vision de l'être humain, Un, total, accompli, maître de toutes ses facultés, m'a été dictée par les constatations, les recoupements, les conclusions, tout le travail que j'ai effectué d'abord sur mes propres régressions, puis sur celles que j'ai fait vivre à des centaines de personnes, soit individuellement, soit en groupe au cours de séminaires. Toutefois, je n'ai pas voulu lasser le lecteur par de trop nombreux exemples, c'est pourquoi j'ai préféré réduire, autant que possible, l'exposition des expériences vécues. Il ne m'a pas non plus paru nécessaire de discuter ici du bien-fondé du concept de réincarnation. J'ai voyagé des dizaines de fois dans mon propre passé, avant d'assister en tant qu'opérateur à des milliers de voyages du même genre. J'ai comparé mes résultats, mes notes, mes conclusions, avec ceux d'autres chercheurs, et je n'y ai trouvé aucune divergence de fond. Cela m'a paru suffisant pour me convaincre. Je ne compte pas dans ce livre « prouver » quoi que ce soit en ce qui concerne la réincarnation, sujet qui pour l'instant fait partie du domaine subjectif des « croyances », et à ce titre attire les convictions autant positives que négatives. J'en débattrai peut-être plus tard

(1) Cette hypothèse a fait l'objet d'une thèse de doctorat, déposée par Everett, dans une grande Université américaine.

dans un autre livre. Pour l'instant, j'ai seulement voulu replacer ce qu'on sait, ou plutôt ce qu'on « entrevoit » de la réincarnation, dans un cadre plus large : celui des états supérieurs de conscience, dont la régression dans les vies passées n'est qu'une facette, et qui me semblent être une des clés permettant de faire « sauter » les nombreux verrous qui nous entravent dans ce monde physique gouverné par nos cinq sens.

Ce n'est certainement pas un hasard si, aujourd'hui, nos sciences et tout particulièrement la physique subatomique rejoignent les courants de pensée orientaux, de tous temps réincarnationnistes, sur un thème important : l'impermanence de toute chose. La science occidentale, rationnelle, cartésienne, rejoint la pensée orientale, spirituelle, philosophique et religieuse, par l'intermédiaire d'une constatation qui sert de passerelle entre ces deux blocs que l'on avait crus séparés à tout jamais : la réalité n'est pas ce que nous en percevons, les choses ne sont pas ce que nous croyons qu'elles sont, et nous ne sommes pas ce que nous croyons être.

Toutefois, bien que je n'entende pas laisser de côté l'admirable pensée hindouiste, yogique, tibétaine, j'ai souhaité mettre plutôt l'accent sur certains aspects oubliés de notre culture, encore empreints de mystère. Je veux parler des Celtes, des Druides, des Cathares et des Templiers dont nous avons en grande partie perdu les traces, et dont j'ai pu retrouver une partie du chemin à travers les nombreuses expériences de régressions que j'ai traitées.

Mais les voyages dans les vies passées, et par-là même le concept de réincarnation, ne sont pas une fin en soi. Ils font partie d'un ensemble plus vaste, constitué par toutes les nombreuses possibilités de la conscience, que nous ne faisons encore qu'entrevoir. Le basculement de la conscience peut prendre diverses formes : voyage astral, expérience de certains yogis, voyage hors du corps, etc. Certaines découvertes de la physique d'avant-garde offrent des points communs avec ce type d'expériences. Bien que pour la grande majorité des gens, la sortie hors du corps appartienne au mysticisme et au folklore, le très sérieux « Monroe Institute » aux Etats-Unis effectue des expériences sur le sujet en apprenant à des membres de l'armée américaine comment sortir consciemment de leur corps. Ce qui prouve bien que la perspective, pour chacun, d'élargir son champ de conscience, commence à sortir du cadre de la croyance mystique pour entrer dans une phase supérieure.

Ce que nous appelons la mort physique, de la même façon, n'est rien d'autre qu'un basculement irréversible de la conscience dans un autre univers. Encore une des possibilités de la conscience que nous ne faisons que découvrir, et que nous pourrions peut-être arriver à mieux vivre, sinon à contrôler, à maîtriser.

Cette maîtrise des possibilités de notre conscience, cette meilleure compréhension de nos capacités insoupçonnées, tout cela pourra peut-être considérablement nous aider dans notre passage vers le troisième millénaire.

Bien sûr, l'ensemble des idées et des phénomènes présentés dans ce livre englobe des concepts extrêmement vastes, et je suis bien conscient des imperfections qui peuvent apparaître dans cet exposé. Je ressens moi-même, malgré toutes mes années de recherches, n'être qu'au début d'une nouvelle vision de l'homme en tant qu'Espèce. Bien souvent, je me suis trouvé dans des abîmes de perplexité devant des concepts qui me dépassaient totalement. Mais à mon sens, ce n'est pas une raison pour ne pas vous les exposer !

Que les personnes profondément religieuses ne voient dans les pages qui vont suivre aucune forme nouvelle de Credo. Au contraire. Il n'y a aucun antagonisme entre une quelconque croyance religieuse et les concepts que je développe ici. Ces concepts sont même porteurs de Foi, en ce sens que j'ai constaté parfois un regain de besoin de Croire, à la suite d'expériences d'états élargis de conscience, chez des personnes qui s'étaient auparavant totalement détournées de la religion. Comme si l'Etre, à nouveau éclairé, ressentait le besoin de danser, plus que jamais, au soleil de l'Esprit.

Une réalité bien plus vaste que celle que nous connaissons nous attend au-delà de l'univers de nos cinq sens. C'est au sein de cette réalité que l'Etre, de facette, redeviendra diamant !..

CHAPITRE PREMIER

VOYAGE AU-DELÀ DU TEMPS

Près d'un village celte, il y a quelques millénaires...

Un rayon de soleil coule sur la clairière. Tout autour, la forêt est dense, des chênes centenaires recouvrent de leurs ramures les épais fourrés. Au centre de cette large trouée herbeuse, près d'une hutte de bois au toit de chaume, une femme est debout. Ses cheveux sombres et bouclés tombent, libres, sur ses épaules, alourdissant encore sa silhouette un peu massive, rassurante, maternelle. Elle semble attendre. Son visage doux reste immobile, impassible et serein. Seules, sous son nez droit, ses fines lèvres entrouvertes frémissent à chaque inspiration, révélant la vie qui anime cette statue de chair. Govenka se concentre. Elle doit vivre aujourd'hui une épreuve importante, c'est pourquoi elle a revêtu tous les attributs de sa fonction. Sur sa longue robe de coton gris, sans forme, un pendentif de bronze scintille dans la lumière. Il pend au bout d'une chaîne plate, juste au niveau de sa large poitrine noyée dans le flou du tissu. Le bijou semble bouger, animé d'une vie propre, et ses palpitations se font de plus en plus nettes, comme renforcées par l'immobilité de celle qui le porte. Ses rayons pointés vers l'extérieur encadrent une petite planète en mouvement, symboles du soleil et des mondes qu'il fait vivre. Soudain, Govenka porte la main à cette étrange médaille, une main longue et fine, blanche comme de la neige fraîche. A l'annulaire, elle a glissé une bague d'argent, vibrante elle aussi, et au majeur un cristal enchâssé dans un anneau d'argent. Enfin, dernier symbole des forces immenses qui l'animent, elle porte à son poignet droit un bracelet, dont les gravures, simples lignes entrelacées, représentent le pouvoir du serpent, la Connaissance.

Govenka est prête.

— Le voilà, il arrive, se dit-elle.

Comme une évidence, elle sait qu'il sera bientôt là et qu'elle pourra alors accomplir son Œuvre.

Govenka vit seule dans cette clairière depuis de longues années, à quelques kilomètres de son village. C'est là que, entourée de ses maîtres spirituels, de ses guides désincarnés, de ses amis invisibles, âmes sans corps venus des mondes élevés de l'astral, elle guide ceux de sa tribu. Elle est leur prêtresse. Et son humble hutte est comme un temple où ils viennent la consulter, chercher son conseil, son aide, ou son soutien.

Parfois elle leur rend visite au village, lorsqu'ils l'appellent. Elle y est allée pour la dernière fois il y a quelques jours à peine. Elle avait entendu un appel, un appel de mort.

Elle s'était immédiatement mise en chemin. Dès qu'elle fut arrivée à l'orée du village, son nom se propagea parmi les celtes comme un feu dans les broussailles. Guerriers, vieillards, enfants, femmes, tous accouraient. Ils sortaient des maisons, des sentiers menant au grand lac tout proche, des chemins trouant la forêt. Des larmes de bonheur coulaient sur leurs joues. Govenka s'arrêta. Debout au milieu de la foule qui l'entourait, elle se laissait pénétrer par la joie intense qui émanait de tous ces êtres, par leur amour inconditionnel. Elle se sentait devenir ces gens, elle se fondait en eux, elle était plus que jamais l'Esprit de ce village, la Mère Divine de ces villageois. Nimbée d'une auréole d'or liquide, d'une aura extrêmement brillante, Govenka irradiait au milieu de cette marée humaine, déesse vivante, véritable apparition de chair et de sang. Tous étaient également émus par sa présence : les femmes blondes, frêles et fragiles, les guerriers grands, musclés, forts, blonds aussi, et moustachus. Ces gens respiraient la santé. Govenka promena sur le paysage alentour un regard satisfait. Les huttes étaient propres, larges, et le village s'étendait au loin sur la colline. Les celtes de cette tribu devaient être plusieurs milliers à présent. Ils mangeaient toujours à leur faim, du poisson, du grain, des légumes, parfois un peu de viande. Ils avaient l'air heureux. Et tout cela, Govenka le savait, c'est à elle qu'ils le devaient, c'est elle qui le leur avait enseigné. Govenka laissa s'écouler à travers elle le flot d'allégresse qui l'avait accueillie, et se concentra sur l'appel de mort qu'elle avait ressenti de loin, là-bas, dans sa clairière. Chaque fois qu'elle captait ce cri, elle le savait, quelqu'un était au bord du passage, tout près de basculer dans l'autre univers.

Elle se laissa guider par sa sensation, et se fraya un chemin dans la foule qui s'ouvrait sur son passage jusqu'à une hutte. Debout devant la porte, une femme tenait dans ses bras un petit garçon. L'enfant ne devait pas avoir plus de cinq ans. Il tremblait de fièvre. La femme s'approcha, offrant son enfant aux mains de la prêtresse. Govenka promena son regard sur lui : il était très malade, son aura était parsemée de zones d'ombres, comme des déchirures par lesquelles toute l'énergie de ce petit être s'échappait. Elle ferma les yeux et se concentra. Peu à peu, les trous dans l'aura de l'enfant commencèrent à se colmater. Govenka était immobile, les yeux fermés. On eût pu croire qu'elle dormait debout. Mais en réalité son corps astral était en train de réparer celui du petit garçon, de le nettoyer, de le régénérer. Sous son apparente immobilité, elle travaillait comme un artisan, mais son outil n'était ni la pioche, ni le ciseau. Elle travaillait avec les énergies, la sienne, celle du petit garçon, mais aussi celles de la nature tout entière. Lorsque le corps astral de l'enfant fut complètement nettoyé, Govenka sembla se réveiller. Posant ses mains au-dessus de lui, elle promena ses doigts à quelques centimètres du petit corps encore tremblant. Peu à peu, l'enfant revenait à la vie. Son corps physique aspirait l'énergie que lui transmettait son corps astral restauré. Sa respiration se calmait, s'amplifiait, et ses tremblements s'estompaient. La séance avait à peine duré quelques minutes. A présent, l'enfant reposait en paix dans les bras de sa mère. Govenka poussa un long soupir. Tout allait bien. La mère de l'enfant resta quelques instants silencieuse, héberluée, puis elle fondit en larmes. Elle se jeta aux pieds de sa bienfaitrice, et embrassa fiévreusement le bas de sa robe en poussant des sanglots de joie. Sans se départir de son calme, Govenka se pencha vers elle :

— Relevez-vous, murmura-t-elle en souriant.

Elle avait prononcé ces mots à voix presque basse, et pourtant ils avaient résonné et chacun les avait entendus. Ils avaient vibré dans l'air riche des senteurs de la nature toute proche, et un immense amour s'en était dégagé.

— Relevez-vous, dit-elle encore.

Elle tendit sa main à la mère qui se redressa, et de son autre main dessina dans l'air quelques figures.

— Tout va bien, murmura-t-elle, tout va bien.

En même temps, elle se disait :

— Tout est si simple pourtant, et pour ces gens-là cela ressemble à des miracles !

Malgré ce qu'elle venait de réussir, Govenka sentait toujours l'appel de mort vibrer en elle.

— Je n'ai pas fini, dit-elle.

Elle se concentra à nouveau, un bref instant : étrangement, le signal s'était modifié. Ce n'était plus un appel au secours, mais plutôt un appel à l'aide. Il ne s'agissait plus de ramener quelqu'un à la vie, mais d'accompagner une âme au-delà de la mort. Govenka se dirigea d'un pas lent et régulier vers une autre hutte. Elle semblait glisser sur le sol. Elle pénétra dans la maison. C'était celle d'un vieux sage du village. La hutte semblait vide, plongée dans une demi-obscurité. Elle était parfaitement rangée, comme on range une maison avant de partir en voyage. Contre un mur, sur un lit de bois sombre, le vieillard reposait. Govenka s'approcha. Ils étaient seuls.

— Je vais partir, dit-il d'une voix faible.

— Je sais.

— J'ai besoin de toi, Govenka, aide-moi à passer de l'autre côté.

— Je suis là pour t'aider.

Et ils se turent. Du moins leurs voix se turent, car ils continuèrent à converser sans le support de la parole.

— Respire, lui enjoignit la jeune femme. Respire. La respiration, c'est la clé du passage.

Le vieil homme prit un souffle profond et régulier. Au fond, tout au fond de lui, Govenka sentit une flamme vacillante, comme un don très ancien et à moitié oublié. Elle se souvint. Une série de vibrations, d'images surgies de la nuit des temps, lui rappela que jadis les hommes, ou du moins certains hommes savaient choisir l'instant de leur mort, et quitter leur corps selon leur désir lorsque le moment était venu. Alors ce n'était pas la mort qui les prenait, c'était eux qui prenaient la mort. Le vieillard possédait encore ce don enfoui très loin au fond de lui, ce don de la mort consciente.

— Dès que tu te sentiras prêt, nous partirons. Mainte nant, c'est à toi de choisir.

— Je sais que je vais quitter mon corps, répondit le vieil homme. Il faut que je me prépare à quitter notre plan terrestre avant de songer à entrer dans un plan supérieur.

— C'est vrai, prends ton temps, l'essentiel est que tu sois en condition.

Govenka s'était mise, elle aussi, à respirer avec ampleur sur le même rythme que son compagnon. Elle concentrait toutes ses énergies les plus subtiles, les plus diffuses, pour les équilibrer parfaitement. Elle se préparait à quitter son enveloppe de chair pour accompagner le vieil homme dans son voyage, dans sa mort qui n'était rien d'autre qu'un basculement paisible vers un autre plan de conscience, vers une nouvelle compréhension.

Enfin, le vieil homme fut prêt. Ensemble, Govenka et lui sortirent de leur corps dense comme on enlève un vêtement trop lourd. Ils se retrouvèrent, êtres impalpables dans un univers impalpable, et pourtant ô combien riche en sensations et en vibrations. Un immense sentiment de joie et de paix les enveloppa comme une onde de chaleur lumineuse, et les porta tout doucement vers une lumière blanche. La lumière était brillante, et pourtant elle ne les aveuglait pas. Elle était à la fois forte et douce, terriblement attirante. Comme ils avançaient, portés par un amour plus intense que n'importe quel sentiment terrestre, ils traversaient des niveaux de compréhension, un peu comme on grimpe un à un les barreaux d'une échelle. A chaque degré franchi, ils se sentaient plus purs, plus libres dans leur marche vers l'appel sublime de la lumière. Une profonde communion reliait ces deux êtres éthérés, et chacun pouvait lire dans l'autre comme dans un livre ouvert. A l'abri du temps et de l'espace, le vieil homme revoyait sa vie dans un flash instantané qui pourtant s'étirait en chapelets d'images. Nageant dans l'éther d'azur et d'or, Govenka suivait les visions du vieil homme, et cette vie lui apparaissait bonne et paisible. Il avait vécu comme un sage, un prophète.

C'était sa voie, il le savait à présent.

Soudain, Govenka sentit une présence près d'elle, une présence connue, amie. Libérée de son corps physique, elle n'avait plus besoin de ses cinq sens pour percevoir, et instantanément elle sut que Véda était à ses côtés. Véda était son maître, un être désincarné infiniment bon et sage qui vivait hors de l'espace et du temps depuis des temps immémoriaux. Il la suivait et la guidait à la fois, toujours présent et jamais pesant. Le vieil homme lui aussi sentit la présence de Véda et tout de suite il sut. Il sut que, malgré sa sagesse, il était toujours resté trop attaché aux choses matérielles, comme verrouillé au plan terrestre. Et cela, la vie qu'il venait de vivre, pour bonne qu'elle eût été, n'avait pu le lui révéler. Véda venait par sa seule présence de déchirer le voile de brume qui avait obscurci l'esprit du vieil homme pendant toute sa vie. Un flot d'amour se déversa en lui, et la vague parvint jusqu'à Govenka puis se retira, laissant derrière elle la compréhension, comme la mer laisse l'écume sur la grève qu'elle vient de lécher. A cet instant, il sut qu'il n'aurait plus à aller bien loin dans sa quête de la Vérité. Ils avaient à présent atteint la lumière blanche qui les enveloppa comme on lange un nouveau-né, et Govenka sut que l'heure était venue pour elle de repartir vers le plan terrestre d'où elle s'était un moment échappée. Si elle franchissait la limite de la lumière, si elle pénétrait dans le plan supérieur, elle ne pourrait plus revenir. Elle deviendrait un libre esprit, et ne se rappellerait même plus qu'une enveloppe de chair l'attendait là-bas, dans la maison du vieillard. Aucune force, fût-ce celle de Véda, ne pourrait alors la faire revenir.

Le vieillard se dépouilla de son corps astral, comme il s'était défait dans sa hutte de son corps terrestre, et sa conscience se projeta au-delà de la lumière. Govenka l'observa un moment.

— Je dois retourner se dit-elle, mon expérience terrestre n'est pas encore terminée. Mon heure n'est pas encore venue.

Elle résista au désir de se défaire elle aussi de son enveloppe astrale qui, pour éthérée qu'elle fût, lui paraissait à présent terriblement lourde, et se projeta en un éclair jusque dans la hutte du vieillard. Elle flotta un bref instant au-dessus de son corps physique, puis, basculant ses énergies, plongea vers cette enveloppe inerte qui l'attirait comme un aimant. Un froid intense la saisit comme elle se glissait dans ce moule étroit et connu. Elle retrouva une à une les sensations du monde matériel, attendit un moment, paupières closes, de pénétrer chaque fibre de ce corps. La vie revenait doucement. Enfin elle ouvrit les yeux : le corps du vieillard reposait à ses côtés. Il avait l'air serein, calme, parfaitement paisible. Un vague sourire flottait même sur ses lèvres blêmissantes.

— Ma tâche est accomplie, dit Govenka.

Elle se leva et sortit. Dehors la famille du vieillard attendait. Dès qu'elle apparut, ils l'entourèrent en silence.

— Il est parti, dit-elle simplement.

Des larmes coulaient sur leurs joues, gouttes de chagrin d'avoir perdu leur parent, et gouttes de reconnaissance car elle avait accompagné son départ. Un à un, ils entrèrent dans la hutte veiller le corps défunt, et Govenka se retrouva seule. Elle avait rempli sa mission. Elle pouvait regagner sa clairière. C'est ce qu'elle fit...

Trois jours ont passé. Aujourd'hui, Govenka va accomplir une opération d'une toute autre nature. Toujours immobile, les yeux fermés, elle voit l'homme qui marche vers elle à travers bois. Soudain, elle ouvre les paupières sur le mur de verdure qui l'entoure : une main écarte les buissons. Un guerrier apparaît. Il est grand, blond comme tous ceux de sa race. Comme ceux de son clan il porte des jambières de cuir serrées autour du mollet, et sa poitrine est bardée de lanières entrelacées, en peau elles aussi. Posé sur cette étrange cuirasse, au centre de son poitrail, un bijou brille. C'est un cristal, insigne de son rang, symbole de sa puissance et de sa royauté. Rama est le jeune roi. Il vient d'accéder au rang suprême, à la tête de la tribu.

Rama marche vers Govenka d'un pas à la fois tranquille et décidé. Il ne sait pas ce qui l'attend au cœur de cette clairière, mais il sait qu'il en sortira changé, transformé jusqu'au plus profond de son être par l'initiation qu'il va traverser. Cela sera peut-être difficile, peut-être magnifique. Une seule chose est certaine : il en sortira grandi, éclairé. Aujourd'hui, dans la clairière de Govenka, le jeune roi élu par ses pairs va devenir le prêtre du clan, ajoutant un pouvoir spirituel à son pouvoir temporel. Ses pas couchent l'herbe tendre qui tapisse le sol d'une couche épaisse et humide. Les yeux rivés au pendentif mouvant qui pend au cou de Govenka, il avance sans un mot. L'air alentour est subitement devenu silencieux, comme si la nature elle-même se taisait pour mieux sentir les vibrations qui se préparent. Encore un pas, et il s'agenouille aux pieds de la prêtresse dans une attitude de profond respect. Doucement, celle-ci lève sa main gauche et la tend au-dessus de la tête du jeune roi. Comme un courant liquide, il sent l'énergie se déverser en lui. Saisi d'une soif subite, il boit cette vitalité impalpable, douce comme l'eau d'un puits à la sortie du désert.

— Je te donne l'énergie, dit doucement Govenka de sa voix enveloppante. Maintenant concentre-toi sur le cristal et tu lui donneras l'énergie à ton tour.

Le jeune roi ferme les yeux. Le bijou accroché à sa poitrine, cristal millénaire que les rois de la tribu se passent de génération en génération depuis l'aube des temps, se met à vibrer légèrement. Il reprend vie.

Ce cristal est l'âme du clan. Aussi loin que remonte la mémoire de ce peuple, ses rois l'ont porté. Mais chaque fois qu'un souverain meurt, il emporte avec lui les pouvoirs qu'il a donnés à la pierre, et ceux que la pierre lui a donnés. Le roi suivant doit redonner vie au cristal. Il en sera ainsi de toute éternité, tant que vivra ce peuple.

Aujourd'hui est un grand jour, car le cristal revit. Le jeune roi est submergé par une joie indicible et sereine. Son corps se met à vibrer à l'unisson de la pierre de sagesse. Il entre en communion avec le cristal et avec toute la nature qui vibre avec lui. Des images désordonnées défilent dans sa tête, des batailles, des fêtes, des visages connus ou inconnus. Malgré ses paupières closes, Govenka voit tout cela sur son visage tranquille, comme un film qui se déroule.

— Le cristal te donne des visions, dit-elle, mais il te faut apprendre à les utiliser. Ouvre tes yeux à présent.

Rama obéit, et les visions s'arrêtent.

— Tu pourras entr'apercevoir les fils qui tissent l'avenir, poursuit-elle, et tu sauras reconnaître la décision juste à chaque fois que tu interrogeras le cristal. Mais nous n'avons pas fini. Viens.

Govenka s'est mise en marche, et le jeune roi la suit. Elle contourne la hutte dont les murs, gros rondins de bois solidement attachés les uns aux autres, forment un arrondi qui suit la courbe de la lisière de la forêt. Derrière la maison, à l'antipode de l'orifice qui constitue la porte d'entrée, une marque est gravée dans le bois. De là part une ligne blanche qui court sur le sol jusqu'au pied d'un grand chêne, planté un pas en avant du cœur de la forêt. Govenka suit le chemin tracé, et s'assied au pied de l'arbre. Docile, Rama l'imite. Les voilà tous deux face à face, assis à même le sol, jambes croisées. Leurs mains reposent sur leurs genoux. Govenka prend une profonde inspiration.

— Respire Rama, dit-elle, la respiration c'est la clé.

Le jeune roi calque sa respiration sur le souffle ample de la prêtresse qui le guide.

— Concentre-toi sur le cristal.

Le jeune roi obéit. Doucement, Govenka équilibre ses énergies intérieures. Soudain, Rama entend une voix résonner à l'intérieur même de son être :

— Sortons à présent, suis-moi.

Plus pressante que n'importe quel appel, plus douce que n'importe quelle prière, la voix commande et Rama ne peut résister. Il se propulse hors de lui-même. C'est comme un nuage argenté, insaisissable, qui s'échappe de son corps à travers le centre de son front. Il est cette matière éthérée qui reprend forme hors de son enveloppe charnelle. Près de lui, Govenka a fait de même. Ils flottent tous deux dans une lumineuse béatitude, hors du carcan matériel de leurs corps, libres entités astrales.

C'est la première fois que le jeune roi vit cette aventure, plus belle, plus enivrante, mais en même temps plus sereine et plus complète que n'importe quel combat victorieux, que n'importe quel amour de femme. Il sait à présent qu'il est différent, qu'il a toujours eu ce pouvoir en lui, même s'il vient à peine de le découvrir. Il sait que sa vie ne sera plus la même, à tout jamais. Il est à la porte de la connaissance, il se tient sur le seuil, il va Savoir.

Dans un profond élan d'amour à la fois maternel et cosmique, Govenka pousse son être immatériel vers celui de Rama, le rejoint, le touche, et leurs deux essences se mélangent dans une union totale. Ils ont passé un nouveau niveau de compréhension. Govenka se fait chenal, tube, canal par lequel s'écoulent entre leurs deux êtres des formes-pensées d'amour, de sagesse, de connaissance. Ce n'est pas sa connaissance que la prêtresse transmet ainsi au jeune roi, non, c'est une connaissance bien plus grande, qui vient de maîtres infiniment supérieurs. Ces maîtres ne se manifestent que lorsque Govenka sort de son enveloppe de chair et de sang, car ce corps est trop pauvre, trop étroit pour connaître la vraie Connaissance. Seule l'enveloppe astrale est assez sage pour se mettre, sans lutte, en harmonie avec ce qui l'entoure, et percevoir une partie, si infime soit-elle, de la Connaissance. Parmi ces maîtres, Govenka sent aujourd'hui encore la présence de Véda, son guide, qui l'accompagne où qu'elle soit depuis des cycles et des cycles. Il est là pour l'aider à transmettre au jeune roi Rama ce dont il aura besoin pour mener à bien sa tâche.

La présence de Véda s'intensifie. A présent, Govenka et Rama voient sa présence plus qu'ils ne la sentent : son corps mince et brillant, nageant dans une longue robe, danse devant eux comme une apparition. Soudain, le jeune roi et la prêtresse comprennent. Véda leur a transmis le cœur palpitant de cette initiation. Ils savent qu'ils devront accomplir, ensemble la migration de la tribu.

Cela fait comme un éclair dans l'éther où ils baignent, et Véda disparaît avec les autres maîtres, laissant Govenka et son élève dans un brouillard d'amour et de joie. Peu à peu chacun reprend son entité propre et le canal se résorbe.

Ils se séparent, comme une mère et son enfant relâchent leur étreinte, et regagnent leurs corps physiques qui les attendent, inertes, dans la clairière au pied du grand chêne où ils les ont laissés. Un choc, une sensation de froid intense, et ils ouvrent les yeux, souriants.

— J'ai eu une vision de ma destinée, dit Rama. Je chevauchais à la tête de toute la tribu, étendard au vent. Les guerriers me suivaient, puis ceux qui sont trop faibles pour combattre, puis les femmes et les enfants, et les vieillards enfin. La colonne s'étendait sur des dizaines et des dizaines de lieues. Pourtant, nous ne fuyions pas, nous partions dans la joie, de notre plein gré, vers une terre meilleure.

— J'ai vu cela aussi, répondit Govenka. C'est ta mission, et je t'aiderai à l'accomplir.

— Je sais.

Et le jeune roi s'en va, par le même chemin qu'il avait emprunté pour venir. Govenka le regarde. Ses pas n'écrasent plus l'herbe épaisse, ses pieds glissent sur le tapis vert comme s'il était soutenu par des ailes invisibles.

— Il est le même et pourtant il a changé se dit Govenka. O ! comme il a changé !...

Elle sourit. Elle a accompli son Œuvre, guidée par l'aide de Véda. Une bouffée de chaleur lui monte au visage, comme si Véda répondait à cette pensée. L'amour qu'elle ressent pour ce maître est plus fort, plus grand, plus pur que tout ce dont elle est capable. Un lien indestructible.

Le roi Rama vient de disparaître à travers les fourrés, vers le village où son peuple l'attend dans l'allégresse.

— Ils vont le fêter comme un dieu, pense Govenka, et ils ont raison. C'est un bon roi, un grand roi.

Comme elle regagne sa hutte elle revoit les étapes de sa propre initiation. Elle en revit les moments importants. Elle se souvient de la vieille femme qui l'a élevée. C'était la prophétesse du village. Lorsque Govenka est née, elle a su qu'une très vieille âme venait de s'incarner dans la tribu. Elle s'est occupée de la petite fille, lui a ouvert les yeux.

Elle ne l'a pas initiée, non, Govenka avait déjà dès sa naissance des dons bien plus importants que les siens. La petite fille s'amusait à faire mûrir les fruits, éclore les fleurs ou les papillons, se réjouissant de guérir les petits maux des autres enfants. Patiemment, la vieille femme avait équilibré cette matière brute, jusqu'au jour où, estimant son travail terminé, elle avait appelé sur Govenka des maîtres supérieurs. C'est ce jour-là que la jeune fille avait rencontré Véda.

Govenka avait alors vingt-cinq ans. Aujourd'hui, en voyant s'éloigner le jeune roi, elle se souvient. C'était il y a quinze ans. La vieille femme, ridée et édentée comme une sorcière, était assise en face d'elle. Elle irradiait, elle resplendissait malgré cette apparence. Tout autour, la clairière, celle où Govenka vit à présent, était plongée dans une lumière irréelle. Le soleil, filtrant à travers la brume matinale, étendait un voile scintillant sur les arbres et les buissons. Soudain, Govenka ne vit plus sa vieille mère spirituelle. Elle avait disparu dans le brouillard de plus en plus dense. Govenka se mit à trembler. Elle ne voyait plus rien, mais elle vibrait, ressentait des énergies intenses, de plus en plus intenses. Son souffle se ralentit. Il lui était de plus en plus difficile de respirer. Elle sentait une main invisible lui serrer la gorge, expulsant de son corps des sanglots irraisonnés. Un bain de vibrations, plus puissantes que tout ce qu'elle avait ressenti jusqu'alors, la pétrissait, l'engloutissait. Et pourtant, malgré la violence de ces sensations, Govenka vibrait d'un amour sans borne.

Le temps semblait s'être arrêté Au bout d'un temps qu'elle n'aurait pu définir, une silhouette se dessina devant ses yeux. Un homme. Grand, mince, beau dans sa robe flottante. Véda venait de prendre une forme humaine. Pour elle, pour elle seule. Govenka tendit la main et effleura la main qui se tendait vers elle. La peau était douce comme du velours sur la chair ferme. Pourtant, Véda n'était plus incarné depuis des cycles et des cycles. Il avait choisi de prendre pour quelques minutes un corps de chair, afin de marquer définitivement dans l'âme de la jeune femme l'empreinte du chemin qu'ils devaient faire ensemble, lui le maître, elle l'élève; lui le guide, elle le disciple. Il lui avait fallu concentrer tant d'énergie pour réussir ce prodige que Govenka en avait été physiquement atteinte. Elle reprenait peu à peu sa respiration, pour mieux laisser s'écouler à travers son être tout l'amour que lui transmettait cette apparition de chair et de sang.

— Quel cadeau magnifique, se disait-elle en buvant intensément ce flot impalpable.

Peu à peu, sa respiration se calma, et l'agitation qu'avait créée l'apparition de Véda se tarit. Govenka était toujours assise, elle n'avait pas bougé. Véda se recula et un cristal géant, en suspension dans les airs, apparut entre eux.

Comme si elle l'avait toujours su, comme si de toute éternité cette certitude avait été inscrite en elle, Govenka sentit qu'elle possédait le pouvoir du cristal, qu'elle l'avait toujours possédé et utilisé, sans même s'en rendre compte. Elle voyait toujours Véda à travers l'opacité du minéral suspendu dans l'atmosphère. Il était immobile, il ne parlait pas, et pourtant la jeune fille l'entendait :

— Vois ce cristal, il est le début de toute chose. Il vient d'une autre dimension du temps et de l'espace. Je l'ai amené pour toi. Concentre-toi sur cette pierre, harmonise tes vibrations avec les siennes, et hors du temps et de l'espace ses pouvoirs seront les tiens.

Govenka sentit ses énergies vibrer avec plus de force, jusqu'à ce que l'harmonie naisse entre elle et la prière éternelle, comme le guitariste qui cherche sur ses cordes la vibration exacte du diapason. La communion fut intense mais de courte durée. Aussi brusquement qu'il était apparu, le cristal disparut, et Véda avec lui.

Govenka se retrouva seule, le cœur lourd d'une infinie tristesse, comme si l'amour d'une vie tout entière venait de s'évanouir à tout jamais. Mais en même temps, elle se sentait plus riche d'une connaissance qu'elle allait explorer toute sa vie durant.

Doucement, la silhouette de la vieille femme se redessinait dans la brume qui commençait à se dissiper. Elle regardait Govenka en souriant...

Dans une ville des U.S.A., un jour de février 1984...

Je suis allongé sur un sofa. Un casque distille dans mes oreilles attentives une musique douce et répétitive, masquée par moments par la voix de l'opérateur. Gregory Paxson est en train de me faire régresser dans une de mes vies antérieures, et je viens de revivre la vie de Govenka. Je suis elle, elle est moi, et nos deux personnes se confondent.

Ce qui me reste de lucidité n'ose croire vraiment à cette histoire à la fois trop belle, trop poétique, trop invraisemblable. Et pourtant les sensations que je viens de ressentir en tant que Govenka avaient une réalité que mon inconscient n'a pu fabriquer. Ce n'est pas un rêve, ni un fantasme, j'en suis sûr !...

Mon corps est endormi, mais mon esprit reste vigilant, englobant à la fois le présent, que je n'ai pas tout à fait quitté, et le passé, dont je ressens les événements avec une acuité parfaite. Il me semble que ma conscience s'est étirée de façon à rejoindre des parcelles de temps très éloignées, comme un pont gigantesque réunirait les deux rives d'un océan.

La musique coule toujours dans mes oreilles.

— Votre nom est bien Govenka ? demande Grégory.

— Oui.

C'est ma propre voix qui vient de résonner, et pourtant ce n'est pas moi qui parle.

— Déplacez-vous dans cette incarnation, de façon à pouvoir vous adresser directement à la conscience de

Patrick Drouot. Adressez-vous à Patrick... Je vais compter jusqu'à trois, et vous lui parlerez... 1... 2... 3....

Une fois encore je sens mes cordes vocales vibrer alors que je ne leur envoie aucune impulsion consciente :

— Il y a un lien entre lui et moi, nous sommes la même entité, la même âme. Il y a un canal, hors de l'espace, entre Véda, Patrick et moi. Ce qui m'a été transmis dans mon initiation lui a été transmis également.

— Mais avez-vous une communication particulière à lui faire en ce qui concerne les recherches qu'il effectue actuellement sur les régressions ? insiste Gregory.

— S'il veut avancer dans ce travail, répond Govenka, il doit entrer en accord avec son vrai moi, avec son corps astral qui contient tout le savoir dont il a besoin.

Je suis sans réaction. J'entends ma propre voix, je l'écoute comme si c'était la voix de quelqu'un d'autre, et cela ne m'étonne pas. C'est sans doute parce qu'à ce moment-là, je canalise la femme que j'étais il y a quelques milliers d'années.

— Nous sommes la même âme, dit encore Govenka, je suis en train de lui transmettre de l'amour inconditionnel, extrêmement doux et extrêmement fort à la fois.

Effectivement, à cet instant, je me sens envahi par un sentiment inhabituel de plénitude et de légèreté.

— Est-ce tout ? demande Gregory de sa voix régulière, dont les inflexions graves suivent les cycles de la musique.

— Oui, c'est tout. Le reste viendra plus tard.

— Patrick peut-il vous appeler s'il en a besoin ?

— Bien sûr, répond Govenka. Il n'a qu'à se mettre en contact avec son âme, son essence. Elle est le réservoir de toutes ses vies passées. Dans son âme, il y a l'incarnation de Govenka...

— Très bien, dit doucement Gregory, très bien.

Il reste un moment silencieux, et je reprends conscience de la musique. Je me laisse bercer, je suis bien.

— Tout va très bien Patrick, me dit encore Gregory, tout va très bien... Maintenant je vais vous ramener dans votre présent, je vais ramener votre conscience dans votre vie présente. Je vais compter jusqu'à trois, et vous allez vous retrouver ici, dans mon bureau, en 1984... 1... 2... 3.

Govenka a disparu de ma conscience, sa vibration s'est éteinte. Elle s'est résorbée dans la masse informe de mes incarnations antérieures. Je me sens doucement redevenir Patrick Drouot. La notion de temps reprend un sens, je réapprends ce que signifient passé et présent.

Gregory n'a pas cessé de parler, doucement, rythmiquement.

— Vous êtes en 1984, dit-il, vous êtes revenu dans votre présent, mais vous allez rester encore quelques instants dans un état élargi de conscience. Vous allez comprendre à quel point le passé influence votre présent. Détachez-vous de ce passé, devenez libre... libre... libre...

Ma conscience est entièrement revenue dans le présent, dans ma propre réalité temporelle. Je sais parfaitement qui je suis, et où je suis. Le plus étonnant c'est qu'au cours de ce voyage, je ne l'ai jamais totalement oublié. Mais à présent je sais que je suis totalement, entièrement Patrick Drouot. Je ne suis rien d'autre que lui. Je ne suis rien d'autre que moi...

— Vous allez revenir dans votre plan de conscience habituel, poursuit Gregory. Sentez le poids de l'air sur votre corps. Sentez la vie couler dans votre corps, dans votre esprit... Vous êtes presque là... presque là... ouvrez les yeux.

Mes paupières obéissent à l'ordre que je leur envoie : elles se soulèvent. Mes yeux s'ouvrent sur le bureau de Gregory. Il est assis près de moi, il me sourit. Nous sommes à Chicago, U.S.A., le 28 février 1984...

Depuis la plus haute antiquité et jusqu'à nos jours, les écritures sacrées ainsi que tous les grands courants spirituels nous ont parlé de dimensions autres que celle de notre vie de tous les jours. L'histoire nous parle d'hommes et de femmes, sages ou gens ordinaires, qui disent être entrés en contact avec la « Vérité ». Or aujourd'hui, à travers toutes les recherches entreprises depuis une vingtaine d'années principalement aux U.S.A., il apparaît que l'Etre humain semble posséder en lui la faculté d'accéder naturellement à des Etats de conscience différents, permettant d'entrer dans une dimension hors de l'espace-temps dont nous avons l'habitude, et que nous percevons normalement à travers nos cinq sens physiques. Ces états, que nous appellerons Etats Supérieurs de Conscience, sont une expansion de la conscience la vision d'une réalité qui se rapproche à la fois des concepts de la pensée orientale, de notre « savoir ésotérique », et des données de la physique moderne.

C'est dans un tel état élargi de conscience que je me trouvais lorsque je suis remonté de quelques milliers d'années dans mon propre passé, pour me retrouver Govenka, dans la clairière.

Bien que j'aie choisi de vous faire partager ce voyage sous la forme d'un récit, j'ai fait en sorte qu'il ne comporte rien d'onirique ni de romanesque. Tous les éléments qui le composent sont rigoureusement exacts : descriptions, événements, lieux, jusqu'aux termes employés au cours de la régression que je me suis efforcé de conserver lorsque c'était possible. A la suite de cette expérience, la recherche que j'avais entreprise depuis une dizaine d'années changea profondément.

D'un scepticisme cartésien de bon aloi, je suis passé à une conviction de plus en plus précise. J'en suis peu à peu arrivé à ressentir la nécessité d'expérimenter encore davantage moi-même ces états spéciaux d'éveil, afin de mieux comprendre ce qui se passe à ce moment-là, afin de mieux saisir le processus qui permet de ramener à la conscience des souvenirs d'événements qui ne se sont pas produits dans la vie présente.

Jusqu'à Govenka, je pensais que les voyages dans le temps, les régressions dans les vies passées, permettaient l'accès à un état supérieur de conscience. Aujourd'hui, j'ai compris que c'est le contraire : c'est dans un état supérieur de conscience qu'il nous est possible de retourner dans notre passé et de réactiver ce que l'on pourrait appeler la mémoire karmique.

Ce voyage dans mon passé est loin d'être un cas isolé. Des dizaines, sinon des centaines de milliers de personnes, dans le monde entier, ont eu accès à des expériences de ce type Des centaines, sinon des milliers de chercheurs (comme le Dr Helen Wambach, aux U.S.A., ou le Dr Pecci, un psychiatre membre du comité de psychiatrie californien, et bien d'autres) se livrent à une recherche intense sur ce qui semble être l'une des possibilités inexploitées de l'être humain.

Bien sûr, toutes les régressions ne sont pas aussi riches que celles que je viens de vous conter. La teneur de la vie que l'on explore dépend à chaque fois de ce que l'on recherche au départ. Si l'on recherche dans le passé la cause d'un problème psychologique du présent (claustrophobie, angoisse, phobie) on peut même revivre des moments franchement désagréables. Souvent, on revit des vies assez banales. Dans le cas présent, j'étais parti à la recherche de ma vie la plus spirituelle.

C'est précisément la richesse et l'intensité particulières de ce voyage qui m'ont conduit à le citer en exemple. En effet, on y retrouve plusieurs des principaux paramètres que l'on rencontre habituellement au cours des régressions dans les vies passées : le voyage temporel dans le passé bien sûr, mais aussi le voyage hors du corps, l'initiation, l'apparition d'un guide spirituel, l'identification du sujet à la personnalité qu'il incarnait dans cette vie passée.

Lorsque Govenka s'est exprimée par ma bouche, à la fin du voyage, nous nous trouvions dans une situation relativement courante : le participant canalise verbalement l'être qu'il était dans son passé. Govenka a dit à ce moment :

« Je suis lui, il est moi, et l'enseignement que je viens de subir, il l'a subi aussi à travers moi. »

Cette femme d'un lointain passé s'est exprimée à travers la bouche d'un être du présent, suggérant ainsi l'immortalité de l'âme. Pendant quelques secondes, le temps linéaire, séquentiel, tel que nous le connaissons, avait été aboli.

Au cours de ce voyage, j'ai aussi expérimenté l'un des paramètres issus de la classification de Pierre Weil (1) : l'apparition d'êtres d'énergie. Il est hors de doute qu'à travers les âges, des milliers de personnes ont été et sont encore aujourd'hui confrontées à ce que l'on appelle des apparitions. Cela peut se produire sans raison apparente, où lors d'états supérieurs de conscience provoqués. En fait, cela peut arriver n'importe quand, n'importe où et à n'importe qui. En ce qui me concerne, ce fut la première fois que j'étais confronté dans le passé à de tels êtres. Avant d'accepter la réalité objective de leur existence externe, je me suis posé un certain nombre de questions :

— Ces êtres sont-ils des entités indépendantes ?

— Existerait-il une loi physique inconnue, qui s'active-

(1) Pierre Weil, « La conscience cosmique », Ed. L'Homme et la Connaissance.

rait à certains moments, ou sous l'impulsion de certaines parties de notre esprit ?

— De telles entités ne sont-elles pas simplement le produit de notre inconscient collectif ?

Aujourd'hui, je pense que certains « besoins psychiques » de l'être humain atteignent des « énergies psychiques », qui provoquent l'apparition de ces êtres qu'au cours des siècles on a successivement appelés Fées, Dieux, Etres de lumière, Saints, etc.

Ce jour-là, lorsque la clairière s'est illuminée devant moi, et que l'être de lumière m'est apparu, je me suis senti complètement paralysé, incapable dans mon présent de proférer le moindre son. Cet être n'était pas simplement un hologramme, une image, il avait réellement pris un corps de chair. Et la quantité fantastique d'énergie qu'il lui avait fallu déployer pour passer d'un univers à un autre m'avait été presque insupportable physiquement.

Gregory Paxson, le chercheur qui se trouvait près de moi et me guidait dans cette expérience, me demanda sur le moment ce que le Maître venait de me transmettre. Toujours dans un état élargi de conscience, je répondis :

— Rien. C'était une initiation, qui m'a fait prendre conscience d'êtres évolués vivant sur un autre plan d'existence, et qui m'a permis d'appréhender les énergies du cristal.

Pendant les mois qui suivirent, il ne se passa rien de spécial, mais souvent je me demandai ce qui s'était réellement passé là-bas, dans la clairière, loin dans le passé. Puis j'ai eu l'intuition — et plus tard la certitude — que cet être m'avait communiqué en un temps très court une quantité fantastique d'information. Comme s'il m'avait communiqué en quelques secondes le contenu d'une bibliothèque entière. Aujourd'hui encore, des informations continuent à revenir à ma conscience très lentement, au fil des semaines et des mois, sous forme de concepts, sur la nature du temps ou sur les énergies psychiques des cristaux par exemple.

Vers le milieu des années 70, le Dr Wescott, professeur et directeur du département d'anthropologie de la Drew University aux U.S.A., publia un rapport qui pourrait apporter des éléments d'explication au phénomène des apparitions.

Dans cet exposé, intitulé « Vers une anthropologie extraterrestre », il supposait que l'univers réel possède plus de trois dimensions, ou contient un flux temporel différent de celui que nous admettons généralement. Il pourrait ainsi exister des univers se situant au-delà de nos cinq sens. Le temps, du moins tel que l'homme moderne l'a conçu depuis la Renaissance, possède une dimension unique. Il est unique dans son écoulement, et irréversible dans sa direction. S'il s'avérait que le temps possédât plus d'une dimension, une discontinuité dans son écoulement, ou une réversibilité dans sa direction, s'il s'avérait que l'espace possédât plus des trois dimensions généralement admises, alors il serait parfaitement possible pour des êtres matériels d'un autre univers réel de passer à travers notre continuum spatio-temporel comme une aiguille passe à travers une pièce d'étoffe. Le Dr Wescott remarque également que si un tel « trafic » interdimensionnel existait, nous ne manquerions pas de considérer les êtres que nous rencontrerions comme des apparitions fantastiques.

En effet, ils nous apparaîtraient d'une manière inexplicable, puis s'évanouiraient. Nous les écarterions de notre réalité comme étant des hallucinations, ou des mystifications. C'est exactement de cette façon que notre culture occidentale cartésienne et matérialiste écarte toutes les manifestations ayant un caractère spirituel !

Dans le même ordre d'idée, je me suis aussi demandé si tous ces univers ne cohabiteraient pas à l'intérieur d'une hypersphère. Ainsi, tous les nains, elfes, fées, êtres de lumière, apparitions miraculeuses de toutes sortes que l'on rencontre dans la religion et le folklore, deviendraient explicables : ils ne seraient que des intrusions d'une réalité plus large dans notre dimension. Et le fait d'accéder à des états supérieurs de conscience, provoqués ou non, pourrait nous faire créer une sorte de tunnel à travers lequel nous voyagerions vers eux.

Depuis l'apparition dans la clairière, je me suis souvent demandé pourquoi je parlais toujours de Véda au passé. Bien que notre rencontre se soit produite au cours d'un voyage dans mon propre passé, Véda existe toujours. C'est moi qui ai voyagé vers lui, en un temps hors du temps, en un endroit qui existe partout et nulle part. Véda est un mot sanscrit qui signifie « Le Savoir ». Bien que j'aie déjà connu ce maître sous une forme physique en un passé très reculé, je me suis demandé si je n'avais pas canalisé une sorte de principe universel. Finalement, j'en suis arrivé à la conclusion que cette expérience dépassait largement le cadre d'un simple voyage dans le temps. Cette expérience a aussi une réalité dans le présent : c'est à travers mon propre présent que je suis rentré dans la réalité intemporelle de Véda. Peut-être Véda est-il une représentation historique du savoir spirituel ? Symboliquement, son potentiel d'expression est énorme : il a en quelque sorte le pouvoir de communiquer le savoir à l'histoire. Or, dans le cadre du travail jungien, les symboles ont tous un pouvoir. C'est le symbole du savoir spirituel, transformé en Véda, qui se serait présenté à moi, se plaçant ainsi au niveau de notre compréhension terrestre, à travers une rencontre qui s'est produite sur un niveau intermédiaire. Véda ne serait alors peut-être qu'une vibration s'exprimant à partir d'un autre plan d'existence.

Véda existe toujours, en un autre temps et en un autre lieu. A plusieurs reprises, il s'est manifesté dans le cadre de mon évolution personnelle. Le symbole qui s'est manifesté sous sa forme ne cesse d'évoluer dans ma conscience d'aujourd'hui. Véda est peut-être une clé spatio-temporelle, un chemin qui mène vers des mondes différents.

Depuis le milieu des années 60, la communauté scientifique américaine s'est livrée à de nombreuses observations sur les modifications somatiques et bio-électriques d'un certain nombre de mystiques en extase, et de personnes placées dans un état méditatif profond. Il semble que ces états supérieurs de conscience soient des facultés innées de l'être humain.

Ces états peuvent être recréés très aisément sur des sujets provenant de tous horizons sociaux, religieux, intellectuels, culturels, etc. A chaque fois, les sujets rapportent des récits très étranges et terriblement troublants.

Les travaux d'Einstein et des physiciens modernes ont mis en évidence l'existence de dimensions hors du temps et de l'espace que nous connaissons, ainsi que les notions d'anti-matière et d'anti-univers. Il est vraisemblable que dans les dix prochaines années, un nombre de plus en plus important de personnes va accéder à ce type d'expérience, encore réservé à un relativement petit nombre, surtout dans notre monde occidental. Cette vision directe d'une réalité qui se rapproche des concepts de la physique holistique deviendra alors une réalité de tous les jours pour chacun de nous.

Comment cela sera-t-il possible ? Comment M. ou Mme Tout-Le-Monde pourra-t-il comprendre ces phénomènes, les vivre, et en tirer des enseignements applicables dans sa vie de tous les jours ? C'est certainement là une des questions les plus importantes, et de la réponse que nous saurons y apporter dépendra en grande partie l'évolution qui caractérisera le nouveau millénaire qui s'approche.

CHAPITRE II

LES TECHNIQUES DE RÉGRESSION

Régresser, que ce soit dans l'enfance, la petite enfance, la vie fœtale ou les vies antérieures, c'est ramener à la conscience des souvenirs enfouis, verrouillés au plus profond de nous-même, et auxquels, à l'état normal de veille, l'être humain n'a pas naturellement accès. Pour atteindre ce but, il existe diverses méthodes (1), utilisées avec plus ou moins de succès à travers le monde. La plus connue dans le monde occidental est sans conteste l'hypnose. Mais à mon sens, cette méthode présente un inconvénient majeur : elle est trop directive, et elle permet difficilement d'atteindre le but principal, à savoir la réunification de l'être. Au début de mes recherches, j'ai étudié l'hypnose, et l'ai employée plusieurs centaines de fois avant de ressentir la nécessité d'utiliser un autre processus, qui permettrait à l'esprit de pénétrer dans un champ de conscience beaucoup plus vaste. A travers mes propres expériences, je me suis peu à peu tourné vers les techniques méditatives orientales, qui m'ont permis d'expérimenter cet « état supérieur de conscience », que j'ai appris à connaître depuis.

La technique que j'utilise aujourd'hui s'apparente à une relaxation, couplée à des techniques de suggestion. Certaines personnes m'ont dit que cela leur faisait penser à du « rêve éveillé dirigé », ou à du « yoga nidra », c'est à la fois cela et bien d'autres choses. L'origine du processus ne provient pas de notre plan de conscience habituel.

On le sait, le cerveau possède la faculté de synchroniser le

(1) Voir chapitre IV.

rythme des ondes qu'il émet sur celui d'un bruit ou d'une lumière répétitive. C'est pourquoi j'ai d'abord utilisé le rythme du métronome comme point de focalisation du mental. Puis j'ai employé un simulateur photique, dont la pulsation lumineuse « accrochait » la fréquence cérébrale. Dans les deux cas, j'attendais que le sujet soit suffisamment concentré sur ce support pour en ralentir doucement le rythme. Ainsi, les ondes cérébrales suivant ce ralentissement, descendaient peu à peu en ondes alpha, les ondes caractéristiques de l'état de méditation.

Lorsque j'ai commencé à utiliser les techniques méditatives, j'y ai adjoint des musiques adéquates, comme Spectrum, de Steven Halpern, ou Silk Road, du musicien japonais Kitaro. En 1984, j'ai ressenti le besoin d'utiliser des musiques mieux adaptées à mon travail. C'est à cette époque que j'ai rencontré Jean-Claude Mejstelman, un musicien avec qui j'ai entrepris une recherche musicale. Pour mieux lui faire comprendre ce dont j'avais besoin pour mes travaux, j'ai projeté sa conscience dans un univers musical, le monde des sphères de la grande Tradition. Il en ramena des sons, qu'il a ensuite recréés à l'aide d'un synthétiseur de recherche. Certains sons cristallins sont destinés à activer les centres d'énergie que la tradition orientale appelle « chakras ». Nous y avons adjoint un rythme précis et régulier qui correspond à la fois au rythme du corps humain, et à la pulsation de certaines étoiles. Ce rythme constitue un lien entre l'être, et les énergies de la terre et du cosmos. Par la suite, je me suis rendu compte que ces musiques provoquaient non seulement un état de calme et de paix intérieure, mais agissaient aussi sur la circulation et l'éveil d'énergies endormies dans l'être humain.

Lorsque j'ai entrepris de mettre au point cette technique particulière, je me suis donné un certain nombre de directives : d'abord, permettre au sujet de mettre de côté l'esprit conscient, le mental, de le mettre en veilleuse sans vraiment l'endormir. Pendant l'expérience, le participant se trouve ainsi à la fois dans le présent, qu'il ne quitte jamais totalement, et dans le passé qu'il explore. Au début, c'est une petite partie de sa conscience (5 à 10 %) qui se libère, et enjambe le pont du temps pour retrouver la réalité des événements passés, dans l'enfance, la vie fœtale, ou les vies antérieures. Puis petit à petit, au fil des séances, le sujet apprend à mettre son mental au repos plus facilement, libérant jusqu'à 80 % de sa conscience.

Les régressions dans les vies passées : pour quoi faire ?

Le participant travaille sur trois niveaux : le conscient, le subconscient, et la conscience supérieure, le but ultime étant d'intégrer ces trois niveaux dans une sorte de réunification de l'être. Une grande partie de ceux qui tentent l'expérience sont à la recherche de cette réunification sans même le savoir. Comme s'ils ressentaient un vide en eux, un manque à combler.

Pour réussir vraiment cette réunification de l'être, il faut que le sujet ait atteint un certain niveau de conscience. Et le travail de régression, dans un premier temps, permet d'élargir le niveau de conscience. C'est la première étape du chemin qui mène à la réunification de l'être. Mais avant toute chose, avant même de se mettre en chemin, il faut que le participant en ait le désir : désir de chercher, de mieux se connaître, de mieux se comprendre pour mieux évoluer, désir de redevenir UN avec lui-même.

Sans ce désir, il n'y a pas de chemin possible.

Très souvent, à la base de ce désir, il y a un malaise. Nous vivons dans un monde de dualité : noir et blanc, masculin et féminin, yin et yang... Sur un plan terrestre, dans notre vie de tous les jours, nous essayons sans cesse d'unifier ces dualités. Mais souvent, nous nous sentons isolés des autres. Alors nous devenons égoïstes. Et plus nous nous tournons vers notre ego, plus nous refermons la porte de notre éveil. L'égoïsme résulte à la fois d'un manque de maturité spirituelle et d'un manque de conscience. Lorsque l'être humain pense qu'il est seul, il combat. Il lutte pour sa survie. Dans le monde animal cette attitude est de règle, mais l'être humain se doit d'obéir à d'autres règles : il ne doit pas avoir besoin de combattre pour survivre, car il doit savoir se contrôler. Et lorsqu'il se trouve pris dans l'engrenage : solitude, peur, agressivité, combat, il fabrique de la dépression, des sentiments de mal-être, de malaise.

Toutes les expériences méditatives peuvent aider l'être

humain à dépasser ce stade. Ces expériences, qui se situent bien au-delà de l'univers des cinq sens, ne sont pas seulement des ajustements de la personnalité, mais des changements très profonds. Il devient plus flexible, et son ego s'adoucit. Il flotte avec le flux universel. Il se détourne peu à peu du « JE » et commence à éprouver un profond sentiment de joie. Cette joie est bien différente du plaisir que chacun de nous expérimente quotidiennement à travers ses cinq sens physiques.

Pour en arriver là, il est nécessaire d'abandonner certains éléments auxquels nous tenons. Ces dépendances sont nombreuses : alcool, cigarette, drogue ou nourriture, mais aussi dépendances à d'autres individus, à des endroits, ou à des systèmes de pensée. Bien sûr, tous ces points de repère de notre quotidien rendent notre vie plus rassurante, plus confortable, mais ils n'en constituent pas moins un frein important dans notre évolution. Et l'acquisition de tous les prétendus « biens » n'empêche pas ceux qui les possèdent de se poser des questions. Vous avez certainement déjà remarqué qu'arrivées à maturité, certaines personnes, malgré une vie apparemment réussie, dénuée de soucis d'argent, de santé, de travail, se sentent vides, comme s'il leur manquait quelque chose de fondamental. Pourquoi ? Parce qu'il arrive un moment, dans la vie de chacun, où l'on se doit d'accomplir « quelque chose », même si l'on ne sait pas exactement ce que cela veut dire. Faute de trouver ce chemin, la vie devient douloureuse, par excès de stabilité, par manque de changement. Et ce malaise est souvent la source de somatisations qui se manifestent sur le plan physique par des maux de tête, des insomnies, et autres tracasseries quotidiennes face auxquelles la science se montre souvent impuissante. Ces sujets ont tout simplement perdu l'Union avec eux-mêmes.

Pour combattre cela, le sujet, poussé par son désir de changement, doit donc transcender le plan de son mental, et le travail de régression est un des moyens que l'on peut employer pour y arriver.

Pour atteindre à la réunification de notre être, nous devons également apprendre à connaître, à tolérer, et à rassembler les différentes parties de notre personnalité. La psychosynthèse nous apprend que l'esprit a la possibilité de s'éclater en une multitude de parties séparées. Une personne humiliée, développe émotionnellement une attitude de rigidité en réponse à l'humiliation qu'elle a subie. Elle se combat alors elle-même car les parties différentes de sa personnalité sont en opposition. Plus simplement, lorsqu'un enfant veut un morceau de gâteau et qu'il ne peut l'obtenir, il se sent mal : différentes parties de son être sont en désaccord. C'est alors que naissent la colère et l'agressivité, ou le malaise et le refoulement.

Le voyage au-delà de l'univers des cinq sens aide le sujet à connaître les différents aspects de sa propre personnalité, à les rassembler, pour les faire à nouveau cohabiter dans l'harmonie.

Au fil de mes années de recherche, j'ai pu constater que les vies passées ne sont pas séparées les unes des autres. Elles sont liées par une sorte de fil conducteur, qui se déroule inlassablement par-delà le temps et l'espace. On ne revient jamais, dans une vie, sur ce qu'on a acquis dans une vie précédente. Un chanteur d'opéra peut très bien se réincarner avec une voix de fausset. Mais en revanche, on constate à travers les vies passées des schémas répétitifs qui reviennent tant que nous n'avons pas réussi à les comprendre et à les surmonter.

Certaines personnes sont étonnées d'avoir toujours le même type de problème, et invoquent le manque de chance comme seule explication. La chance n'a rien à voir là-dedans. Si un type particulier de problème revient régulièrement dans votre existence, c'est que sa racine a toutes les chances de se trouver dans vos vies passées.

Ces schémas répétitifs, ces « patterns », comme les appellent les Américains, sont un élément important pour une meilleure compréhension de votre personnalité. Et l'exploration de l'enfance, de la vie fœtale, et des vies passées, aide à mettre en lumière ces cycles répétitifs, afin de mieux comprendre le sens de votre vie présente.

Le Dr Ernie Pecci (1), qui travaille sur les régressions depuis de nombreuses années, applique sur ses patients un exercice fort intéressant : il relaxe très rapidement son

(1) Psychiatre californien, membre du comité des psychiatres californiens, et ancien président de l' « Association for Past Life Research and Therapy »

sujet, par des respirations, puis il demande à la conscience de revenir de quelques années en arrière vers une situation pénible, une situation de souffrance, avant de le faire reculer approximativement jusqu'à la moitié de sa vie. Puis il le fait régresser encore, jusque dans l'enfance, vers l'âge de cinq ou six ans. Le sujet doit alors essayer de voir, par lui-même, le lien qui peut exister entre ces trois situations. Très souvent, les sujets trouvent ce fil conducteur, le déroulent, et comprennent ce qu'ils doivent surmonter. Le même genre d'exercice peut se faire dans les vies passées, et les résultats sont tout aussi encourageants : ils montrent que nous revenons sur terre pour solutionner un problème, et tant que chacun n'aura pas compris quelle en est la nature, il repassera par les mêmes épreuves. Ici survient la notion de karma, telle qu'elle est véhiculée par les traditions orientales depuis des millénaires.

Le voyage dans les vies passées peut donc constituer une forme de thérapie. Bien que je n'aie jamais, personnellement, axé mes recherches dans ce sens, force m'est de constater que les régressions permettent souvent de dénouer rapidement des fils que les thérapies analytiques conventionnelles mettraient bien plus longtemps à démêler. Aux Etats-Unis, de nombreux psychiatres et psychanalystes travaillent sur cet aspect des régressions, et le Dr Pecci en fait partie (1). Il précise que les thérapies par le voyage dans les vies passées revêtent une dimension plus vaste que les thérapies conventionnelles. Dans ces dernières, le sujet s'efforce de découvrir et de comprendre les racines de ses problèmes, mais cela se situe uniquement sur le plan du mental, du conscient, alors que pour moi, la réponse ne se trouve pas uniquement à ce niveau. Le voyage dans les vies passées permet d'aller directement à la cause du problème présent, au cœur des existences précédentes, en travaillant sur un niveau de conscience supérieure.

(1) Les plus connues en France sont le Dr Edith Fiore et le Dr Helen Wambach, pionnière qui commença ses recherches sur les vies antérieures et leurs utilisations dès 1950. Le Dr Wambach est décédée en août 1985 à San Francisco.

L'éthique de l'opérateur

Lorsqu'il s'agit d'avoir accès à cette conscience supérieure, l'éthique de l'opérateur revêt une importance toute particulière. Avant d'accompagner une personne dans l'exploration de ses vies, il faut se préparer soi-même. Malgre la confiance dont il vous honore, il risque en effet d'être confronté à des événements étranges, douloureux, difficiles, autant qu'agréables ou émouvants. Il s'établit alors entre le sujet et l'opérateur une communication qui ne se situe plus de personne à personne, ni même de mental à mental, mais littéralement d' « âme » à « âme ». Il est donc indispensable que l'opérateur ait une éthique, un code déontologique, afin d'être un canal pur, bien planté pour ce travail délicat. Son ego ne doit pas interférer dans le processus. Lorsque le sujet se trouve dans un état élargi de conscience, il est ouvert à tout, ce qui charge l'opérateur d'une responsabilité particulièrement lourde. Son rôle s'apparente à celui d'un guide, qui ne peut en aucun cas se réfugier derrière le leurre de sa neutralité. Il se doit au contraire d'avoir une position saine et positive, afin de guider le sujet vers sa compréhension, à la lumière de sa propre connaissance.

Personnellement, lorsque j'opère, je ressens le besoin de posséder toute ma clarté, toute mon intuition. Il m'arrive ainsi souvent de ressentir, sous forme d'intuitions fulgurantes, ce que le sujet va vivre. J'ai besoin d'être un outil.

Quelle que soit son expérience, l'opérateur ne peut pas deviner ce qu'il va obtenir de son sujet. Il travaille sur des énergies qu'il doit savoir canaliser. Notre ego nous souffle en permanence que nous connaissons tout, mais dans ce domaine, nous sommes loin de tout savoir et de tout comprendre !

Les régressions dans les vies passées ne sont qu'un moyen, un instrument permettant de franchir certaines portes. Si l'instrument est bien employé, les sujets s'ouvrent comme des fleurs au soleil de midi, ils perçoivent d'autres réalités, d'autres dimensions, et ressentent une parcelle de la Compréhension Universelle. Bien sûr, la régression dans les vies passées n'est pas le seul « outil » qui permette d'obtenir un tel résultat. Chacun, quel que soit son domaine de recherche, pense avoir entre les mains un outil fantastique, et il n'a pas tort. Il n'y a pas UN outil, mais DES outils. Et tous ces outils, ou presque, peuvent s'avérer efficaces s'ils sont employés avec intelligence et avec amour. L'usage d'un marteau, c'est d'enfoncer des clous, mais mal utilisé, un marteau peut blesser. Il en va de même pour tous les outils, même les plus subtils.

J'ai rencontré des thérapeutes qui travaillent sur les vies passées d'une manière machinale, automatique, dépourvue d'amour. Cette façon d'opérer pose un réel problème. Un jour, au cours d'une de mes conférences, j'ai entendu une histoire qui me semble très bien résumer l'état d'esprit de ces thérapeutes : « le disciple d'un sage yogi se présente un matin, la mine défaite, auprès de son maître. Aidez-moi, supplie-t-il, je souffre tant, je voudrais comprendre ! L'air sincèrement désolé, le sage répond : excuse-moi, mon frère, mais je ne peux m'occuper de toi pour l'instant, c'est l'heure de ma méditation ».

Pour qu'un voyage dans les vies passées porte ses fruits dans la vie présente, il faut donc que chacun, opérateur et participant, sache bien ce que cet acte représente. S'il n'y a qu'acte mécanique de la part de l'opérateur, et simple curiosité de la part du participant, l'expérience est vouée à l'échec. Le but de l'aventure n'est pas seulement d'amener le sujet en promenade dans son passé, de lui faire savoir qu'en 1643 il a été paysan en Beauce, ou compagnon du Prince Noir. Le but, en valeur absolue, est bien plus élevé que la simple anecdote. Il s'agit d'aider chacun à comprendre, à la lumière des événements passés, quel est son problème et quels sont ses potentiels inutilisés, ses désirs, ses motivations enfouies, comment il peut s'épanouir et se révéler, comment il peut améliorer sa vie présente en y intégrant ses vies passées. Il s'agit enfin d'aider chacun à s'ouvrir à d'autres dimensions de l'existence, et d'éveiller sa conscience à d'autres vérités.

Pour atteindre ce résultat, ou au moins l'approcher, il est indispensable que l'opérateur établisse un climat de confiance.

Il existe différents moyens pour y parvenir, et chacun choisit les siens en fonction de ses aspirations. Pour ma part, j'ai l'habitude de passer par le « non-dit » plutôt que par la verbalisation. J'essaie d'être à l'écoute du sujet, totalement disponible, prêt à le comprendre et à l'aider.

J essaie également de lui présenter l'expérience qu'il va vivre en termes simples et clairs, en accord avec ses connaissances. Il ne sert à rien d'aborder intellectuellement avec le sujet les concepts de karma, de réincarnation ou de conscience supérieure, si ces notions ne font rien résonner en lui. Il risque même de se sentir écrasé par cette masse d'informations, et de surseoir à l'expérience jusqu'au jour où il sera familiarisé avec ces notions. Ce serait une erreur : il n'est pas nécessaire d'avoir abordé intellectuellement ces notions pour vivre un voyage dans ses vies passées. Au contraire.

La confiance, lorsqu'elle est solidement établie, permet aussi au sujet d'écarter de lui-même les questions qu'il pourrait se poser quant à la validité de l'expérience : qu'est-ce qui va m'arriver ? Vais-je être capable de le vivre ? Toutes ces questions ne germeront pas dans l'esprit du sujet s'il se sent bien préparé et bien entouré.

C'est dans un tel climat que le voyage a toutes les chances de se révéler fructueux, et que le sujet pourra ressentir avec force toutes les émotions qu'il va traverser, pleurs, anxiété, agressivité, mais aussi émoi et amour. Et c'est après avoir traversé ce fatras émotionnel qu'il atteindra la petite étincelle, la présence tapie au plus profond de lui-même. Tous ceux qui pratiquent la méditation profonde connaissent bien cette présence. Quand cette communication entre le mental et le moi supérieur sera établie, alors seulement commencera réellement le travail. Mais n'anticipons pas.

Première phase : la relaxation

Pour l'instant, le sujet est confortablement installé sur un divan. Il doit se sentir à l'aise, dans une position qui lui permet de se relaxer totalement sans ressentir de gêne physique. Toutefois, si au cours du voyage, il a envie de bouger, il peut le faire sans que cela risque de gêner l'expérience. Il porte un casque hi-fi. Je porte moi-même un casque identique, et un micro dont le son lui est transmis par ses écouteurs. Enfin, le sujet porte un micro-cravate hypersensible, capable de capter les paroles les plus faiblement chuchotées, et dont je reçois le son dans mon casque. Nous sommes ainsi tous deux parfaitement isolés des bruits extérieurs, et en même temps capables de communiquer. Nous sommes prêts.

La pièce est plongée dans la pénombre. Seule une bougie brûle répandant une faible lueur vascillante. Le sujet ferme les yeux. Nous commençons.

Ma voix le guide, et lui suggère les différentes étapes qui vont l'amener à la relaxation physique. D'abord la respiration : je lui demande de respirer profondément, longuement, puis je lui tiens à peu près ce discours :

« Nous allons vous et moi relaxer, endormir la partie physique de votre être, car lorsque le corps physique est endormi, l'esprit a accès à d'autres vérités, à d'autres réalités.

Respirez, sentez, ressentez un sentiment de paix et de calme, et ramenez peu à peu votre esprit du monde extérieur vers le monde intérieur... »

Au bout de trois à cinq minutes, lorsque je sens le sujet détendu, je lui demande de revenir à une respiration normale. C'est à ce moment que je commence à diffuser dans nos casques la musique dont j'ai parlé plus haut. Elle va nous accompagner tout au long du voyage. Son rythme cyclique particulier, correspondant au rythme des ondes cérébrales alpha, celles qu'émet un cerveau en état de méditation profonde, aide le sujet à entrer plus facilement dans un état méditatif sans une trop longue concentration.

Nous voilà prêts à commencer. A partir de là, je ne vais plus dialoguer avec une personne, mais avec un être multidimensionnel, immortel, avec un « enfant de l'Univers ». Je demande alors à l'être qui occupe provisoirement cette coquille de permettre à son corps physique de se relaxer et de s'endormir :

« Derrière vos yeux clos, je voudrais que vous sentiez, que vous perceviez une sensation de calme, de paix, une merveilleuse énergie de tranquillité qui entre dans vos deux pieds en même temps. Et vos deux pieds se relaxent et s'endorment... »

Ma voix suit le rythme de la musique. Doucement, nous continuons d'endormir ainsi successivement les jambes, les genoux, les cuisses, la taille, les hanches, puis les mains, les bras, le dos, la tête et le visage, et enfin la mâchoire et la gorge. Mais attention : il ne faut pas confondre ce « sommeil » avec le sommeil naturel, ou avec un sommeil cataleptique ou hypnotique. C'est le corps qui s'endort, pas la conscience. Ce corps retrouve calme et paix, comme lorsqu'on est étendu sur son lit et qu'on revâsse en écoutant de la musique.

Ma voix, qui suit toujours les variations de la musique, induit l'esprit du sujet à relaxer lui-même le corps qu'il occupe. Ce n'est pas moi qui le relaxe par mes paroles, c'est lui qui détend peu à peu ses muscles. Il n'est pas sujet passif, mais participant actif, simplement soutenu par les indications que je lui donne.

Pendant tout ce temps (dix à quinze minutes), j'ai gardé les yeux fermés, et tout en parlant, je me suis concentré. Je m'ouvre peu à peu à la dimension spirituelle dans laquelle nous allons pénétrer tous les deux.

Je n'ai pas cessé de parler, en prenant bien soin de lier constamment les phrases entre elles par des « et puis », « ainsi », « encore », etc., de façon à ne jamais interrompre mon discours. C'est une technique qui s'apparente à certaines techniques de programmation neuro-linguistiques. Cela me permet de ne pas m'adresser uniquement au mental du sujet, mais de percer doucement ses barrières pour atteindre son subconscient, puis sa conscience supérieure, sa Totalité.

J'ai souvent remarqué qu'à ce stade de la régression, lorsque le corps est détendu et que l'être commence à se tourner vers son monde intérieur, sa façade sociale et son ego s'atténuent doucement, son visage est calme et détendu, comme éclairé d'une lumière nouvelle. C'est peut-être le reflet de la lumière qui brille en permanence au plus profond de nous, même si nous ne la percevons pas toujours. C. G. Jung (1) s'appuie sur les figures d'un traité publié en 1550, le Rosaire des Philosophes, et décrit les phases dramatiques conduisant aux « Noces Royales » où s'unifient le masculin et le féminin. Dans son interprétation, Jung nous dit : « (...) ici, le manteau des conventions est tombé et (...) la situation a évolué vers une confrontation directe avec la réalité. Sans voiles mensongers, ni embellissements d'aucune sorte. L'homme se montre donc tel qu'il est et révèle ce qui était auparavant caché sous le masque de l'adaptation conventionnelle, c'est-à-dire *l'ombre*. Celle-

(1) « La psychologie du transfert », Ed. Albin Michel

ci, en devenant consciente, est intégrée au moi, ce par quoi l'homme se rapproche de la totalité. *La totalité n'est pas la perfection, elle est l'intégrité de l'être.* »

Dans la descente vers le monde intérieur, le monde de l'esprit, il s'agit réellement d'une alchimie spirituelle, ou l'être retrouve effectivement son UN, sa totalité.

La protection spirituelle

Nous entrons à présent dans la seconde phase du processus. A partir de là, je vais, à plusieurs reprises au cours du voyage, utiliser une forme de décompte, qui s'effectue de cette manière : « Je vais maintenant compter de 30 à 1, et à chaque chiffre, vous allez permettre à la partie physique de votre être de descendre encore plus profondément dans cet univers de calme, de paix... »

Ma voix reste toujours douce, flottante, calme, sans sécheresse ni dirigisme. Ma volonté ne pèse pas sur la conscience de l'être. Ce sont nos deux consciences qui permettent, ensemble, au physique du sujet de pénétrer plus profondément dans un état de grand calme.

Ce décompte est une étape particulièrement importante dans le processus. En effet, pendant que le corps se détend, l'esprit pénètre lentement dans un champ d'expansion de conscience. A la fin du décompte, nous passons à la technique de protection spirituelle proprement dite. Cette protection indispensable se présente sous la forme d'une boule de lumière bleue.

Je demande au sujet de visualiser cette boule de lumière, flottant au-dessus de sa tête, et de la sentir. Peu à peu, la boule enveloppe l'être tout entier.

Lorsque je dis « visualiser », je ne veux pas dire « voir » comme on voit avec les yeux du corps physique. Il s'agit plutôt de penser à cette boule de lumière protectrice, car les pensées sont capables de créer, dans une autre dimension, dans la dimension où s'épanouit l'esprit.

Cette protection spirituelle est nécessaire, dès que l'on entreprend un voyage au-delà de l'univers des cinq sens, que ce soit sous la forme de sortie hors du corps, de voyage astral, de méditation profonde, ou de régression. Certains sujets particulièrement matérialistes et rationnels ne parviennent pas à sentir la boule de lumière. Le terme de « protection spirituelle » peut même parfois perturber des sujets trop ancrés dans le réel. Dans ce cas, je parle plutôt d'un voile protecteur, qui enveloppe l'être, et ajoute à la sensation de calme et de paix.

Cette technique de protection par la balle de lumière est largement utilisée dans toutes les traditions. Vous pouvez, vous aussi, dans votre vie courante, l'utiliser pour vous protéger contre l'agression créée par la promiscuité excessive de la vie moderne. Ne vous êtes-vous jamais senti, sans raison apparente, devenir brusquement agressif, angoissé, anxieux, alors qu'un quart d'heure plus tôt tout allait bien ? Cela se produit souvent lorsque les émotions négatives d'une personne que vous venez de côtoyer ont pénétré dans votre psychisme. En milieu citadin, nous vivons en permanence en contact avec d'autres personnes, et cette promiscuité s'avère parfois néfaste.

La technique de la balle de lumière permet d'éviter ces désagréments et de ne plus être perméable aux émotions négatives d'autrui. Il vous suffit de penser, d'imaginer, de voir (et donc de créer par la pensée, quelque part dans une autre dimension du temps et de l'espace), une balle de lumière dans laquelle vous pénétrez. Elle vous protégera contre ces agressions.

Lorsque je dis « pensez », « imaginez », « voyez », je ne fais pas forcément référence à une véritable imagerie mentale. Souvent, lorsqu'on n'est pas habitué aux techniques de méditation, on a du mal à « voir ». Au début, 60 à 70 % des gens visualisent mal parce qu'ils cherchent trop à « voir ». Il n'est pas nécessaire de visualiser vraiment. C'est plus une sensation qu'une image. Les « yeux spirituels » ne voient pas comme les « yeux physiques » !...

Il arrive parfois qu'à la fin de la phase de relaxation, le sujet soit encore tendu, sa conscience tout près de la surface. J'utilise alors une technique simple, destinée à approfondir l'endormissement du corps : je lui demande alors de noter lui-même son niveau de relaxation, en s'attribuant une note de 1 à 10, 1 étant le niveau d'inconscience et 10 le niveau de pleine conscience. Les personnes s'attribuent en général 6, 7, voire 8. Je leur demande alors de se concentrer sur ce chiffre, puis de passer au chiffre immédiatement inférieur. Généralement, la relaxation s'approfondit immédiatement d'autant. S'il le faut, je répète cet exercice une seconde fois avant de poursuivre.

A présent, l'être est réellement prêt à voyager dans le temps vers son passé. Je lui tiens alors à peu près ce discours :

« Dans les banques mémorielles de votre subconscient, est inscrit tout ce qui vous est arrivé depuis l'instant de votre naissance, et bien au-delà, dans votre vie fœtale et dans toutes vos vies passées. Chaque pensée, chaque action, chaque événement est inscrit. »

Mais avant de partir vraiment en voyage dans sa mémoire, le sujet doit encore s'assurer la protection d'un guide spirituel, de son « ange gardien » en quelque sorte. J'invoque donc cette protection, à haute voix ou en pensée selon le degré d'évolution de la personne. Nous avons tous un « ange gardien », même si nous ne le savons pas. Bien sûr, à ce terme est attachée toute une imagerie religieuse chrétienne, qui ne recouvre pas vraiment la réalité de l'« ange gardien » tel que je l'envisage ici. Pourtant, ce terme me semble le seul approprié pour décrire ces êtres désincarnés, ces guides attachés à chacun de nous, et qui veillent, depuis le monde de l'astral, à notre évolution.

La suggestion, voie royale qui mène au passé

Maintenant, le sujet est prêt à plonger dans ses banques mémorielles. Selon le travail que je compte effectuer avec lui, je demande à sa conscience « éveillée » d'aller chercher, dans des couches plus ou moins profondes de cette mémoire, un événement plus ou moins lointain, représentatif ou important. Le mental de la personne ne sait pas quel est cet événement au moment où je formule ma demande. Nous le découvrons ensemble, lui et moi. L'événement précis qui remonte à la conscience est déterminé par les problèmes spécifiques de la personne, ou par l'axe de sa recherche personnelle.

C'est dans le présent que se trouve en quelque sorte la partie émergée de l'iceberg que nous allons, ensemble, tenter de dégager des flots troublés de la mémoire. Dans le présent, le sujet peut avoir des problèmes, des attitudes, des aversions et des attirances qu'il ne comprend pas : problèmes de communication, très forte attraction pour un type de nourriture, ou au contraire aversion profonde envers certains animaux, etc. C'est ce fait particulier, dont nous avons parlé avant le début de la séance, qui va servir d'accroche, d'hameçon. Car c'est dans le passé que se trouve la cause de l'effet précis qui se fait sentir dans le présent. Et c'est dans un événement précis du passé que nous allons la rechercher.

Lorsque je dis à mon sujet : « allez vers la cause », je ne m'adresse pas à son conscient, mais à sa conscience supérieure, libérée du brouillage parasite du conscient sous l'effet conjugué de la détente du corps, de la musique et des suggestions de ma voix. Il existe différentes techniques pour suggérer au sujet de voyager vers son passé. Certains utilisent des tunnels ou des machines temporelles, d'autres préfèrent suggérer des guides, ou des sanctuaires colorés d'or liquide. Le Dr Pecci, lui, demande à ses sujets de visualiser un guide, auréolé de lumière blanche, qui les accompagne vers leur passé.

En ce qui me concerne, j'utilise en général une technique basée sur le tunnel temporel. Je demande aux participants d'imaginer, de percevoir derrière leurs yeux clos un tunnel, un canal temporel en direction de leur passé. Je pratique, là encore, une forme de décompte, cette fois de 5 à 1. A 5, je demande au sujet d'entrer dans le tunnel, puis, tout en comptant, je lui suggère de se laisser emporter par le mouvement, la vitesse, le long du tunnel. Je continue à compter, en accélérant le mouvement. A 3, je demande au sujet d'apercevoir une lumière blanche, au bout du tunnel, de laquelle ils ne cessent de se rapprocher. A 1, enfin, ils sortent du tunnel, dans la lumière blanche qui les enveloppe, et ils se retrouvent ailleurs, dans un autre temps et un autre lieu, lors d'un événement précis d'un passé plus ou moins reculé. La technique est la même, que je désire ramener le sujet dans sa petite enfance, dans sa vie fœtale, ou dans une vie antérieure.

Lors de la première session (en général, je demande aux gens de revenir trois fois), le mental reste encore très actif. Certains sujets me disent : « je ne sens rien, je ne vois rien, je ne suis pas parti ». En fait, au cours de cette première séance, entre 5 et 20 % de la conscience seulement se déplacent vers le passé, alors que les 80 à 95 % restants sont toujours dans le présent. Ainsi, les personnes profondément analytiques continuent, au début à s'occuper surtout du présent. Pourtant, j'ai constaté à maintes reprises que les participants pouvaient revivre des événements particulièrement intenses dans le passé tout en ayant parfaitement conscience de leur présent. Il y a à ce moment-là comme un élargissement des champs de conscience et la personne se trouve en même temps dans son passé et dans son présent.

Ensuite, le sujet va devoir dégager des brumes de sa conscience supérieure les éléments de la scène qui est en train d'affleurer à la surface de sa mémoire. Je lui demande donc de commencer par se décrire lui-même. D'abord ses pieds : comment est-il chaussé? Sont-ce des bottes, des chaussures, des sandales? De la même façon, je lui fais peu à peu recréer son corps, en lui demandant de mettre mentalement (sans geste physique) ses bras autour de son torse et de serrer aussi fort que possible afin de le dégager des brumes du temps.

Quelle impression donne ce torse : est-il maigre? gros? musculeux? Lorsque le sujet m'a répondu, je lui suggère de promener mentalement ses mains sur ce torse, afin de sentir si c'est un buste d'homme ou une poitrine de femme. Peu à peu, les associations d'idées doivent commencer à faire place à des visualisations. Toujours mentalement, le sujet va ensuite promener ses mains dans ses cheveux, afin d'en décrire la longueur, la couleur, la texture. Lorsque le sujet n'a remonté le fil du temps que jusqu'à son enfance, son mental connaît ces détails. Il se rappelle consciemment tout cela... Il y a donc des interférences entre la mémoire consciente et la mémoire enfouie au plus profond de la conscience supérieure. Nous ne pouvons donc pas être réellement en présence d'un processus de visualisation. Néanmoins, cet exercice demeure utile, car il permet de resituer l'enfant dans son cadre.

On continue ensuite avec la description du cou, du visage, des vêtements et des ornements (colliers, bagues...), qui permettent, lors des vies passées, de situer rapidement l'époque à laquelle on se trouve. Peu à peu, les sujets décrochent ainsi du présent, et les visualisations et les associations d'idées sont de plus en plus précises. C'est comme si, à chaque détail, un peu de la conscience du sujet quittait le présent pour le passé.

A ce stade du voyage, j'ai l'habitude d'employer une technique qui s'avère très efficace : je demande au participant de mettre mentalement ses mains paume contre paume, dans un geste de prière, et de serrer aussi fort qu'il le peut. Cela lui permet de ressentir les énergies de ce corps du passé et de faire pénétrer dans cette enveloppe la partie de son esprit qui flotte encore alentour.

Puis je demande au sujet de se concentrer sur ses mains : sont-elles longues, fines, fortes, soignées, abîmées ?... Cette observation attentive de ses mains permet au sujet de savoir dans quelle période de cette vie il se trouve. L'âge remonte généralement à la surface de la conscience facilement.

Nous ne savons toujours pas, à ce stade de l'expérience, où se trouve la personne, ni ce qu'elle fait. C'est l'objet de la seconde étape.

Pour commencer, je demande au sujet de promener mentalement les mains sur son corps, afin de savoir comment il est habillé, la texture, la forme et la couleur de son vêtement. Peu à peu, il se concentre sur son environnement : est-il dedans ou dehors, à quoi ressemble l'endroit ? Il prend conscience progressivement de ce qui l'entoure, et enfin de ce qu'il est. Sa conscience quitte encore un peu plus son présent, pour pénétrer dans ce tableau qu'il habite.

Lorsque le décor et l'aspect physique sont suffisamment plantés, nous pouvons nous occuper de la personnalité dans laquelle le sujet vient de se fondre. Là encore, je procède par questions simples : est-il assis, debout ou couché ? Est-il seul ou en compagnie ? Qui l'accompagne ? Par ces détails, on arrive à cerner la scène et à la fixer, comme on l'avait fait précédemment pour le paysage.

Lorsque ce tableau est bien planté, on passe aux sensations : calme ou malaise ? Les gens autour sont-ils amis ou ennemis ? Détendus ou préoccupés ? Le sujet doit laisser peu à peu ces sensations, ces émotions s'évacuer. A ce stade de l'expérience, des éléments réellement intéressants commencent à émerger dans le registre des émotions, sur lesquels je vais jouer pour permettre aux dernières barrières dressées par le mental de s'ouvrir. Alors seulement nous pénétrons vraiment dans les mémoires de l'inconscient. La plupart du temps, un événement précis commence à émerger. Bien sûr, lorsque le sujet est remonté seulement dans son enfance, on peut penser qu'il ne fait que se souvenir, comme il le ferait dans son état de conscience normal. Mais ce qui demeure intéressant, même dans ce cas, c'est l'énorme charge émotionnelle attachée à cette « mémoire ». Consciemment, nous pouvons nous rappeler un événement, mais nous ne pouvons pas ressentir à nouveau la peur, l'anxiété, l'angoisse, l'émotion qui l'ont accompagné et qui restent profondément enfouies au cœur de l'inconscient. Le fait de les retrouver correspond donc, dans tous les cas, à un déverrouillage au niveau de la conscience. Toutefois, malgré l'aspect « senti » de cette technique, elle ne fait pas passer vraiment par un processus de catharsis. Bien sûr, le sujet ressent la tristesse, l'émotion, mais il n'y a pas de véritable crise douloureuse comme on en trouve dans certaines autres techniques, qui ont, néanmoins, leur valeur.

La vie fœtale

Une fois que le sujet est bien accroché, bien planté dans sa personnalité passée, je peux le ramener plus loin encore, lors d'un autre événement précis. On peut alors se trouver en face de deux cas de figure : remonter dans la vie fœtale, ou dans une vie antérieure. Si nous étions dans l'enfance du participant, nous allons donc remonter le fil du temps jusque dans le ventre de sa mère. En fait, il n'est pas indispensable de passer par le stade de l'enfance pour parvenir à la vie fœtale. Néanmoins, la plupart des personnes se sentent plus à l'aise lorsqu'ils se retrouvent dans leur enfance avant de basculer dans la vie fœtale. Ce trait d'union leur est psychologiquement nécessaire pour effectuer ce saut qui, sans cela, leur paraîtrait périlleux !

Au fil des ans, je me suis aperçu d'une récurrence troublante dans ces expériences : ce qui se passe dans l'enfance s'est souvent déjà produit dans la vie fœtale, et provient en général d'une incarnation antérieure. Une fois encore, on retrouve ces schémas répétitifs, ces « patterns » dont nous parlions plus haut.

Lorsque les sujets arrivent dans le ventre de leur mère, l'état de relaxation et de concentration dans lequel ils se trouvent s'intensifie, et le transfert de conscience du présent vers le passé s'approfondit. Ils arrivent fréquemment à transférer 40 à 50 % de leur conscience vers le passé. Les images deviennent ainsi de plus en plus vivaces, ainsi que le « ressenti ». Néanmoins, même à un niveau relativement léger, il est possible de ramener des souvenirs du ventre maternel.

J'utilise parfois aussi une technique plus rapide, qui ramène les sujets directement à l'état de fœtus. Je leur demande de prendre une profonde respiration pour se relaxer, puis je leur suggère qu'ils rapetissent doucement jusqu'à devenir de la taille d'un petit être dans le sein maternel. Cette méthode donne des résultats, mais en règle générale, le processus fonctionne mieux lorsque j'opère d'abord un retour dans la petite enfance.

Quelle que soit la technique, à partir de ce moment-là le scénario est le même : « Comment vous sentez-vous dans le ventre de votre mère ? Comment se sent-elle, elle ? Ressentez ses émotions ? Est-elle heureuse ? » Puis on avance dans le temps, vers le moment de la naissance, en procédant par étapes. A chaque fois, je demande au sujet de ressentir les émotions qui émanent de sa mère. Enfin, le bébé est né. Le sujet doit essayer de percevoir son entourage, l'amour de ses parents, leurs émotions. Ce moment n'est pas toujours agréable et les participants ressentent souvent à ce moment-là des émotions pénibles. Mais c'est un passage riche d'enseignements, car c'est souvent au stade fœtal ou à la naissance que prennent racines certains problèmes du présent. Alors, avant de ramener le sujet vers son présent, je lui suggère de se parler à lui-même, d'être une voix, la voix de sa conscience supérieure, et de se délivrer un message positif, de s'envoyer de l'amour, établissant ainsi un pont entre passé et présent.

Il m'arrive aussi de demander au sujet d'avancer jusqu'à l'âge de cinq ou six ans. L'enfant marche dans un champ de fleurs. L'adulte du présent est à ses côtés. Tous deux échangent des explications. Pour suggérer cette scène, j'utilise une sorte d'imagerie guidée : je demande à l'adulte de prendre la main de l'enfant, et de marcher vers un soleil couchant qui représente symboliquement la liberté. C'est comme si une conscience se trouvait derrière eux, et « photographiait » cette image.

L'enfant qui a souffert, et l'adulte qui souffre encore dans son présent pour les mêmes raisons, marchent ensemble, sur la même route, vers le soleil couchant. L'adulte se libère ainsi des entraves qui lui ont été transmises par les souffrances de l'enfant qu'il a été.

Enfin, le sujet va flotter un moment dans un temps hors du temps, qui existe partout et nulle part, entre passé et présent. Là, il pourra se rendre compte à quel point son passé a pesé sur son présent, et il deviendra libre, libre dans son présent du poids de son passé.

Le processus de retour au présent est assez simple. Je demande au sujet de se détacher de cette image, de ce passé. A l'aide d'un décompte rapide, je l'aide à ramener sa conscience vers un plan normal, tout en lui suggérant de sentir le calme et la paix qui l'habitent. Puis doucement, il doit sentir le poids de l'air sur son corps endormi qui se réveille, et la vie pénètre à nouveau dans son organisme. Il est revenu dans son présent.

Les vies antérieures

Si le voyage se situe dans un passé plus reculé, dans une vie antérieure, la démarche est un peu différente. Mais revenons en arrière : le sujet sent son corps, il sait s'il est un homme ou une femme, comment il est vêtu, il peut se voir ou se sentir selon qu'il procède par images, par sensations ou par associations d'idées. Là encore, je procède par questions simples, destinées à aider le sujet à cerner sa vision ou sa sensation : seul ou accompagné ? Sentiment de calme ou de malaise ? Je joue, comme précédemment, sur deux registres opposés de sentiments et d'émotions, de façon à ce que le sujet pénètre bien dans cette scène.

Souvent, la scène se déroule dans une sorte d'immobilité figée, comme si le fil du temps s'était arrêté. J'en profite en général pour faire constater au sujet l'illusion du temps, avant de remettre le temps en marche par un décompte de un à trois. Généralement, à 3, le temps se remet en marche et la scène s'anime.

C'est là que commence réellement le travail. Encore des questions simples, appelant des descriptions destinées à confirmer le sujet dans la scène. Nous explorons ainsi l'événement qui est en train de se dérouler. S'il ne s'avère pas réellement important, s'il n'a pas l'air porteur de sens, nous nous déplaçons à nouveau. Comme lors des régressions dans la vie fœtale, je demande au sujet d'aller vers la cause, la racine passée d'un effet qui se manifeste dans son présent. Parfois même, je demande à la conscience supérieure du sujet de se rendre directement vers l'événement le plus important de l'incarnation dans laquelle il se trouve. Là encore, si nous tombons sur un événement difficile, le sujet devra, en fin de séance, prendre du recul par rapport à ce qu'il a revécu, en saisir les raisons, afin de se libérer du poids de son passé.

Il n'est pas rare qu'au cours du voyage, les sujets soient amenés à revivre l'instant de leur mort. C'est toujours un moment difficile, mais qui peut se révéler très libérateur.

Enfin, comme lors des régressions dans la vie fœtale, je demande au sujet d'observer un moment de repos, entre passé et présent, afin d'essayer de mieux comprendre les influences de ce qu'il vient de revivre sur sa vie présente, et de se libérer des entraves qui se sont propagées dans le temps jusque dans sa vie d'aujourd'hui. Lorsque le pont entre passé et présent s'établit bien, je demande parfois à la personne du passé de parler à l'être du présent par sa bouche. C'est ce qui s'est passé dans la régression que j'ai décrite dans le chapitre I. Cette technique, lorsqu'elle fonctionne, donne de bons résultats : elle permet notamment de ramener dans le présent un savoir du passé, de réveiller un don oublié, de retrouver un talent enfoui sous les couches des existences successives.

Lorsque le sujet a terminé son voyage, le retour au présent s'effectue de la même manière que lors des régressions fœtales. Avant de revenir à son état de conscience habituel, le sujet reste encore quelques instants dans un état spécial d'éveil, puis peu à peu, sa conscience reprend possession de son corps physique, qu'elle avait, un moment, oublié sur le divan de mon cabinet.

Métaphores ou réalités ?

Bien sûr, on peut se demander si tout cela ne se réduit pas à des métaphores, à des projections du mental, de l'inconscient ou de l'imaginaire. Je ne peux pas prouver le contraire. Je ne peux répondre à cet argument qu'avec la force de ma conviction : après toutes ces années de recherches, je suis intimement persuadé du contraire, comme la majeure partie des chercheurs qui travaillent sur le sujet. J'ai personnellement constaté tellement de cas exceptionnels, j'ai vu tellement de personnes ramener du passé des éléments de savoir vérifiables, qu'il m'est difficile de parler de métaphores ou d'images produites par l'inconscient. Mais quand bien même cela serait, il n'en resterait pas moins des résultats tangibles qui prouveraient alors que l'esprit humain possède des capacités que notre savoir occidental n'a jamais osé soupçonner.

Certains invoqueront encore le rôle de l'inconscient collectif pour expliquer ces phénomènes. Je ne le crois pas non plus. Il se passe « quelque chose d'autre », comme l'éveil d'une conscience qui n'existe pas dans notre dimension matérielle. Je rejoins en cela la pensée de Karl Pribram (1), qui suggère que la métaphore n'existe pas, en ce sens que toute métaphore est vraie. Tout est isomorphe, tout ce qui est en haut est comme ce qui est en bas, et tout ce qui se manifeste, même sous forme de pensée ou d'imagination dans notre dimension matérielle, correspond à un élément existant dans une autre dimension.

D'autres techniques courantes

J'ai parlé jusqu'ici des techniques que j'ai l'habitude d'employer le plus souvent. Mais lorsque j'ai affaire à un sujet particulièrement analytique, je suis parfois dans l'obligation d'utiliser d'autres processus.

Certains sujets très accrochés à leur mental, dotés d'une vision très mécaniste du monde, ont besoin pour « démarrer » que je les emmène « en voyage ». Pour cela, je leur suggère qu'ils se trouvent dans une très belle campagne, au printemps. Les champs sont fleuris, bercés par la douce brise et le chant des oiseaux et des insectes. Je leur demande d'abord d'imaginer ce paysage, afin d'arriver peu à peu à le percevoir. Puis je leur demande de se promener

(1) Karl Pribram, neurochirurgien de l'institut de Stanford, dont j'aborde plus largement les concepts et les travaux dans le chapitre IV.

dans le tableau. Ils marchent sous les doigts caressants d'un soleil matinal. Lorsque le sujet a suffisamment projeté les images mentales que je viens de lui suggérer, lorsque le tableau est bien planté, nous passons à la phase supérieure. Je dis alors :

« A quelques mètres devant vous s'ouvre un trou, une galerie qui descend dans les entrailles de la terre. Entrez-y. Suivez cette galerie. »

A partir de là, nous procédons comme précédemment : questions simples destinées à planter le décor (la galerie est-elle sombre ou éclairée, la pente est-elle douce ou forte, etc.). Et comme le sujet décrit ce couloir, je le fais descendre toujours plus profond, vers l'origine de ce qu'il recherche. La descente peut durer jusqu'à quinze minutes. Puis il arrive un moment où il commence à ressentir des impressions diffuses, comme un poids au plexus, à la gorge ou dans la poitrine. C'est bon signe. Cela veut dire que nous sommes vraiment en route, au cœur de cette descente symbolique à l'intérieur du subconscient, de la psyché humaine. Parfois, au bout de la descente, le sujet se retrouve enfant, parfois il se retrouve fœtus. Parfois il se retrouve plus loin encore, dans la peau d'un autre lui-même, dans son propre passé. Cette technique a le mérite de refléter directement l'image que le sujet se fait de lui-même.

Lorsqu'au contraire j'ai entre les mains un sujet particulièrement émotif, je joue sur le registre des émotions qui m'est offert. Je le fais revenir dans son enfance, lors d'un événement particulièrement chargé émotionnellement, et je me sers de cette charge émotionnelle pour le faire basculer d'un coup dans le passé. Voici un exemple : un homme, écrivain d'une cinquantaine d'années, me racontait qu'à l'âge de trois ans, il avait entendu pour la première fois le son du cor de chasse. Le son de cet instrument lui avait fait une impression très particulière, très intense, le plongeant dans un état proche de la transe. Je décidai d'utiliser comme levier l'émotion provoquée par le cor, pour le basculer dans son passé. Je l'ai donc relaxé, et ramené à l'âge de trois ans, au moment où il entend pour la première fois le son du cor de chasse. Le petit garçon se trouvait à la lisière d'une forêt. Dès qu'il entendit l'instrument, il ressentit des vibrations particulières. L'homme du présent revivait avec force les émotions du petit garçon. Lorsque cette charge émotive fut suffisamment intense, je demandai au sujet de se laisser guider par cette émotion, puis je comptai de 1 à 3 en suggérant qu'à la fin du décompte, sa conscience supérieure aurait retrouvé un événement similaire dans le passé. Immédiatement, l'homme se retrouva dans les rangs des gladiateurs romains en révolte, à Rome. L'homme (il était toujours de sexe masculin) faisait partie des gladiateurs révoltés sous les ordres de Spartacus. En face d'eux, la légion romaine en ordre de bataille sonnait le buccin. Le moment fut assez pénible car l'homme du passé était en état de défaite. L'armée romaine était sur le point de les décimer, d'écraser cette révolte, et l'homme du présent le savait.

Le cor de chasse ranimait donc chez lui ce souvenir enfoui au plus profond du subconscient, et réveillait les émotions complexes de ce moment important et difficile. Nous sommes ici en présence d'un de ces schémas répétitifs, ces « patterns » dont nous avons déjà parlé plus haut.

Lorsqu'on utilise ce type de technique, il est important de ne pas laisser au mental du sujet le temps de rationaliser. Il faut donc opérer très vite, presque brutalement.

Voici un autre exemple : une jeune femme vint me consulter afin d'essayer de découvrir les raisons du rapport particulier qu'elle avait développé avec le feu, rapport à la fois intense et répulsif qui la dépassait parfois. Elle me raconta qu'à l'âge de cinq ans elle était tombée dans la cheminée. Sa mère l'avait immédiatement ramassée et enveloppée dans une couverture pour éteindre les flammes qui commençaient à la brûler. Ses blessures ne furent que superficielles, mais la fillette garda un souvenir très intense de cet accident. Il me parut intéressant de lui faire revivre cette scène. Je lui fis décrire la pièce où elle se trouvait alors, tout en étirant le temps. Dans un tel processus de ralentissement, chaque seconde peut atteindre près d'une minute de description. A l'instant où la fillette tombait dans l'âtre, je demandai à sa conscience supérieure de retrouver le même événement dans son passé. Immédiatement, sans laisser à la femme du présent le temps de réfléchir, je la fis basculer. Elle se retrouva sur le champ au milieu d'un groupe de condamnés, sur un bûcher cathare. Une fois encore, le schéma répétitif s'était révélé exact.

Il existe encore bien d'autres variantes qu'il m'arrive d'utiliser, mais je ne peux ici vous les décrire toutes. L'être humain a la possibilité, au-delà du pouvoir et de l'imagination, de contrôler entièrement les éléments de sa vie, mais certains d'entre nous ont le sentiment de vivre dans un monde froid et hostile. Le voyage à travers les vies passées permet d'élargir le concept de la prise de conscience à travers la notion de continuité de la destinée. Il permet aussi de mettre en lumière les mauvaises utilisations que nous faisons du pouvoir, de l'égoïsme, de la perte d'amour. Et cette tragédie se répète sans arrêt, tant que nous émettons de faux jugements envers nous-mêmes, tant que nous sommes limités par de fausses croyances. Nous sommes comme des enfants coupés de la source ultime, et nous ne pouvons en retrouver le chemin seuls, sans aide. Jung dit encore que l'homme de masse ne vaut rien (1). Simple particule, il a perdu son âme en perdant le sens de son existence comme être humain. En radoucissant son ego, le rappel à la conscience des existences du passé l'aide à comprendre quelle est sa réelle importance dans cette aventure qu'on appelle la vie.

L'expérience de l'opérateur

A travers toutes mes années de recherches, je me suis rendu compte d'un point fondamental : il est absolument nécessaire que l'opérateur ait voyagé lui-même dans son passé pour pouvoir mener à bien la tâche qui lui est impartie. Il est même souhaitable qu'il ait déjà utilisé des techniques de projection de l'esprit hors du corps, au-delà de l'univers des cinq sens. C'est en effet à travers son propre éveil que se fait le travail. Je sais que certains se risquent à appliquer sur autrui des techniques de régression sans les avoir expérimentées eux-mêmes. A mon sens, c'est une grave erreur : ils ne sont pas en mesure de maîtriser le processus qu'ils déclenchent. En revanche, ceux qui ont voyagé dans leur passé et en ont ramené des souvenirs, ont appris à travailler, à solutionner les influences de ce passé, et à en intégrer l'héritage dans leur présent. En outre, ces

(1) C.-G. Jung, « Psychologie du transfert », Ed. Albin Michel.

expériences permettent d'acquérir un enseignement fondamental : l'humilité, tant envers soi-même qu'envers les autres. L'ego s'atténue pour laisser place à un sentiment d'amour inconditionnel envers les autres êtres humains. En fait, tous ceux qui travaillent sur la personne humaine, qu'ils soient psychothérapeutes ou analystes, devraient méditer régulièrement. La méditation permet de sortir de l'état normal de conscience, pour atteindre des niveaux de compréhension et de clarté, dans une sorte d'élargissement de l'espace et du temps. Quelles que soient ses croyances , plus un individu médite, plus il enrichit son être, et plus se développe sa capacité de faire partager cette transformation à son entourage. Il est très important, lorsque l'on travaille avec d'autres êtres humains, de se détacher de toutes les considérations rattachées à son propre « moi », à sa propre image, à sa propre importance. Si l'on n'essaie pas au maximum d'être un canal pur, l'ego agit comme un blocage. A l'inverse, plus l'être évolue, plus il est capable de percevoir clairement ce qui n'est pas réellement lui. Le plus important, dans ce type de travail, est de parvenir à effacer l'ego, non pas en le refoulant, mais en l'équilibrant. La réussite d'une expérience d'état élargi de conscience, que ce soit une régression dans les vies passées ou une projection au-delà de l'univers des cinq sens, dépend donc davantage de l'état d'esprit de l'opérateur que de la technique qu'il utilise. C'est son ouverture personnelle qui crée l'atmosphère vibratoire nécessaire. Il ne doit pas chercher à utiliser une « bonne technique », il doit essayer de posséder une vision aussi détachée que possible de la nature réelle de l'Etre Humain.

Les régressions et l'équilibre énergétique de l'individu

Sur le plan purement physique, les voyages dans le passé; comme toutes les expériences de projection de l'esprit hors du corps, permettent l'activation, l'éveil de certains centres d'énergie dans le corps, ainsi que l'amélioration de la circulation d'énergies subtiles situées autour du corps. Il existe en effet, tout autour du corps physique, une série de corps subtils faits d'énergie. Si l'on en croit les médiums, ou les personnes dotées de facultés de perception extra-sensorielles, l'organisme tirerait la plus grande partie de son énergie primaire de rayons invisibles, émanant de la nature, qui pénétreraient dans l'organisme à travers des ouvertures minuscules situées sur le sommet du crâne. Ces rayons auraient un effet sur le talent, la vitalité, le caractère, le comportement. On retrouve un processus similaire dans les grandes traditions orientales. Selon les yogis, cette énergie est filtrée de haut en bas à travers sept centres d'énergie éthériques, que l'on appelle les chakras. Ces sept centres sont interconnectés entre eux, et ont un effet significatif sur l'organisme. Si le flux qui passe à travers ces roues d'énergie est excessif, ou au contraire bloqué par une activité inadéquate, l'organisme physique en est affecté.

La puissance de ce système d'énergie interne peut être comparée à l'énergie « chi » du Taï-Chi, ou à la force « ki » du Karaté ou de l'Aï-Kido, aussi bien qu'au principe de base de l'acupuncture. Les points d'acupuncture, selon la tradition, sont situés sur des méridiens, qui peuvent être assimilés à des affluents de ces sept soleils. Si ces centres se bloquent, ou s'ils sont hors-harmonie, les affluents subtils sont en déséquilibre et provoquent divers symptômes dans l'organisme. Selon la médecine chinoise, tous les problèmes physiques, émotionnels ou psychologiques sont le résultat d'un mauvais équilibre ou d'une interruption de ce flux d'énergie vitale. Et si cette délicate balance naturelle est reconstituée, la personne redevient un centre de bien-être, de santé et d'harmonie. Elle redevient entière, UNE.

Il semble que les voyages dans le passé entraînent une activation, un rééquilibrage de ces sept centres d'énergie. Certains chakras, gorge, cœur, plexus, semblent s'ouvrir et les effets s'en prolongent bien au-delà de la séance.

Jusqu'au milieu des années 70, le monde scientifique occidental a considéré le système des chakras et du flux d'énergie vitale comme faisant partie de la tradition classique orientale, et à ce titre ne l'a pas pris très au sérieux. Mais récemment, les chercheurs de diverses disciplines ont commencé à s'intéresser à ce système qui ouvre des portes jusqu'alors insoupçonnées. On parle aujourd'hui aux U.S.A. de médecine chakrique, ou de chakra-therapy.

En France, dans le service de médecine nucléaire de l'hôpital Necker, dirigé par le professeur De Vernejoule, un acupuncteur, le Dr Jean-Claude Darras, a réussi à mettre en évidence le bien-fondé de la médecine traditionnelle orientale, en photographiant les méridiens d'énergie. Il a utilisé pour cela des isotopes radioactifs, qu'il a inoculés à un patient au niveau d'un point d'acupuncture, et dont il a observé le parcours par l'intermédiaire d'un ordinateur. C'est ainsi qu'il a remarqué que ces isotopes se répandaient dans l'organisme suivant un trajet précis, qui ne correspond ni au trajet sanguin, ni au trajet nerveux, ni au trajet lymphatique, mais exactement au tracé des méridiens d'énergie de l'acupuncture, tels qu'ils sont décrits par la tradition. En outre, suivant l'état de santé du patient, le tracé est plus ou moins régulier, ce qui semblerait correspondre à l' « état de santé » du flux d'énergie vitale.

Tout cela prouve bien que la science peu à peu s'ouvre à des domaines jusqu'alors entachés d'une image mysticomythique, et réservée aux tenants de la tradition ésotérique, et non à ceux de la recherche. Nous ne pouvons qu'espérer que, dans les années à venir, la science continuera à avancer dans ces domaines, et à faire reculer le scepticisme rationaliste qui empêche certains, ancrés dans une vision trop mécaniste de l'univers, de faire un réel travail sur eux-mêmes.

Ainsi peut-être, chacun, dans un avenir pas si lointain, pourra mener à bien sa recherche personnelle, en choisissant la méthode qui lui correspond. Et le voyage dans les vies passées est une méthode parmi d'autres, qui permet d'opérer cette recherche au fond de soi.

CHAPITRE III

LES RÉGRESSIONS

La notion même de voyage dans le passé repose sur une supposition essentielle : l'existence d'un processus continuel, d'un cycle éternel naissance-vie-mort-naissance-vie-mort, etc. Au cours des régressions dans le passé, l'être humain expérimente ce cycle. Il est à même à ce moment-là d'établir une comparaison entre la naissance et la mort. Dans le processus de naissance, l'être passe à travers un tunnel noir, un canal, avant d'émerger dans l'espace et la lumière. Les personnes qui revivent leur mort au cours d'un voyage dans le passé l'expérimentent en général de la même façon : un tunnel noir, puis l'espace et la lumière. Dans la plupart des cas, ce voyage du dehors vers le dedans est assorti de peur, de crainte, d'appréhension. Nous connaissons tous ou presque la peur de la mort. La naissance semble tout aussi difficile. Un chercheur de l'université de Californie, Barbara Feinseindein, précise que la naissance est l'une des expériences les plus pénibles que l'être humain ait à traverser. Et Abraham Towden, dans le journal de l'association médicale américaine, écrit que le processus de la naissance, même dans des conditions contrôlées et optimales, est un événement potentiellement traumatisant pour le fœtus. La peur de la mort qu'éprouvent certaines personnes de façon incontrôlable n'est peut-être qu'un résidu du traumatisme de la naissance ? Dans son livre « Pour une Naissance sans violence » (1) le Dr Frédéric Leboyer ajoute que « la peur et l'enfant sont nés

(1) Ed. du Seuil.

ensemble. La peur est notre compagnon très fidèle, notre frère jumeau, notre ombre. En fin de compte, ce n'est pas tellement contre les autres que nous luttons, mais contre la peur de soi-même. Et toute victoire remportée sur la peur à travers un processus d'éveil de la conscience, nous rapproche de la transformation de nous-mêmes, et représente une victoire incalculable pour l'existence que nous sommes en train de vivre ».

C'est justement pour mettre fin au couple infernal « naissance-peur » que bien des gens tentent l'expérience du voyage dans le temps. Ils essaient ainsi d'échapper à cette gémellité insupportable qui lie l'être humain à la peur, depuis sa naissance et jusqu'à sa mort. Avec ces outils que sont les techniques d'éveil de la conscience, nous pouvons dépasser la croyance selon laquelle la vie finit avec la mort. Pour les matérialistes, en effet, la mort signe la fin inéluctable de la vie : le matérialiste s'identifie à son corps physique. Pour lui, lorsque son corps meurt, « il » meurt. Son « Je » est son corps physique. A l'inverse, ceux qui tentent des expériences de voyages dans le passé et revivent leur mort en reviennent soulagés d'un poids immense. Ainsi, les régressions dans les vies passées effacent la peur de la mort, ainsi que les traumatismes attachés aux vies précédentes. Mais il n'est parfois pas nécessaire de reculer si loin dans le temps pour que les régressions se révèlent efficaces. Un simple retour dans la petite enfance, ou dans la vie fœtale, permet souvent de dénouer les traumatismes de la naissance et de la vie présente.

Les régressions fœtales

En travaillant sur les régressions dans le passé à des fins thérapeutiques, Barbara Feinseinden en est arrivée à penser que l'exploration des périodes périnatales et prénatales est l'un des éléments les plus riches d'enseignements en ce qui concerne les sources de névrose. L'expérience vécue par le fœtus dans le ventre de sa mère et durant la naissance semble imprimer des « patterns névrotiques », qui ne quitteront plus l'enfant, même dans sa vie d'adulte.

Il semble aussi que la vie « in-utéro » stimule la mémoire du passé. Dans le ventre de la mère, l'enfant se sent rejeté s'il perçoit la moindre hostilité en provenance de celle qui le porte, et cela réveille des souvenirs similaires du passé, qui font écho à ce malaise.

Barbara Feinseinden cite un cas : au cours d'un voyage dans le passé, un de ses patients, un homme assez jeune, retrouva spontanément le souvenir de sa vie prénatale. Il expérimenta alors un choc intense : il crut que sa mère était en train de le tuer. Il est donc né sans accorder aucune confiance à sa mère, nourrissant même à son égard une peur tenace. Inutile de dire que les rapports entre la mère et l'enfant, puis plus tard entre la mère et l'adulte, se révélèrent très négatifs. Une vie entière de défiance et de peur des femmes. Ce voyage vers sa naissance réactiva chez cet homme le souvenir de plusieurs vies passées, au cours desquelles il avait été blessé, voire assassiné par des femmes. La peur des femmes semblait dormir au fond de sa conscience, et cette mémoire n'avait pu être effacée depuis des siècles. En revenant en arrière, en se reconnectant avec la source de sa peur, il fut enfin capable de pardonner aux femmes, et n'eut plus besoin d'entretenir avec elles ces rapports faussés.

Il existe également des relations entre la période prénatale, les vies passées, et les premiers jours qui suivent la naissance. Une fois encore, nous retrouvons ces cycles répétitifs, ces « patterns » dont nous parlions plus haut. Dans son livre « La vie secrète de l'enfant avant sa naissance », le médecin canadien Thomas Verny (1) dément les conclusions des techniques d'analyses classiques, selon lesquelles l'enfant n'est pas réellement conscient avant plusieurs mois de vie « ex-utéro ». Thomas Verny parvient à démontrer que dès la conception et durant les neuf mois qui précèdent la naissance, une entité est présente dans le sein maternel, qu'on la nomme « âme », « esprit », ou « être conscient ». Bien sûr, lorsqu'on parle d'être conscient existant au moment de la conception, cela ne veut pas dire « être de matière ». Dans le cadre de mes recherches, j'ai ramené de nombreuses personnes au moment de la conception. A ce moment-là, rien n'existe encore matériellement dans le ventre de la mère, nous sommes tous d'accord sur ce point. Il n'y a qu'un homme et une femme,

(1) Ed. Grasset.

investis dans une relation d'amour. Mais le sujet qui revit ce moment, allongé sur le divan, expérimente dans la majorité des cas un sentiment de gêne, voire d'angoisse. Lorsque je ramène ces sujets jusqu'au moment où leur mère s'aperçoit qu'elle est enceinte, le malaise est encore présent. Et cette sensation désagréable n'a rien à voir avec la joie que peut éprouver une mère lorsqu'elle apprend qu'elle porte un enfant, ni avec l'ennui que ressent à ce moment-là une femme qui ne désire pas sa grossesse.

Il semble bien que la vie fœtale et la naissance établissent en quelque sorte la manière dont nous allons vivre plus tard. Pour Barbara Feinseinden, un nouveau-né, âgé de quarante-huit heures seulement, possède déjà inscrites en lui les tendances et la manière dont il vivra sa vie. La façon dont nous naissons conditionne nos tendances profondes, celles qui marqueront notre vie d'adulte. Certaines personnes ont ainsi le sentiment de ne pas faire vraiment partie de cette vie, de ne pas s'y sentir à l'aise. Lorsqu'on fait des recherches en régression sur l'origine de ce sentiment, les sujets se dirigent souvent tout naturellement vers leur période prénatale. Et en général, on constate qu'ils ne se sentaient déjà pas en sécurité dans le ventre de leur mère.

Une question se pose : pourquoi certains enfants, au moment de leur naissance, ne font-ils pas confiance à leur mère ? Citons le cas d'une personne qui vécut une naissance particulièrement difficile... Sa mère avait déjà un certain âge lorsqu'elle entama sa grossesse, et elle fut malade durant toute sa maternité. Lors de l'accouchement, elle faillit mourir, et le bébé naquit alors que sa mère était déjà inconsciente. L'enfant était né avec à la fois la peur inconsciente de tuer sa mère, et le sentiment qu'il ne pourrait jamais compter sur elle. Dans sa vie d'adulte, ce sujet développa une relation extrêmement difficile avec son entourage à cause de ces sentiments inconscients. Ce refus de faire confiance à sa mère était une décision de survie. Pour ce bébé en train de naître, l'alternative était simple : soit il était en train de tuer sa mère sans le vouloir, soit c'était elle qui tentait de le tuer. C'est exactement en ces termes que cette personne a revécu sa naissance dans un état élargi de conscience. Et c'est exactement de cette manière qu'elle vivait sa vie et se comportait envers les autres, comme si, au momment de sa naissance, elle avait pris le parti de penser qu'elle ne pourrait jamais faire confiance à personne. Tout ceci se situait bien sûr au niveau inconscient.

Il semble que beaucoup de gens préparent d'une manière similaire le cadre dans lequel ils vont vivre. Prenons par exemple un enfant qui naît avec difficultés, qui combat dans le canal : s'il s'arrête de lutter, il aura l'impression de mourir. Il combat donc de plus en plus intensément pour sortir de ce piège, ce qui entraîne une programmation inconsciente : je dois combattre pour survivre. Et cette programmation influencera son comportement futur. Devenu adulte, il programmera combat sur combat, comme dans un instinct de survie. Si on ramène cet adulte jusqu'au moment de sa naissance, il la revivra avec la sensation qu'il a besoin de combattre pour ne pas mourir, et la seule façon pour lui de dépasser ce problème, de se libérer de cette empreinte dans sa vie présente, sera de créer un pont entre passé et présent afin de comprendre comment ce sentiment s'est créé, et de s'en détacher.

Toute cette période prénatale est encore mal connue aujourd'hui, mais on commence néanmoins à percevoir la façon intense dont l'enfant reçoit tout ce que la mère ressent... Si une femme enceinte est effrayée, son fœtus absorbe totalement ce sentiment d'effroi. C'est quasiment une certitude. Si la future mère est malheureuse ou dépressive, l'enfant absorbe de la même façon sa déprime. Il risque de grandir avec ce sentiment inscrit au fond de lui. C'est une véritable programmation qui est ainsi insufflée « in-utéro » à l'inconscient du fœtus. Si les mamans savaient à quel point le fœtus qu'elles portent peut absorber toutes leurs sensations, peut-être seraient-elles plus vigilantes à leur équilibre durant cette période.

La vie est un continuum, qui ne commence pas au moment de la conception pour se terminer au moment de la mort physique. C'est un cycle sans fin qui se répète à l'infini. La peur qu'un enfant peut ressentir dans le ventre de sa mère est difficilement imaginable, et on trouve la racine de certaines anxiétés chroniques dans la période prénatale. Les médicaments, les drogues qu'absorbe la mère, provoquent chez l'enfant des sentiments d'angoisse en augmentant son rythme cardiaque. Des tests effectués récemment en milieu hospitalier ont montré que certaines mères très accrochées au tabac n'avaient qu'à penser à fumer pour que le rythme cardiaque de leur fœtus augmente. D'autres tests ont montré que l'enfant entend « in-utéro » les bruits provenant de l'extérieur, y compris la voix de son père. Ainsi, en 1983, deux chercheurs du C.H.U. de Lille, les Professeurs Crépin et Querleu, ont réalisé un enregistrement de ce que le fœtus entend « in-utéro », en introduisant un micro aquatique dans l'utérus d'une femme prête à accoucher. Il s'avère que les sons extérieurs parviennent à l'enfant comme étouffés, intimement mêlés aux bruits intérieurs de la mère (battements cardiaques, gargouillis digestifs, etc.). C'est de cette manière que l'enfant reçoit la voix de son père, étouffée mais suffisamment reconnaissable pour qu'il la repère à la naissance. Parallèlement, ces deux chercheurs ont étudié les réactions de fœtus aux bruits extérieurs, et sont arrivés à la conclusion que dès le cinquième mois de gestation, et peut-être même avant, le fœtus perçoit le milieu sonore dans lequel il évolue. Une véritable vie familiale à trois, père-mère-enfant, est donc possible dès la gestation. Lorsque cette relation n'existe pas, le fœtus peut en être perturbé au point de développer plus tard, dans sa vie d'adulte, des problèmes de comportement. Dans ce domaine, il faut aussi citer les recherches d'Alfred Tomatis, qui explique comment, du fond de l'utérus maternel, l'enfant s'éveille à la vie et communique avec le monde extérieur par l'intermédiaire de son oreille (1). Tomatis, en recomposant l'univers sonore que l'enfant reçoit dans le sein maternel, fit des découvertes essentielles sur la perception de l'univers sonore de l'enfant avant sa naissance. De la même façon, on a constaté que les sentiments de la mère à l'égard du père peuvent influencer les futurs rapports entre le père et l'enfant. Lorsque par exemple des parents se marient à la suite d'une grossesse indésirée, l'enfant, dans le ventre de la mère, éprouve de la culpabilité.

Pendant longtemps, les scientifiques ont ignoré la période prénatale, et mésestimé son importance. Aujourd'hui, ils commencent à prendre en compte le vécu intra-utérin dans le développement futur de l'enfant. Ainsi, des

(1) « L'oreille et la vie », Ed. Robert Laffont.

tests ont été effectués sur des mères qui désiraient, ou au contraire ne désiraient pas, leur enfant. Dans les deux cas, il apparaît que l'enfant perçoit l'attitude de la mère, et les enfants non voulus, mal portés, ont tendance à être plus fragiles, plus anxieux, et développent plus de problèmes que les autres.

Cette influence est d'autant plus forte qu'à cette époque de son développement, le fœtus ne traite pas les informations qu'il reçoit de manière logique. Tout est emmagasiné littéralement. La logique et la raison viennent plus tard, trop tard souvent pour relativiser les blessures de l'âme qui se sont imprimées durant cette période.

C'est pour explorer cette vie fœtale dont on commence à saisir l'importance que j'ai décidé de ramener dans le temps certains sujets vers la période prénatale. J'ai ainsi eu l'occasion de ramener dans son passé une jeune femme de niveau universitaire, occupant un poste de responsabilités dans une grande administration. Elle se sentait incapable de mener sa vie comme elle le désirait. Elle se savait très intuitive, dotée d'une volonté et d'une force qu'elle ne contrôlait pas toujours, mais ne parvenait pas à laisser s'exprimer ces tendances. Elle disait, sous forme de boutade : « je n'ai pas choisi mon métier, c'est lui qui m'a choisie ». Et au fond, elle le pensait.

Fille unique, elle entretenait de bonnes relations avec ses parents. Animée d'un immense besoin d'avancer, elle se sentait pourtant constamment bloquée dans cette démarche. Ses problèmes se manifestaient sur le plan physique par un surplus de poids, que des régimes successifs n'avaient pas réussi à régler. Elle avait été anorexique jusqu'à l'âge de sept ans, avant de devenir une adolescente rondelette, volontiers boulimique. Malgré son désir d'avoir un enfant, elle avait fait trois avortements successifs. Elle n'avait jamais réussi à couper vraiment le cordon avec sa mère, mais malgré les relations très proches qu'entretenaient les deux femmes, elle avouait avoir vécu une enfance difficile dont elle n'aimait pas parler.

Dès le premier entretien, j'eus la sensation que cette jeune femme avait perdu l'union avec elle-même. Elle ne savait plus qui elle était réellement. Au cours de la première séance, je l'ai ramenée à l'âge de dix-huit ans, lors d'une discussion avec ses parents à propos de la poursuite de ses études. La jeune femme ressentit un poids dans la gorge. Elle revécut des sensations précises, et nous jugeâmes tous deux ce résultat encourageant. Lors de la seconde séance, elle me précisa qu'elle s'était sentie libérée, légère, pendant toute la semaine qui s'était écoulée depuis notre première rencontre. Elle avait même eu l'impression de changer de mentalité dans son travail. Nous avons donc tenté un retour dans l'enfance, entre trois et dix ans. Je demandai à sa conscience supérieure de partir à la recherche d'un événement pénible. Nous nous retrouvâmes à l'âge de cinq ans. Sa mère l'emmenait dans un pensionnat où la petite fille allait séjourner trois mois pour soigner son anorexie. Lorsqu'elle vit sa mère partir, l'enfant subit un gros choc. Désireux d'approfondir cette recherche, je la ramenai plus loin encore dans son passé, jusque dans sa vie fœtale. Et voici ce que cela donna :

— *Nous allons remonter encore plus loin dans votre passé, au moment où vous étiez dans le ventre de votre mère...*

— C'est étrange, je n'ai ni chaud ni froid. Rien... Je suis juste un peu à l'étroit. Maman est occupée. Je la sens inquiète... J'ai six mois...

— *Avançons dans le temps jusqu'à un événement qui vous a marquée...*

— Je me sens plus à l'étroit. Maman est soucieuse, mais c'est à quelqu'un d'autre qu'elle pense, pas à moi... j'ai huit mois...

— *Arrivons au moment de l'accouchement. Vous allez naître...*

— J'ai envie de sortir, c'est un besoin. Je n'étais pas bien dans ce ventre, je sentais qu'on ne s'occupait pas vraiment de moi.

— *Vous êtes engagée dans le canal, à présent. Que ressentez-vous ?*

— C'est difficile, je combats, je ne veux pas me laisser aller... Maman souffre, je le sens.

— *Vous arrivez à l'instant précis où vous sortez du ventre de votre mère. Que ressentez-vous ?*

— J'ai chaud, et on s'occupe de moi maintenant. Mais ce n'est pas maman. Elle n'est pas là. Elle me manque et ça m'angoisse terriblement. »

Cette jeune femme a développé pendant toute son enfance des sentiments d'abandon qui prenaient racine dans sa vie fœtale et sa naissance. Une fois encore, on retrouve le cycle répétitif : vie fœtale-enfance.

J'ai revu cette personne une troisième fois, huit jours plus tard. Elle m'a avoué qu'elle avait vécu la séance précédente plus intensément qu'elle n'avait bien voulu le dire sur le moment. Depuis, elle avait perdu deux kilos, sans régime, et sa boulimie avait disparu. Elle avait vécu dans la semaine un stress professionnel auquel elle avait réagi de façon plus positive qu'à son habitude. Pour la première fois depuis des mois, elle avait même eu envie de rire ! Je n'ai plus eu de ses nouvelles depuis, mais je pense qu'elle a su panser, grâce aux souvenirs que nous avons exhumés ensemble, ses blessures de l'âme.

Un dernier détail intéressant à propos de ce cas : cette jeune femme était née avec le cordon ombilical autour du cou, et dans son enfance, elle avait eu de nombreux problèmes rhino-pharyngés : angines à répétition, maux de gorge, etc. C'est une relation qui se répète avec une régularité quasi inébranlable. En effet, sur vingt personnes avec qui j'ai travaillé, et qui étaient nées avec le cordon autour du cou, dix-huit avaient eu des problèmes de ce type dans leur enfance. Mieux encore : sur ces vingt sujets, quatorze avaient connu une mort par pendaison dans une de leurs vies passées. Bien sûr, ce chiffre est trop faible pour être significatif, mais avouez que c'est là une curieuse et bien intéressante coïncidence !...

Voici un autre cas, dont l'intérêt se situe sur plusieurs niveaux. Il s'agit d'un homme, âgé d'une trentaine d'années, avec des responsabilités professionnelles importantes, et un esprit de battant. Dans sa vie privée, il se sentait pourtant comme décentré par rapport à lui-même et au monde qui l'entourait. Il avait des problèmes de sommeil. Dans son quotidien, il se montrait tour à tour agressif, puis abattu, sans raison apparente. Lors de la seconde séance, nous tentâmes un retour dans sa vie fœtale. Voici ce que cela donna :

« *Je vais compter de 1 à 5, et vous allez vous retrouver dans le ventre de maman...*

— Je suis à l'étroit. Maman est gênée d'avoir ce bébé dans son ventre. D'autant que je ne suis pas seul... Mon frère est là avec moi. Nous sommes dans la même poche.

— *Que ressentez-vous ?*

— J'aime beaucoup mon frère, je me sens très proche de lui. Nous communiquons, mais cela se passe sur un plan très subtil. Nous échangeons des vibrations. Lui aussi me sent et m'aime...

— *Revenons à votre maman. Est-elle toujours préoccupée ?*

— Oui, elle n'est pas contente d'attendre des enfants. J'ai six mois à présent. J'ai envie de naître, de vivre, à condition que ce soit avec amour.

— *Arrivons à l'instant précis de votre naissance...*

— Maintenant je n'ai plus envie de naître, j'ai peur. Mais je suis quand même le premier à m'engager. C'est à cause de ma position dans le ventre de maman : j'ai la tête en bas.

— *Voulez-vous naître ?*

— Non... non ! j'ai peur, peur de vivre. Maman est fatiguée. C'est difficile, ça ne glisse pas bien. Je ne veux pas sortir. Ce n'est pas que j'aie du mal à sortir, c'est que je ne veux pas, tout simplement... pourtant je sors... je sors normalement. Maman m'a quitté. On s'occupe de moi mais ce n'est pas maman. Quelqu'un me prend dans ses bras, je ne me sens plus abandonné, mais je suis encore angoissé par l'absence de maman. Elle me manque. »

L'intérêt de ce récit s'articule en plusieurs paramètres : d'abord, l'être, dans le ventre maternel, développe des sentiments d'abandon, de peur : c'est précisément le sentiment prédominant dans sa vie d'adulte. C'est un cas de figure qui se répète très fréquemment. Après cette séance, cet homme m'a avoué qu'il n'avait pu se résoudre, pendant le voyage, à avouer un détail : c'est son frère jumeau qui lui avait demandé de sortir en premier. Après cette session, il s'est senti beaucoup mieux, plus assuré dans son quotidien, plus serein. Nous avons donc continué ce travail. Au cours de la troisième séance nous avons tenté une descente dans l'incarnation, et nous y avons trouvé des racines encore plus profondes de son inadaptation : avant de refuser de naître, l'être repoussait déjà avec réticence sa descente dans l'incarnation. Comment s'étonner, dès lors, qu'il ait eu du mal à vivre pleinement sa vie présente ! Une fois encore, on retrouve les cycles répétitifs dont nous avons déjà parlé à maintes reprises.

Un dernier cas intéressant : une personne, âgée d'une quarantaine d'années, vint me voir pour effectuer une série de régressions, car elle se sentait très angoissée tous les matins au réveil depuis des années. Toutes les thérapies classiques qu'elle avait essayées n'avaient pu apaiser cette angoisse. Elle se réveillait toujours avec le plexus complètement bloqué. Elle devait alors se mettre à plat ventre sur son lit, et faire des respirations douces pendant un quart d'heure, avant que cela se dissipât. J'ai donc demandé à son subconscient de retourner dans le passé vers la cause de ce malaise permanent, en pensant que nous allions déboucher sur un événement d'une autre vie. A ma grande surprise, cette femme se retrouva à l'âge de onze ans, en pleine crise de somnambulisme. Je lui demandai alors de s'identifier à sa conscience supérieure, et de flotter au-dessus de son corps d'enfant pour raconter ce qui se passait. Elle commença par décrire son père et sa mère, puis se décrivit elle-même, marchant mécaniquement dans la salle de bains. Tout à coup, elle ressentit une angoisse très violente, presque insupportable. Nous avons libéré cette angoisse, puis je l'ai ramenée au présent. Dès le lendemain, la jeune femme était débarrassée de son malaise matinal quotidien, qui la taraudait depuis des années.

Ce n'est que plusieurs semaines plus tard que je compris ce qui s'était passé. Sur le moment, en libérant l'angoisse de la jeune femme, je m'étais demandé ce qui pouvait bien la provoquer. Je le sus enfin lorsqu'elle me raconta que cette nuit-là, pendant qu'elle faisait sa crise de somnambulisme, sa mère nourricière avait eu un très grave accident de voiture. Cette femme, en se voyant mourir, a sans doute projeté sa peur et son angoisse vers l'enfant qu'elle avait élevée des années durant. Et l'enfant, en proie à sa crise de somnambulisme, a dû engouffrer psychiquement cette charge émotionnelle, qui s'est inscrite très profondément dans son inconscient.

Au début de mes recherches sur la vie fœtale, j'ai constaté à plusieurs reprises que des personnes, ramenées dans leur vie intra-utérine, ne ressentaient rien, ni la présence de leur mère, ni malaise, ni bien-être. Ils étaient, dans le ventre maternel, dans un état de parfaite neutralité. Pourtant, ces mêmes sujets se révélaient généralement capables de ramener des souvenirs vivaces d'un passé beaucoup plus lointain.

J'ai d'abord pensé que l'expérience fœtale n'avait pas été concluante, soit parce que ces sujets la neutralisaient, soit parce qu'elle ne correspondait pas à leur attente, soit parce que la méthode utilisée ne s'adaptait pas bien à leur structure cérébrale. Peut-être, me suis-je dit, y-a-t-il une charge émotionnelle particulière que le subconscient verrouille, retient au plus profond de la mémoire.

Après huit mois de recherches, j'avais effectué environ 100 régressions fœtales, dont une vingtaine s'étaient soldées par un échec. Et malgré mes efforts, je fus incapable de trouver une explication satisfaisante à ces échecs. Je me mis alors à méditer sur ce problème, chassant toute pensée logique et rationnelle, pénétrant peu à peu dans le tréfonds de mon être, essayant d'entrer en contact avec ma conscience supérieure, sentant confusément que la solution était à portée de ma compréhension. Un matin, enfin, je me réveillai avec la certitude que je venais de faire un rêve très précis, dont pourtant je ne me rappelais rien. Je m'efforçai de ne faire aucun mouvement, paupières closes, essayant de ramener le rêve à la surface. A chaque fois que j'avais la sensation fugitive d'y parvenir, il s'évanouissait à nouveau. Soudain, comme un flash, je compris : durant ce songe insaisissable, « on » m'avait donné la solution. Mais qu'était-ce ?...

Je me levai, repris les fiches des sujets avec qui je m'étais heurté à un échec, et je commençai à les relire. Peu à peu, un lien m'apparut entre ces différentes personnes : elles avaient toutes la sensation de ne pas faire partie de ce monde, d'avoir des problèmes de communication, avec parfois des angoisses, des migraines, des insomnies. Se pouvait-il que, dès la vie fœtale, quelque chose de précis se fût produit ? Désireux de poursuivre mes investigations, je demandai à quelques sujets réfractaires à la régression fœtale de refaire une séance. Il s'avéra qu'à la suite d'un rejet inconscient de la maternité par la mère, ou d'une charge émotionnelle négative transmise par la mère à l'enfant, le fœtus peut se couper de sa mère, qui symbolise alors le monde extérieur tout entier.

Je réalisai alors, bouleversé, que *certains enfants naissent déjà coupés du monde dans lequel ils vont vivre.* Ces nouveau-nés se coupent volontairement de leur mère, généralement vers le troisième ou le quatrième mois de gestation, afin d'échapper à un poids psychique insupportable. Mais cette

« décision » du fœtus n'est pas dépourvue de conséquences, qui se font sentir toute la vie durant.

Peut-être quelques chercheurs isolés sont-ils arrivés aux mêmes conclusions que moi à ce sujet, mais je n'en ai pas connaissance. Pourtant, pour moi, il est absolument évident que bien des problèmes d'enfance, et même d'âge adulte, peuvent être retracés dès la vie fœtale. L'un de mes vœux les plus sincères est que les spécialistes du psychisme de l'être humain, psychologues, psychiatres et psychanalystes en arrivent à considérer la dimension réelle de la nature de l'homme.

Aux Etats-Unis, je me trouvai pratiquement seul scientifique, parmi les psychanalystes, psychiatres et psychologues, et même hypnotiseurs, à travailler sur les vies passées. A tel point que je songeai un moment à retourner sur les bancs de l'université pour passer quelques certificats de psychologie. Mais je me ravisai : ce que je recherchais n'était enseigné nulle part, sinon peut-être par certaines traditions orientales. Dans ma quête de la compréhension de la nature réelle de l'être humain, il ne m'apparut pas nécessaire d'apprendre les enseignements des différentes écoles psychanalytiques, car ma voie n'est pas celle d'un thérapeute. Je préférai laisser mon esprit libre de toute notion classique afin d'arriver à transcender le cadre conceptuel, et forcément restreint, de la pensée mécaniste et cartésienne.

En me libérant ainsi de tout frein ou conformisme universitaire, je pouvais envisager une infinité de possibilités, me réservant dans l'avenir le loisir de créer des liens entre certains concepts de physique d'avant-garde, la possibilité d'autres vies, et d'autres mondes coexistant et s'interpénétrant avec le nôtre.

Les blessures affectives peuvent donc remonter à l'enfance, à la vie fœtale, et même au-delà. D'après le professeur Justin Gall (1), un bébé de six mois peut faire une véritable dépression à la suite d'une blessure affective importante, comme peut l'être la séparation brutale d'avec la mère. « Le nourrisson exprime cette déprime par des troubles de sommeil, des désordres gastro-intestinaux, un

(1) Chef du département de psychiatrie infantile de l'Université de Californie, à Irwin.

refus de s'alimenter, des vomissements, des diarrhées, et une attitude de repli sur soi, écrit le Dr Thomas Verny (1). J'espère que tant les parents que les pédiatres et psychiatres d'enfants seront, dans l'avenir de plus en plus nombreux à reconnaître dans ces symptômes les signes d'un problème émotionnel, et à le traiter en circonstance. (...) Notre souci primordial à nous, parents, médecins, éducateurs, doit être d'élever l'enfant en bonne santé. C'est lui qui porte nos espoirs, nos rêves, notre sagesse. Il est notre avenir, et nous voulons que cet avenir ne soit pas entaché des horreurs et des souffrances inutiles qui ont si souvent gâté notre passé. Il doit être traité avec tout l'amour et le respect que mérite un être humain. »

Personnellement, j'ai souvent constaté chez les enfants une sagesse bien plus grande que chez de nombreux adultes. Et si nous savions les écouter, nous en apprendrions beaucoup. Mon fils, qui a cinq ans, m'a répondu récemment alors que je le sermonnais : « Papa, je ne suis pas né pour avoir de la peine. » Je l'ai regardé quelques instants, stupéfait, avant de réaliser qu'il venait d'émettre une vérité fondamentale avec son innocence d'enfant : l'être humain n'est pas sur terre pour souffrir, mais au contraire pour s'épanouir dans la joie, l'amour et le bonheur. Hélas, je me suis aperçu au fil de mes recherches que l'être humain commence dès la gestation son apprentissage de la souffrance.

Les régressions dans les vies passées

La perspective de voyager dans le passé attire toutes sortes de gens. Les personnes qui s'adressent à moi sont de tous horizons, de tous niveaux culturels, de toutes religions. Mais les motifs qui les animent, s'ils sont très divers, recouvrent la même question fondamentale : qui suis-je réellement ? Comment puis-je acquérir une réelle union avec moi-même ?

Personnellement, j'ai pris le parti d'éliminer systématiquement les curieux et les amateurs de sensationnel. Je me suis également refusé, jusqu'à présent, à faire expérimenter

(1) « La vie secrète de l'enfant avant sa naissance », Ed. Grasset.

ce type de voyage à des jeunes de moins de dix-huit ans, car les enfants et les jeunes adultes ont d'abord besoin de s'incarner, de s'ancrer dans leur vie présente, avant d'y plonger à la recherche d'eux-mêmes. En revanche, il n'y a pas de limite d'âge dans l'autre sens : on peut effectuer un voyage dans les vies passées jusqu'à 70, 80, 90 ans, voire au-delà.

Très simplement exprimées, voici les deux principales motivations de ceux qui tentent l'expérience. La première, la plus importante à mes yeux, repose sur la recherche de soi : Qui suis-je ? Qui étais-je avant ? Quelle est l'influence de mon passé sur mon présent ? Comment peut-il m'aider à évoluer ? Que dois-je faire pour mieux vivre ? La seconde prend racine dans des problèmes particuliers : je ne me sens pas bien dans mon existence, j'ai des problèmes de communication, pourquoi ? Que faire pour y remédier ?

Au cours de l'entretien qui précède la séance, les sujets abordent souvent leurs problèmes physiques. Cet entretien est nécessaire, car il me permet de déterminer l'axe suivant lequel va se faire la recherche. En fonction des problèmes, des désirs, des motivations du sujet, je choisis un fil conducteur, véritable fil d'Ariane que la conscience supérieure du sujet va pouvoir dérouler afin de tirer rapidement de l'écheveau des vies passées celle qui se révélera la plus explicite pour la personne du présent. Ainsi les problèmes physiques servent souvent de point de départ aux premières séances. Il s'agit en général de petits problèmes rebelles, que la médecine ne parvient pas à neutraliser : insomnies, peurs, toux, angoisses, etc. Souvent, en recherchant la cause de ces petits maux, le sujet débouche sur une expérience du passé qui l'a profondément marqué, à tel point qu'il garde imprimé dans son être du présent des traces physiques de cet événement.

Au début de mes recherches, j'avais peur d'avoir trop souvent affaire à des amateurs de sensationnel, mais à mon grand plaisir, j'ai constaté que la majorité des sujets avaient une démarche sincère, et désiraient s'investir totalement pour aller au-delà d'eux-mêmes, vers la transformation de soi. Bien sûr, j'ai aussi rencontré des demandes plus directement sprituelles : j'ai un intérêt profond dans ma vie et je voudrais savoir d'où cela vient ; je fais des rêves peuplés d'êtres qui n'appartiennent pas à mon présent ; j'ai des dons de médium ou de magnétiseur, et je voudrais savoir comment mieux les comprendre et les utiliser. Mais cette troisième catégorie de motivations est plus restreinte.

Tout comme on peut dégager des constantes à partir des régressions dans la vie fœtale, on peut noter des récurrences dans la façon dont les gens revivent leurs vies passées, et en tirent des enseignements dans leur vie présente.

Voici tout d'abord le cas d'un homme, la cinquantaine, originaire du Berry. Il avait du magnétisme dans les mains, mais il ne pouvait se résoudre à l'utiliser. Avant lui, son père et son grand-père avaient eu ce même don et l'avaient employé, mais lui ressentait une crainte inexplicable à l'idée de s'en servir. En me montrant ses mains, des mains énormes, il me raconta : « Un jour, un de mes amis se déboîta la cheville. Il souffrait beaucoup. Immédiatement, j'eus l'impulsion de tendre les mains sur sa blessure, mais tout de suite après, j'eus une seconde impulsion, plus forte que la première, irrésistible, qui me fit retirer mes mains. Je voudrais comprendre la raison de tout cela. »

Nous avons donc effectué trois sessions. Nous avons ainsi appris que cet homme avait vécu au temps des croisades (nous n'avons pu déterminer la date avec plus de précision). Il était un petit seigneur pauvre, en Bretagne, et possédait un don authentique d'imposition des mains qui lui permettait de soulager les blessés de retour de croisade. Mais ce don le mit en butte à l'Eglise qui prit ce pouvoir pour un cadeau du diable. Le seigneur passa devant un tribunal ecclésiastique, mais sa qualité de noble lui évita d'être condamné pour sorcellerie. En guise de punition, on lui brûla les mains sur une plaque rougie au feu. L'homme du présent cria à plusieurs reprises, avec force : « mes mains me brûlent ! »...

Cet homme ne croyait pas au concept de vies passées avant de tenter cette expérience, mais cela ne l'a pas empêché de la vivre avec beaucoup d'acuité. Depuis, il a appris à développer son don. Aujourd'hui, il s'en sert couramment.

De la même façon, les régressions permettent de retrouver la source de phobies, petites ou grandes, qui hantent le quotidien de bien des gens. Voici une histoire qui me fut racontée par un praticien américain : une femme, assistante médicale de son métier, avait une aversion très importante pour le parfum. A tel point qu'elle devait téléphoner aux patientes du médecin chez qui elle travaillait pour leur demander de ne pas se parfumer avant la visite. Cette aversion lui posait bien des problèmes dans sa vie quotidienne, tant professionnelle que privée. Au cours d'une régression, cette femme revécut une vie d'esquimau, durant laquelle elle avait été molestée et violentée par des chasseurs de phoques. L'un d'eux avait posé sur sa bouche une main enduite d'ambre, cette huile qui sert de base à presque tous les parfums. La réminiscence de cette scène pénible de son passé avait imprimé en elle cette aversion pour les parfums dans son présent. Après la régression, ce dégoût s'atténua puis disparut.

Il y a environ un an, j'ai reçu une femme d'une quarantaine d'années, qui se plaignait d'une phobie : elle ne supportait pas le moindre contact avec les oiseaux. Cela la gênait considérablement. Les rues de Paris, où les pigeons se promènent en grand nombre, étaient devenues pour elle un véritable « parcours du combattant ». Une régression révéla qu'elle était morte dans le désert, au Vᵉ siècle. Elle avait eu le temps, avant son trépas, de sentir les vautours se poser sur son corps. Je lui ai fait revivre cette transition qu'on appelle la mort : elle vit son corps agonisant, et la danse des vautours tout autour. Elle vit les charognards se poser sur son enveloppe physique. Malgré son aspect cruel, cette régression fut un très beau moment. La jeune femme, détachée de toute émotion, réalisa la futilité de cette enveloppe de chair comparée à l'éternité de son âme. Elle relativisa son aversion pour les oiseaux. Bien sûr, elle ne pourra peut-être jamais prendre un oiseau dans sa main pour le caresser, mais elle n'a plus besoin de faire des efforts pour échapper à l'emprise que cette mort affreuse avait imprimée dans son être au point de la perturber encore dans son présent.

Cette même jeune femme avait depuis dix ans des insomnies, accompagnées d'une inexplicable crainte de la mort. Elle se réveillait en sursaut, angoissée, au milieu de la nuit, et ne se rendormait qu'au petit matin au prix de grands efforts. Aucun problème physique ne justifiait ces craintes morbides. Nous avons donc opéré une autre série de régressions afin de rechercher l'éventuelle cause passée de ce problème. Nous découvrîmes qu'elle avait vécu une vie d'homme, marchand de son état, en plein Moyen Age. C'était la vie assez banale d'un individu plutôt satisfait de son sort. Il avait une femme et plusieurs enfants, son commerce marchait bien, rien ne paraissait émerger de cette existence terne. Comme la séance avançait, je commençais à me demander si le conscient et la conscience supérieures de la jeune femme ne s'étaient pas fourvoyés dans une vie sans intérêt. Lorsque le marchand mourut, on le lava et le prépara, comme il était de coutume à l'époque, et on le vêtit de ses plus beaux habits. Puis la famille éplorée le déposa sur son lit de mort où on le veilla pendant deux jours.

Je décidai de faire revivre cette mort à la jeune femme, afin de lui faire comprendre ce qu'est ce passage, cette transition. Je continuai donc à la questionner et elle poursuivit son récit. Le mort fut mis en bière, enterré, et quelques heures plus tard, il se... réveilla dans son cercueil !... Le malheureux fit ce qu'il put pour se faire entendre, mais en vain. Il mourut étouffé.

Sur le moment, je trouvai cette fin particulièrement horrible, et je restai plutôt dubitatif quant à la validité de ce voyage. La jeune femme elle-même n'était pas très convaincue par ce qu'elle avait exhumé des limbes de sa mémoire. Pourtant, huit jours plus tard, elle avait recommencé à dormir normalement, et se sentait étrangement en paix avec elle-même. Plusieurs mois plus tard, je tombai par hasard sur un livre d'un biologiste anglais, Lyall Watson, qui expliquait comment au Moyen Age l'une des peurs les plus répandues dans le peuple était justement de se faire enterrer vivant. Il existait même à l'époque une profession consistant à vérifier si les défunts étaient bien morts. Pour cela, on leur mordait le petit doigt ou le bout du nez, organes particulièrement innervés. On appelait ceux qui exerçaient ce métier les « croque-morts » !

Les régressions révèlent l'acquis du passé, qu'il soit bon ou mauvais. Nous pouvons ainsi somatiser dans le présent des effets d'un passé, comme si certains problèmes physiques s'ancraient dans des situations, des aventures du passé. Et il semble bien qu'en revivant les émotions attachées à ces moments particuliers, le sujet acquiert une prise de conscience qui efface définitivement les effets indésirables de ce passé. En voici un nouvel exemple. Une jeune femme avait depuis une dizaine d'années une toux incessante et rebelle à tout traitement. La moindre contrariété déclenchait des quintes qui se calmaient de plus en plus difficilement. Elle en était même arrivée à tousser la nuit dans son sommeil, sans se réveiller. Marianne avait fait tout ce qui était médicalement possible pour faire cesser cette toux, mais malgré des traitements allopathiques, homéopathiques, anti-allergiques, malgré des analyses, des tests et des examens divers, la toux n'avait pas cédé.

Nous entreprîmes une série de régressions, qui nous amena dans une vie de jeune femme, pendant la Seconde Guerre mondiale. Cette jeune femme s'appelait Alice. Voici son histoire, telle que nous avons pu la retracer en quatre séances :

19 décembre 1942. Comme chaque soir, Alice descend du car qui la ramène de Mulhouse où elle est institutrice. Dans le petit village où elle habite, elle cache des enfants juifs. La jeune femme se hâte vers sa maison, située au bout du village. Soudain elle s'arrête, figée : une traction noire, tristement reconnaissable, est stationnée devant la porte. La Gestapo.

— Mon Dieu ! les enfants, se dit-elle en se tordant les mains d'angoisse.

Sans attendre, elle entre. Un homme vêtu d'un long manteau de cuir sombre s'avance et la saisit fermement par le bras. Ses enfants, Nicolas trois ans et Estelle dix ans, sont tétanisés par la peur. La Gestapo emmène tout le monde à la Kommandantur. Après des interrogatoires, c'est la prison. Début 1943, Alice et ses deux enfants sont déportés. La gare d'Héricourt est le triste lieu de leur départ. Alice est emmenée dans un camp vraisemblablement situé au Tyrol, environné de grands sapins ténébreux. Les gardiens du camp lui laissent son petit Nicolas, mais Estelle a disparu dans la tourmente. Peu de temps après leur arrivée, Alice et Nicolas sont envoyés à la chambre à gaz avec une dizaine d'autres prisonniers.

En trois séances, nous avions retracé ce drame. Marianne, dans son présent, m'avait décrit avec beaucoup de précision tant son village que la gare d'Héricourt et le camp du Tyrol. Pour ma part, j'avais tout de suite compris que le problème de Marianne était lié à ce gazage. La quatrième séance fut donc tout entière consacrée à gommer le traumatisme qui était resté logé dans son inconscient. La remémorisation des dix secondes pendant lesquelles Alice avait inhalé le gaz mortel avec son enfant dura près d'une heure. Le traumatisme profond qui l'avait marquée à cet instant l'avait suivie de l'autre côté de sa vie physique, et en revivant cette charge émotionnelle intense, Marianne s'est débarrassée du traumatisme d'Alice.

Alice est morte en 1943, et Marianne est née en 1950. Dès le départ, elle a eu inscrite en elle, cette marque, cette blessure de l'âme. Au fil des années, la blessure s'est peu à peu rouverte. Au bout de dix ans, le mal a refait surface sous la forme de cette toux persistante. Les yogis nous disent que la sagesse efface le karma. La connaissance d'un événement effacerait donc ses influences néfastes. Il a suffi de quatre séances, deux mois environ, pour que la toux disparaisse. Voilà maintenant deux ans que Marianne en est débarrassée.

Autre lien entre passé et présent : le fils de Marianne semble être la réincarnation de Nicolas. C'est du moins ce que la jeune femme déclara au cours d'une des séances. En outre, lorsque l'enfant du présent eut trois ans, il fut saisi d'une inexplicable peur de la mort qui inquiéta ses parents. Heureusement, cette phobie disparut d'elle-même au bout de quelques mois. Peut-être l'enfant se rappelait-il alors vaguement sa mort affreuse, lorsqu'il était Nicolas ?

A l'époque des séances, le mari de Marianne, un scientifique, fut mis au courant du déroulement de l'expérience. Il se montra pour le moins douteux, pour ne pas dire réticent, voire inquiet. Mais par la suite, devant la réussite de l'entreprise, il révisa son point de vue et commença à s'intéresser aux possibilités de vie avant la vie et après la mort.

Quelques mois plus tard, lors d'un week-end prolongé dans l'Est, où elle ne s'était jamais rendue auparavant, Marianne visita Héricourt. Elle reconnut parfaitement l'endroit d'où elle avait été déportée. Elle reconnut tout, dans les moindres détails, tout sauf le panneau sur lequel était inscrit le nom de la localité. Elle alla voir le chef de gare, et lui demanda s'il n'y avait jamais eu là un autre panneau, en bois. L'homme répondit que l'enseigne actuelle datait seulement d'une quinzaine d'années. Auparavant, c'est bien un panneau de bois qui signalait la gare.

Encore un cas intéressant : durant l'été 1983, une amie américaine de passage à Paris nous rendit visite. Un mois auparavant, elle avait été opérée d'un fibrome. Depuis, son utérus saignait, lui causant de vives douleurs. Les médecins restaient perplexes devant ces symptômes, qui ne correspondaient pas à des causes médicales habituelles. Joan me demanda alors de la faire régresser. D'abord je refusai, arguant que les régressions ne sont pas des panacées, qu'elles ne remplacent pas un acte médical, et que son problème me semblait relever davantage de la médecine ou de la chirurgie que de la compréhension de son karma. Mais devant son insistance, nous tentâmes l'expérience. Cela se passa un dimanche soir. Joan revécut une vie de femme, à la fin du siècle dernier, qui se termina tragiquement à la suite d'un accouchement particulièrement difficile et douloureux. Une fois encore, le subconscient avait conservé l'empreinte de ce traumatisme qui se manifestait dans le présent. Dès le lendemain, les douleurs diminuèrent. Trois jours plus tard, elles avaient cessé, ainsi que les saignements. Je téléphonai à Joan dès le lendemain pour m'enquérir de son état. Elle m'avoua qu'en partant de chez moi, elle s'était sentie dans un état de paix extraordinaire, profondément heureuse et sereine, comme une femme qui vient d'accoucher. Coïncidence ? Peut-être !...

Imagination ou réalité ?...

La plupart des personnes que je reçois se demandent, après les séances, si les histoires fabuleuses qu'ils racontent ne sortent pas tout droit de leur imaginaire. Personne ne peut prouver que ces récits ne sont pas le pur produit d'une imagination débridée par la relaxation. Mais rappelons-nous que tout est isomorphe, tout ce qui est en haut est comme ce qui est en bas. Lorsqu'une personne est relaxée, que son esprit vagabonde librement, les éléments qui remontent à la surface ont forcément une signification sous-jacente dans la mesure où ils proviennent de ce que les uns appellent l'inconscient, et les autres la conscience supérieure.

D'autre part, il y a une grande différence entre laisser son esprit flotter librement, et faire un effort délibéré pour construire une histoire. La démarche est différente, et le résultat l'est forcément également. Lorsqu'on construit une histoire, il faut faire un effort de réflexion pour en assurer la construction. A l'inverse, dans le voyage temporel, le flux se fait sans effort, et se structure de lui-même sans intervention de la pensée consciente.

D'autres encore pensent que ces « souvenirs » sont la résurgence d'une information qu'ils ont vue, lue, ou entendue, et qui s'est gravée dans leur mémoire inconsciente pour resurgir lorsque la relaxation fait baisser les barrières du mental. Là encore, je ne peux rien prouver, mais je suis intimement persuadé du contraire.

Toutefois, même si certains croient fermement que les vies antérieures n'existent pas, force leur est de constater que ces « souvenirs imaginés » ont une signification extrêmement importante pour le sujet. Et quand bien même cela ne serait que de l'imaginaire, c'est un imaginaire qu'on devrait se hâter d'étudier, car il a des effets incontestables sur le bien-être tant moral que physique des sujets qui l'activent.

Ce dont je suis sûr, c'est qu'une session dans les vies passées permet de surmonter des problèmes de toutes sortes, et je sais par expérience qu'il n'est pas nécessaire de croire dans le concept de réincarnation pour que ces voyages se révèlent efficaces. A ce titre, nous pouvons également écarter la thèse d'un quelconque effet placebo. En effet, même les sujets les plus incrédules, matérialistes et terre à terre finissent, après deux ou trois séances, par évoluer et modifier leur façon de penser. Ils connaissent une sorte d'élévation morale et spirituelle qui plaide en faveur de la validité de l'hypothèse des vies antérieures.

Réincarnation et karma

Le karma, loi de cause à effet, prend une importance considérable dès que l'on aborde les voyages dans le passé. Chacun des problèmes résolus par une régression vient soutenir la thèse de la loi karmique. Chaque expérience montre comment cause et effet s'opèrent, s'interpénètrent, entre passé et présent. Au début de mes recherches, avec d'autres chercheurs américains, nous avons laissé de côté la notion de karma. Mais très vite, nous nous sommes aperçus qu'il était impossible de dissocier cette notion de celle des voyages dans le passé.

Le karma est le mécanisme qui pousse l'âme dans l'incarnation (1). Lorsqu'on travaille sur les vies passées, on est forcé de constater que les sujets débouchent souvent sur des existences difficiles et douloureuses. Mais il ne faut pas en déduire que ces existences sont plus nombreuses que les autres. Il y a autant de vies douces que de vies pénibles dans un cycle d'incarnations. Simplement, lorsqu'une personne désire comprendre un problème du présent, elle risque fort d'extraire de sa mémoire, de la somme de ses vies passées, une existence problématique. A l'inverse, une personne qui se demanderait pourquoi elle adore les fleurs risquerait de revivre une existence poétique et fleurie. Le karma n'est ni bon ni mauvais, c'est une loi de totale justice. C'est à travers la compréhension de son propre karma que peu à peu chacun d'entre nous pourra rejoindre sa totalité, son unité. Ainsi retournerons-nous vers la Source.

Un homme d'une trentaine d'années vint me consulter pour tenter de comprendre pourquoi, par moments, il était saisi de bouffées de violente colère. Ces crises, qui survenaient deux ou trois fois par semaine, duraient cinq minutes et le laissaient pantois. Le reste du temps, c'était un homme affable, doux, et rien dans son comportement ne laissait prévoir un tel dérèglement émotionnel. Nous entreprîmes donc une série de régressions afin d'essayer de découvrir l'origine de ce trouble. L'homme dégagea de sa mémoire enfouie une vie de moine, pendant l'Inquisition. Au fil des séances, le moine décrivit comment les geôliers faisaient parler les malheureux accusés de sorcellerie. Les descriptions étaient assez pénibles, parfois même presque insoutenables. Mais lorsque je demandai à l'homme du présent ce qu'il ressentait, il répondit : « Je ne comprends pas, je ne ressens rien. Pourtant ce que je fais là est horrible, mais ça ne me touche pas. » Vers l'âge de 60 ans, le moine se retira pour entreprendre une vie méditative. Il commença alors à se poser des questions sur sa vie, ses

(1) Voir chapitre VII.

actes et leur bien-fondé : avait-il le droit, au nom de Jésus-Christ, de torturer ces malheureux et de les envoyer au bûcher ? Douze ans plus tard, à 72 ans, il mourut sans avoir pu évacuer sa culpabilité. Il venait de se fabriquer un karma. Dans sa vie suivante, il vécut dans le corps d'une femme qui pratiquait la sorcellerie et donnait des messes noires. Un jour, elle se fit arrêter et passa devant un tribunal religieux qui la condamna. L'homme du présent revécut le procès, la sentence et le bûcher. Il décrivit le prêtre lui tendant une croix à travers les flammes crépitantes. Tout autour, sur la place, les gens riaient. Il régnait une atmosphère de kermesse. La femme du passé mourut dans d'atroces souffrances, au milieu de cette fête, accumulant une dose incommensurable de colère vis-à-vis de ces gens qui se réjouissaient de son malheur. Les pulsions de colère de l'homme du présent n'étaient donc que la résurgence de ce traumatisme, de cette meurtrissure de l'âme, imprimée dans son être le plus subtil.

Après ces trois séances, l'homme ressentit une paix extraordinaire, et depuis, ses bouffées de colère n'ont plus jamais réapparu.

Ce cas est fort intéressant, car il met en lumière la façon dont se construit un karma. Le moine inquisiteur, pris de doute, mourut dans la culpabilité, certain d'avoir envoyé injustement des innocents au bûcher. Karmiquement, son âme choisit ensuite une vie qui lui permette d'équilibrer le poids de ses actes. Mais cette seconde vie l'ayant profondément marqué, il en ressentait encore les effets dans son présent. A travers la connaissance de ce passé, il a réussi à dépasser ce traumatisme : la connaissance a effacé le karma.

Les liens karmiques, rendez-vous du temps

Au fil de mes recherches, j'ai constaté qu'il existe parfois des liens, venant du passé, entre des personnes qui se connaissent dans le présent. J'ai récemment fait régresser une jeune femme qui se plaignait d'un manque de communication avec son mari. Malgré l'amour qui, de toute évidence, les unissait, il ne lui manifestait jamais le moindre signe extérieur d'attachement et elle en souffrait beaucoup. Lors d'une séance, elle révéla qu'ils avaient déjà partagé une vie, au siècle dernier, au cours de laquelle il était encore plus taciturne et renfermé que dans son existence actuelle. Nous en apprîmes plus tard la raison : au cours d'une vie précédente, l'homme avait été torturé à mort. Ce traumatisme s'était transmis à sa vie suivante, le rendant sombre et renfermé. Dans sa vie présente, il subissait toujours une partie de cette blessure, sous la forme d'une réserve glaciale. Détail supplémentaire : l'homme du présent possède des taches de naissance aux endroits où le fer rouge de jadis a travaillé sa chair.

En découvrant les causes cachées de leur problème du présent, ces deux êtres se sont retrouvés devant un choix · perpétuer les effets du passé, ou s'élever ensemble au-dessus à force d'amour et de sagesse.

Voici un autre exemple de couple qui a traversé le temps : une femme d'une quarantaine d'années, mariée depuis vingt ans, éprouvait un tel attachement pour son mari qu'elle ne pouvait le quitter d'un pas sans en éprouver un véritable malaise. Et il en était de même pour lui. Au cours d'une séance, elle extirpa de sa mémoire une vie de femme, au Tyrol, au siècle dernier. Elle se promenait dans la campagne, dans la lumière pâlissante d'une fin d'après-midi. Elle songeait à son fiancé, qu'elle devait épouser quelques jours plus tard. Toute à sa joie et à son bonheur, perdue dans sa rêverie, elle ne vit pas le soir tomber. surprise par le crépuscule, elle décida de couper à travers champs et bois pour arriver chez elle avant la nuit. Elle se mit à courir, courir... Soudain, un faux pas. Elle glissa et tomba dans un trou d'eau. Malgré ses efforts, elle ne put en sortir. Elle cria, appela, sans résultat. Elle mourut dans ce triste piège, et sa dernière pensée fut pour les siens : « Ils vont m'attendre mais ils ne me retrouveront jamais. Ils ne sauront même pas ce que je suis devenue. » Les deux jeunes gens se sont retrouvés dans le présent. Ils se sont mariés et ont eu quatre enfants. Pourtant, la femme du présent a continué à ressentir une angoisse diffuse dès qu'elle s'éloignait de son mari, comme si à chaque fois elle courait à nouveau le risque de le perdre.

Il est parfois aussi des farces du passé : des personnes qui se sont connues au cours d'une vie précédente, et ont vécu des relations très difficiles et mouvementées, peuvent aussi parfois se retrouver dans le présent pour travailler ensemble sur les effets de ce passé commun. Ce type de couple aboutit souvent à la séparation. Mais petit à petit, à travers leurs incarnations successives, ils apprendront, s'ils le doivent, à vivre ensemble. C'est pourquoi, lorsqu'un homme et une femme sentent qu'entre eux c'est fini, et que la séparation est la seule réponse à leur problème, ils doivent s'efforcer d'effectuer cette rupture sans drame, sans sentiments négatifs. S'ils ne parviennent pas à surmonter toute cette émotion négative, ils devront repasser par les mêmes épreuves en un autre temps et un autre lieu, jusqu'à ce qu'ils comprennent les leçons du passé.

Une relation amoureuse implique deux personnes, et il arrive parfois que leurs évolutions ne soient pas synchronisées : l'un peut évoluer dans une vie, alors que l'autre stagnera et changera dans la suivante. Néanmoins un couple peut arriver à l'équilibre si l'un et l'autre essayent de modifier les idées, les pensées, les actions qui les animent dans le sens d'une plus grande compréhension mutuelle.

Les membres d'une même famille peuvent également s'être connus dans le passé. Les personnes du présent qui s'aiment sincèrement et se sentent très proches ont vraisemblablement été amis, amants, compagnons, camarades, frères ou sœurs, père ou mère, dans le passé. Ils se retrouveront une fois encore dans le présent pour avancer, comprendre, apprendre, évoluer ensemble. Telle est la loi cyclique de la réincarnation.

Les régressions spirituelles

Les vies spirituelles constituent un autre aspect des voyages dans le passé. Certaines personnes entendent dérouler le fil de leur passé à partir de leur éveil spirituel du présent. Il arrive alors que ces régressions débouchent sur des vies qui révèlent des aspects perdus de la tradition ésotérique, qu'il s'agisse des grands courants orientaux ou occidentaux. Parmi ces derniers, on trouve surtout les Templiers, les Cathares, les Druides, et plus loin l'Egypte et l'Atlantide. Chez les orientaux, ce sont plutôt les tibétains et les yogis. Bien des livres ont été écrits sur la chevalerie du Temple et l'Ordre des Templiers. D'après ce que l'histoire nous en a appris, l'Ordre fut fondé en 1118 par neuf chevaliers, qui partirent en Terre Sainte, officiellement pour garder les routes et protéger les pèlerins. Mais les spécialistes pensent aujourd'hui que leur but était tout autre. Certains ouvrages émettent à ce sujet des thèses audacieuses, dont je ne puis juger, n'étant pas expert. Certains, comme Louis Charpentier (1), pensent que les neuf chevaliers partirent à Jérusalem pour retrouver l'Arche d'Alliance, et revinrent en 1128, mission accomplie. L'ordre du Temple traversa le Moyen Age comme un météore, et fut décimé en 1307 par Philippe le Bel, qui ordonna l'arrestation des Templiers. Le 22e grand maître, Jacques de Molay, mourut sur le bûcher en 1314, avec ses deux derniers compagnons.

Récemment, j'ai organisé un séminaire de huit jours dans une ancienne commanderie templière, en Périgord. Le dernier jour, je demandai aux participants d'essayer de se projeter, ensemble, au XIIIe siècle, dans ce même lieu, afin de redécouvrir ce qu'était la vie quotidienne de la commanderie à ce moment-là. Chacun se concentra et se projeta. Soudain, des questions étranges traversèrent ma conscience. Suivant mon impulsion, je les posai à haute voix : « Existait-il un enseignement secret au sein de la commanderie ? Les chevaliers se livraient-ils à des occupations occultes ? » Une autre série d'éclairs traversa ma conscience, et de nouvelles questions affluèrent : « Les Templiers avaient-ils des rites secrets ? Avaient-ils des contacts avec des êtres de " l'autre côté " ? »

Plusieurs participants se mirent à pleurer. Ce n'était pas de l'hystérie, mais des larmes douces, révélant une émotion intense. A la fin de la séance, j'organisai une discussion générale afin que les participants puissent confronter ce qu'ils avaient ramené. Il en ressortit qu'une partie secrète de l'Ordre des Templiers avait connaissance d'êtres de « l'autre côté » (à défaut d'un terme plus approprié). Ces contacts se faisaient par l'intermédiaire de portes « spatio-temporelles » dont il fallait posséder les clefs. A ma connaissance, historiquement, ce fait n'est mentionné nulle part, bien que les traditions stipulent que cet Ordre

(1) « Les Mystères des Cathédrales », Ed. Laffont.

comportait une partie exotérique et une partie ésotérique. C'est peut-être là un des aspects ésotériques de l'activité des Templiers.

D'autres régressions ont mis à jour des éléments inconnus concernant les rites druidiques. La plus grande partie de la tradition druidique semble perdue. Pourtant, certains sujets ont décrit des rites initiatiques druidiques, incluant la pratique du voyage astral. J'ai cru comprendre que ces initiations comportaient une partie « terrestre » et une partie, la dernière, se déroulant sur un autre plan. L'apprenti druide devait donc maîtriser le voyage astral pour continuer son initiation. Les témoignages que j'ai recueillis à ce sujet se recoupent, bien qu'ils émanent de personnes différentes. Un des éléments qui reviennent le plus souvent est l'utilisation du bouclier astral. Il semble que les druides savaient se protéger physiquement contre les agressions extérieures en confectionnant, à l'aide des forces de l'astral, une sorte de bouclier qui peu à peu se refermait autour du druide comme une carapace infranchissable. Dans « La guerre des Gaules », Jules César raconte comment les druides se tenaient immobiles, debout, en pleine bataille, tout habillés de blanc, sans armes, l'air perdu dans une profonde méditation. Les Romains s'étaient d'ailleurs bien rendu compte que, pour détruire le cœur de la Gaule combattante, il fallait d'abord s'attaquer à ses druides, âme de la résistance celte.

Plus loin encore dans le passé, on trouve des récits sur l'Egypte. Au-delà des descriptions classiques sur les pyramides et la vie égyptienne, j'ai quelquefois assisté à des voyages étranges. Un sujet revécut ainsi une existence de proche du pharaon, et décrivit comment le souverain, en compagnie d'une quinzaine de dignitaires de sa cour, se projetait dans le monde astral. La personne du présent fut elle-même très étonnée par son récit, car elle ne connaissait même pas l'existence du voyage astral. D'après ses dires, cette pratique, telle qu'elle était utilisée en Egypte, était destinée à « élever les vibrations de la Terre Rouge ».

Albert Slosman (1) émet l'hypothèse que le mot Egypte proviendrait d'une déformation de « AHA-KA-PTAH », qui signifie « le deuxième cœur de Dieu », « AHA-MEN-PTAH »

(1) « La grande hypothèse », Ed. Robert Laffont.

étant « le cœur aîné de Dieu », origine présumée du terme « Atlantide ».

Voici un des cas les plus intéressants que j'aie rencontrés au sujet de l'Egypte. Au cours d'une séance, un homme revécut une vie de prêtre égyptien, d'où il ramena le souvenir du rite de la mort initiatique. Il décrivit son initiation au voyage astral, puis la façon dont il l'enseigna par la suite à ses disciples. Tout cela se passait vers 1780 av. J.-C.

A la même époque, une jeune femme s'adressa à moi pour effectuer une série de régressions au cours desquelles elle revécut, elle aussi, une vie en Egypte. Ces deux personnes ne se connaissaient pas, mais elles se croisèrent un jour, fortuitement, chez moi. La jeune femme décrivit sa vie dans une crypte souterraine, en compagnie d'un prêtre qui lui enseignait les techniques de sortie hors du corps. Elle exposa dans le détail les exercices respiratoires, puis la sortie proprement dite. Soudain, une sorte de prescience jaillit dans ma conscience, et je demandai à la jeune femme de se concentrer sur le prêtre pour le décrire. Je constatai alors avec stupéfaction qu'elle me décrivait trait pour trait le prêtre que l'homme m'avait décrit quelques jours auparavant. Désireux de confirmer mes déductions, je demandai à la jeune femme du présent si elle connaissait ce prêtre dans son incarnation actuelle. Elle hésita, puis finit par répondre : « Oui ! c'est l'homme que j'ai croisé ici l'autre jour. » Toujours incrédule, je lui demandai en quelle année se passait tout ce qu'elle venait de me raconter. Elle répondit : « peu après 1800 av. J.-C. » !...

Certaines régressions mettent en lumière des concepts extrêmement bizarres, comme en témoigne ce récit : une jeune femme ressentait depuis l'âge de sept ans une gêne au milieu du front, exactement là où la tradition orientale place le troisième œil, siège de la clairvoyance. Au fil des années, la gêne s'était peu à peu transformée en une véritable douleur, qui résistait curieusement aux soins médicaux. Nous avons donc essayé ensemble d'en découvrir la cause. Et voici, en substance, ce que cette jeune femme raconta :

« Je suis une femme blonde. Je m'appelle Antinéa et je vis en Egypte, environ 5 000 ans avant notre ère. Je me trouve dans une salle ornée de colonnes, assise dans une sorte de fauteuil. Un faisceau sort du centre de mon front. C'est une lumière visible, blanche. Elle émane de moi sans que je fasse le moindre effort, et se dirige vers le sol, sur un homme agenouillé. Le faisceau heurte le sommet de sa tête baissée. Cela me donne un sentiment de puissance, en même temps qu'une gêne physique à l'endroit précis où le rayon s'échappe de mon front. »

Afin de mieux comprendre ce qui était en train de se produire, je demandai à la jeune femme du présent, ou plutôt à sa conscience supérieure, de se déplacer dans le temps jusqu'à un événement qui nous éclaire sur ce curieux pouvoir.

« Je me trouve dans une sorte de monastère, raconta-t-elle alors. J'entre à présent dans une pièce où l'on va me transmettre une initiation. Il y a là des êtres, ni hommes, ni femmes, androgynes peut-être. Je me concentre sur l'un d'eux. Il n'a pas de cheveux, ni de barbe. Il n'est pas beau, mais pas effrayant non plus. Il est vêtu d'une sorte de grande robe. Il a trois doigts à chaque main, et sa peau... sa peau est... bleue ! Je suis debout, face à une pyramide de cristal à peu près aussi grande que moi. Il y a sept êtres bleus à mes côtés, autour de cet édifice dont le sommet émet un rayon lumineux qui se dirige vers mon front. A l'instant où le faisceau heurte ma tête, j'ai la sensation qu'il va la faire éclater. Puis cette impression désagréable fait place à un sentiment d'invincibilité. Ces êtres n'appartiennent pas à cette terre. Ils viennent d'ailleurs. J'éprouve pour eux un infini respect. »

La jeune femme raconta ensuite comment elle utilisait ce don stupéfiant : lors de certaines assemblées, elle projetait le rayon sur l'assistance, et entrait ainsi en contact avec d'autres plans de conscience en compagnie de tous les participants. Une remarque : bien sûr, la femme du passé n'a rien à voir avec « Antinéa », telle qu'elle a été décrite par Pierre Benoit dans son roman « L'Atlantide ». Mais comme nous le verrons dans les chapitres suivants, il arrive relativement souvent que les sujets citent des noms appartenant à la mythologie, au romanesque, en un mot à leur patrimoine culturel. Il semble que certains noms d'un passé trop lointain soient phonétiquement intraduisibles. Le subconscient saisit alors en quelque sorte la vibration du nom, et la transcrit dans une forme compréhensible pour la conscience normale. Une espèce de traduction-adaptation simultanée !

Ce récit est plus qu'étrange, et suffisamment invérifiable pour éveiller des doutes chez les personnes les moins réticentes. Toutefois, dans les jours qui suivirent cette séance, les douleurs frontales de la jeune femme disparurent. Par la suite, elle se découvrit même un don de médium qu'elle ne se connaissait pas auparavant. Il ne s'agit pas là d'un cas isolé. Bien que ce ne soit pas vraiment courant, j'ai été à maintes reprises confronté à des cas de ce genre, décrivant des contacts avec des êtres non humains. Ici, ces êtres ont trois doigts, dans d'autres récits ils en ont sept, mais mis à part ce genre de détails ces récits se ressemblent curieusement.

Dans le même ordre d'idée j'ai aussi eu plusieurs cas de personnes revivant une existence préhistorique au cours de laquelle ils décrivirent des scènes curieuses : apparitions de disques de lumière dans le ciel, ou même atterrissage d'engins venus d'ailleurs. A chaque fois, l'être du passé tombe à genoux dans un état de profonde stupéfaction, en disant : « Les Dieux sont là, ils sont revenus. »

Y aurait-il eu des contacts avec des extra-terrestres dès la préhistoire ? Et dans ce cas les thèses d'Erich Von Daniken (1) auraient-elles un fond de vérité ? La question reste posée. Lorsque les sujets remontent plus loin encore dans le passé, ils tombent inévitablement sur la légendaire Atlantide. Cette civilisation disparue a suscité bien des débats et bien des thèses différentes. Dans son livre « Les archives secrètes de l'Atlantide », Jean-Yves Casgha (2) explique : « Chaque fois que l'on vient nous brosser le tableau de la localisation atlante, la conclusion est toujours la même : le continent disparu ne sert jamais qu'à exciter les imaginations, excitation que nous devons d'abord à Platon, qui, comme chacun le sait, est le type même du joyeux farceur ! La farce doit faire rire beaucoup de monde puisqu'on recense actuellement quelques 20 000 titres consacrés au sujet. »

Evidemment l'Atlantide, cette civilisation disparue qui aurait existé il y a plusieurs dizaines de milliers d'années

(1) « Signs of the Gods », Ed. Berkeley Books.
(2) Ed. du Rocher.

au centre de l'Atlantique, a fait couler beaucoup d'encre. L'un des ouvrages les plus intéressants sur le sujet date de la fin du siècle dernier. Il s'intitule « Atlantis » et est signé Ignatius Donelly. Ce livre vient d'être réédité (1). L'auteur y évalue systématiquement les écrits de Platon, la mythologie grecque, la Bible, les légendes de Chaldée, l'histoire mondiale, l'archéologie, tous les paramètres qui sont à sa disposition, pour essayer de démontrer l'existence de l'Atlantide. Il détaille ce qu'a pu être la géographie de ce continent, son histoire, sa culture, sa religion, sa destruction, et enfin les influences qui lui survécurent. Un siècle après sa parution, « Atlantis » est encore considéré comme une exploration classique de ce sujet fascinant. Donelly prétend que les Atlantes furent les fondateurs de pratiquement tous nos arts et sciences, les parents de nos croyances fondamentales, les premiers navigateurs, marchands et colonisateurs de notre planète.

Tant aux U.S.A. qu'en France, nombreuses sont les régressions aboutissant à des récits de vie atlante, et toutes se ressemblent sur un grand nombre de points, notamment la splendeur et la puissance incroyable de cette civilisation qui savait utiliser la science du cristal. D'après ces récits, les machines étaient contrôlées par la puissance de l'esprit, et les cristaux servaient entre autres à convertir l'énergie du soleil en une énergie proche de notre électricité. Certaines séances parlent plus précisément de lentilles concaves et convexes, captant les rayons du soleil et stockant l'énergie ainsi transformée en un matériau liquide que d'autres sujets identifièrent par la suite comme étant du cristal liquide. Les Atlantes savaient aussi créer des cristaux géants par la seule force de la pensée, en modifiant la structure moléculaire de la matière. Ils savaient également utiliser les sons et la lumière dans des registres de fréquences imperceptibles à notre plan physique, mais agissant sur le plan du mental. Ils avaient également réussi à mettre au point un principe de vol interstellaire basé sur l'usage de certains cristaux capables de contrôler le transfert d'énergie entre matière et anti-matière.

Pratiquement toutes les descriptions parlent également d'un gigantesque édifice de cristal, ressemblant soit à une

(1) Ed. Harper and Row.

pyramide soit à un temple grec, et appelé Temple de la Connaissance. Les Atlantes y apprenaient à utiliser certaines énergies mentales et psychiques. Les cristaux servaient également à la médecine : certaines combinaisons de lumière, de couleurs et de sons, de magnétisme et de pensée, permettaient aux cristaux de réussir à merveille certains types de guérisons. Les habitants de l'Atlantide utilisaient encore d'autres types de cristaux pour activer les énergies du corps et de l'esprit, et même pour opérer une sorte de chirurgie éthérique sur le corps énergétique des malades. Certains sujets se sont vus en suspension, en lévitation, soutenus par des faisceaux d'énergie, tandis que des êtres travaillaient sur leur corps subtil avec des cristaux. Je pourrais allonger ainsi jusqu'à l'infini la liste des usages que les Atlantes faisaient du cristal, tels qu'ils ressortent de tous les récits de régression en Atlantide. Bien sûr tout cela paraît terriblement fantaisiste et imaginaire, mais je me suis contenté d'exposer ici les témoignages de ceux qui ont revécu une vie à cette époque.

La légende dit que l'Atlantide, une nuit, s'engouffra dans les flots. Mais il semble, toujours d'après les récits qui me furent rapportés en régression, que les Atlantes et leur civilisation s'effondrèrent à la suite d'une mauvaise utilisation du pouvoir du cristal.

Ces descriptions au sujet de l'Atlantide sont parfois si étranges que certains chercheurs se sont demandé si l'Atlantide ne se seraient pas trouvée sur un plan vibratoire différent du nôtre, un plan plus subtil. Cette vibration aurait fini par s'épaissir jusqu'à se détruire d'elle-même, à la suite d'une mauvaise utilisation par les Atlantes de leurs pouvoirs énergétiques.

Quoi qu'il en soit, j'ai remarqué que les régressions débouchant sur une vie en Atlantide ont presque toujours le même point de départ : il s'agit en général pour les sujets de rechercher une vie particulièrement spirituelle, voire la vie la plus spirituelle qu'ils aient vécue.

Voici, à titre d'exemple, le récit d'une régression en Atlantide, particulièrement riche en détails et en descriptions. Je me suis efforcé de conserver les termes exacts employés par le sujet au cours du voyage :

« Je suis un homme, mince, avec de longs cheveux droits et lisses, gris clair, qui tombent jusqu'au milieu des épaules, et une barbe assez courte. J'ai le nez droit. Mon visage est brillant comme ceux des sages sur les images pieuses. Mes yeux sont très profonds, comme des lacs sombres. Ma peau est blanche, un peu cuivrée. Je porte un genre de robe qui descend jusqu'aux genoux, ceinturée à la taille. Ce vêtement est cousu dans une sorte de coton, doux au toucher. Je porte des sandales et un sac en cuir brun suspendu à mon épaule droite par une corde. A l'intérieur, il y a des pierres, des cristaux. J'en saisis une : c'est un cristal, un quartz blanc taillé comme un diamant. Lorsque je le regarde, je sens comme un doigt qui pousse sur le centre de mon front à l'emplacement du troisième œil. »

A ce stade de la régression, je demandai au sujet de se déplacer dans le temps jusqu'à un moment où il utilisait cette pierre de manière très précise :

« Je suis dans une chambre, au cœur d'une pyramide, éclairée par la lumière qui semble émaner de certains cristaux. Le sol est comme du sable, souple, un peu mouvant. A la réflexion ce n'est pas une chambre, c'est plutôt une espèce de grotte, une crypte. Les murs sont concaves et couverts d'aspérités. Je suis seul ici. Il n'y a aucune lumière en provenance du dehors. Seuls les cristaux jettent une lumière pulsante. Surtout un grand cristal posé dans un coin qui émet une lumière verdâtre, mouvante comme de la fumée de cigarette, très apaisante, merveilleuse. Je suis assis en tailleur à même le sol. Je suis en train de charger un cristal que je tiens entre les mains. La lumière qui provient du grand minéral traverse mon corps et opère une sorte de mutation alchimique au plus profond de moi. Je sens de nombreux courants d'énergie circuler autour de mon corps. Ce bain vibratoire émane du grand cristal lumineux. Il semble que je prenne les énergies de ce cristal pour charger celui, plus petit, que je tiens entre mes mains. Curieusement, ce n'est pas seulement une pierre que je tiens ainsi, c'est quelque chose de vivant. Je ressens de l'amour pour ce minéral comme s'il s'agissait d'un animal ou d'un végétal. En même temps, je sens l'amour qui se dégage du cristal comme je pourrais sentir l'amour émaner d'un animal domestique. Ce sentiment prend une intensité physique particulière au centre de ma poitrine. Il s'établit un lien extrêmement puissant et profond entre ce cristal et moi. Peu à peu, le petit minéral mort prend vie entre mes mains. Oui... il commence à vivre ! »

Désireux de poursuivre cette régression particulièrement riche, je demandai au sujet de se déplacer à nouveau dans le temps jusqu'à un autre événement :

« Je vois un temple blanc. Une volée de marches mènent à la grande porte. Je monte et entre. A l'intérieur une vingtaine de personnes allongées par terre. Ils ont entre 15 et 20 ans. Je suis là pour leur transmettre un enseignement à l'aide du pouvoir du cristal. C'est très difficile à décrire car il n'y a pas de mots pour rendre compte de ce processus. Je vais tout de même essayer : je suis assis en tailleur, la colonne vertébrale très droite. Le cristal est posé à même le sol, à une trentaine de centimètres de moi. Il extrait la connaissance de diverses parties de moi-même, principalement de ma conscience supérieure, et la transmet directement à la conscience supérieure des élèves allongés devant moi. Ces étudiants sont silencieux, comme s'ils étaient plongés dans un état altéré de conscience. Ils sont très beaux. Je sens leurs énergies vitales. Ils sont en équilibre avec eux-mêmes. Nous ne sommes pas dans le monde astral mais bien dans le monde physique. Nous sommes en Atlantide. L'atmosphère qui règne ici est... merveilleuse, je ne trouve pas d'autre mot. Il semble que nous ne soyons qu'une seule âme, un seul être, une seule " chose ". Nous provenons tous de la même source. L'enseignement circule de moi vers eux sous forme d'idéogrammes, de concepts. Une fois encore ce n'est pas facile à expliquer, mais je vais vous donner un exemple : lorsqu'on respire le parfum d'une rose, les yeux fermés, on ne voit pas la fleur mais on sent sa présence, son existence. C'est un peu comme si je ne leur transmettais que la " senteur " de l'enseignement. Et à partir de ce parfum, ils savent retrouver tout l'enseignement. Ils apprennent à se mettre en contact avec leur conscience supérieure, ainsi qu'avec d'autres plans de conscience, à travers une vibration d'amour inconditionnel. Ils sont la source comme je le suis moi-même, la source dont tout provient.

« Maintenant l'enseignement est terminé. Les étudiants se rassoient. Ils ressentent toutes les vibrations qui les entourent et ils semblent profondément heureux. Je m'approche d'eux et je leur parle, mais je n'utilise pas la parole.

C'est un mode de communication trop lourd et trop limité, qui recouvre un champ de compréhension trop restreint. Je leur parle dans une sorte de communication d'esprit à esprit, comme un transfert de vibration. Comme si les vibrations d'un mot étaient imprimées directement dans leur conscience. »

La régression se termine par une description de l'habitation de l'être du passé : « Nous habitons des maisons de forme pyramidale. Je me trouve chez moi. Dans un coin de la pièce, un cristal est posé qui émet des formes mouvantes, des rayons de lumière pulsée dans des couleurs superbes que je ne connais pas. Je possède beaucoup d'autres cristaux, certains pour la méditation, d'autres pour la guérison. Celui que j'utilise en ce moment me permet de quitter l'enveloppe humide de mon corps. Je suis allongé par terre, le cristal est posé juste derrière ma tête, sur une espèce de plate-forme. Je dois observer une technique de respiration particulière (le sujet, sur le divan, commence à respirer profondément). Lorsque j'inspire, j'emmagasine une énergie vitale qui se trouve dans l'atmosphère et je la concentre dans le bas de ma colonne vertébrale, là où se situe le pouvoir du Serpent. Puis je la fais monter le long de ma colonne vertébrale, en même temps que je commence à recevoir le pouvoir du cristal qui s'est mis à irradier. Je viens juste de quitter mon corps physique, je m'envole vers le soleil. Je n'ai plus de corps, pas même de corps subtil. C'est mon essence spirituelle qui s'envole.

« Nous semblons avoir besoin de sortir de temps en temps de notre corps, de manière à réénergiser certaines autres parties de notre être. Ce soleil paraît irradier des énergies particulières dont nous avons besoin, mais qui n'agissent pas sur notre corps physique, seulement sur notre " essence ". C'est comme un processus de nettoyage, de purification.

Encore une fois, c'est très difficile à exprimer avec des mots. Je viens de réaliser que mon corps est composé de plusieurs parties : corps physique, enveloppes subtiles, corps non manifestés, essence spirituelle, âme. Il y a bien sûr des expériences que nous ne pouvons pas vivre, dans la dimension manifestée, sans corps physique, et cette forme d'expérience est indispensable bien qu'il en existe d'autres, plus importantes. Si nous ne prenons pas suffisamment soin de cette enveloppe charnelle, elle risque de nous retenir dans la dimension manifestée au-delà du temps qui nous est nécessaire. Pour parvenir à quitter le corps physique au moment voulu, il faut l'entretenir, et le cristal sert aussi à ça. Nous devons en particulier faire bien attention à ce que les différentes parties de notre être interagissent entre elles de façon harmonieuse, faute de quoi nous perdrions la communion avec nous-mêmes. Et justement, à l'époque où je vis, en Atlantide, certains êtres semblent avoir perdu la faculté de quitter leur corps. C'est comme une forme de maladie, une épidémie qui commence à se répandre et qui nous trouble beaucoup. C'est le signe d'un recul dans notre évolution par la perte d'une faculté naturelle. Ces êtres développent des sentiments étranges que nous ne connaissions pas, comme l'envie ou la jalousie. C'est comme si une partie d'eux-mêmes était plongée dans l'ombre. Nous ne comprenons pas ce qui se passe. C'est peut-être une transformation que nous n'avions pas prévue.

« Nous vivons une centaine d'années terrestres, peut-être un peu plus, mais le temps n'a pas de réelle importance pour nous. Nous savons qu'avant et après cette vie il y a " autre chose ". Personnellement, je sais quand je quitterai mon corps physique, et lorsque cette heure sera venue, je n'aurai qu'à me défaire de mon enveloppe terrestre, tout simplement, comme on laisse une écorce, et la vie continuera ailleurs. »

Dans cette description, particulièrement foisonnante, on retrouve un certain nombre de phénomènes caractéristiques des récits de régressions en Atlantide : les énergies du cristal, les descriptions de l'environnement, et la possibilité de quitter son corps à volonté. Il semble que ce récit se situe pendant la période qui amena le déclin de cette civilisation tant controversée.

Les light-beings

Lorsqu'on remonte dans le passé, au-delà des civilisations disparues, on tombe parfois sur des cas tellement ahurissants qu'ils laissent songeurs tous les chercheurs qui travaillent sur les vies passées. Les Américains ont classé ces cas extrêmement curieux sous le terme de « light-beings », ce qui signifie en français « êtres-lumière ». Dans ces voyages, les participants se décrivent sans corps. Ils ne sont qu'une forme d'énergie. Ces séances sont particulièrement fatigantes et longues, car les sujets se placent d'eux-mêmes dans un état très profond avant de se livrer à ces étranges récits. Voici en bref résumé les éléments principaux qui se dégagent de ces voyages : Quelque part entre 10 000 et 50 000 ans avant notre ère, la terre fut visitée par des habitants, venus soit d'une autre planète, soit d'un autre plan vibratoire. Les descriptions parlent d'une forme d'énergie tourbillonnante, néanmoins forme de vie, ou de consciences vivantes. Ces êtres n'ont pas besoin de se manifester dans le monde physique. D'ailleurs, s'ils le faisaient, ce serait pour eux une forme de régression, car ils s'abaisseraient à une forme de vie inférieure.

De nombreux sujets racontent qu'en tant qu'êtres-lumière, ils durent passer devant une espèce de conseil, qui les condamna à l'exil, au bannissement. C'est ainsi qu'ils se sont retrouvés en des lieux tels que la terre, sous la forme d'êtres physiques. Pour cela, ils ont abaissé leur fréquence vibratoire. Dans leur vie présente, ces sujets ont souvent la sensation qu'une partie d'eux-mêmes désire retourner à une forme non physique, malgré tout ce qu'ils ont pu trouver d'agréable à la vie physique. D'autres encore se présentent comme des semences, et précisent que beaucoup d'entre nous proviennent de la même source. Les entités supérieures bloqueraient en nous le souvenir de cette provenance, car cet héritage serait trop lourd à porter.

Quel est le sens de ces récits ? La terre est-elle simplement une école ? Est-ce là une forme d'engineering génétique ? Certains penseront certainement que ces sujets ont tous été victimes d'une hallucination similaire, mais personnellement, je trouve cette explication un peu trop aisée. Peut-être nous, humains, nous dirigeons-nous vers une transcendance, vers une forme non physique ? Pour l'instant, nul n'en sait rien. Les entités supérieures qui se cachent dans les replis du temps, derrière ces êtres-lumière, sont restées intouchables.

Avant le big bang

Désireux de poursuivre la recherche dans le sens de ces témoignages qui ne cessaient de m'intriguer, j'ai tenté de projeter expérimentalement des sujets jusqu'à l'origine des temps, lorsque l'univers physique n'existait pas. Certains sujets racontent alors qu'ils ne sont qu'une âme, qu'ils sont UN avec tout ce qui les entoure, dans un état de parfaite béatitude.

Lorsqu'ils avancent ensuite jusqu'à la création, ils parlent d'une énergie qui se solidifie, ou d'une gigantesque aspiration vers le bas. A l'inverse, lorsqu'ils reculent plus loin encore dans le passé, ils se retrouvent parfois dans un autre univers, à la fois semblable et différent. Ceci me rappelle curieusement une théorie émise par certains astrophysiciens, selon laquelle notre univers, après sa phase d'expansion, entrera en contraction, puis arrivera peu à peu à sa phase finale dans environ trente milliards d'années. Il n'y aurait plus alors qu'un trou noir, à partir duquel un autre univers entrerait en formation, avec d'autres galaxies, d'autres planètes, et d'autres civilisations pensantes. Viendrions-nous, nous aussi, d'un trou noir qui nous aurait précédé, signifiant la fin d'un autre univers ? Les Hindous racontent que le souffle de Brahma équivaut, symboliquement bien sûr, à quatre milliards trois cent vingt millions d'années. Vivons-nous dans l'un des souffles de Brahma ?...

Evidemment, nous sommes là dans un domaine extrêmement mouvant, invérifiable, où les hypothèses les plus folles peuvent être admises ou rejetées avec la même facilité, selon que l'on adhère à tel ou tel système de pensée. C'est pourquoi il est difficile, honnêtement, d'en tirer des conclusions. Toutefois ces récits demeurent très intéressants car ils recèlent une quantité d'informations qui ne demandent qu'à être étudiées.

L'archiviste-alchimiste .

Voici l'expérience vécue par une journaliste de radio, telle qu'elle la raconte elle-même. Sa démarche est particulièrement intéressante, car elle démontre un constant souci d'objectivité face à ce qu'elle a vécu, et expose les affres de doute où elle a été plongée, ainsi que les recherches qu'elle a soigneusement effectuées après les séances pour tenter d'établir la preuve de la validité des voyages dans le temps.

Voici ce texte :

« 12 avril 1985. Il y a bien longtemps que j'attendais de rencontrer celui qui me permettrait d'opérer des régressions dans ces vies antérieures qui ont laissé en moi une certaine « vibration spirituelle », et la conscience confuse et nostalgique de connaissances perdues. Ces pouvoirs oubliés se réactualisent parfois spontanément, sans qu'il y ait jamais de ma part la moindre provocation, me plongeant dans un état de conscience différent du quotidien, euphorie vibratoire très énergétique, exaltant état de grâce et d'innocence, proche des ondes alpha. L'air tiède et doux palpite alors de bruissements imperceptibles, m'entoure d'un cocon de pétales de roses et de fin duvet d'oiseaux. Un autre moi-même, léger, aérien, se réchauffe et vibre à son propre feu intérieur : Vestale blanche, discrète et lumineuse, ou brûlantes flammes rouges qui m'embrasent et me dévorent avec passion...

J'ai parlé autour de moi de ce désir. Un jour sont venus un coup de fil, un ami, une émission, et au bout de cette chaîne le spécialiste que j'attendais. Rendez-vous fut pris. Je me présentai bardée de méfiance et de vigilance. La séance commença. Un rituel conditionnant très simple : respirations profondes, incitations à plonger dans mon patrimoine intérieur. Les deux hémisphères de mon cerveau, le droit et le gauche, entrent en action chacun pour soi. Déconcertée par ma froideur analytique, par mon absence totale de vibrations, j'accouche péniblement d'une première bulle. Une image et un mot : Mastaba. Un mastaba blanc comme neige, neuf, sous un soleil blanc. L'endroit est isolé, désertique. Le mastaba arrondi comme une coupole, trop blanc, sonne faux pour mon hémisphère gauche qui « décortique » les productions de son alter ego droit. Rien à voir avec la grisaille délabrée des vestiges égyptiens. Il faudrait un dictionnaire pour vérifier le sens exact de ce mot incongru. Alors, délibérément, je fais une première omission.

Puis une seconde bulle : le mot « crypte » surgit, et me plonge dans une espèce de pièce souterraine, fraîche, à la lumière rasante, pénétrant par une ouverture étroite, rectangulaire, tout en haut à droite du mur qui ne me semble pas droit. Je décris la pièce, et gomme « crypte » parce que mon hémisphère gauche donne à ce mot une connotation religieuse, chrétienne. Pendant ce temps-là, mon cerveau droit, en plein malaise, « sensationne » et dit catégoriquement « non ! ». Pour une fois, le gauche est d'accord : chrétienne et mastaba, ça ne va pas ensemble. Pourtant, quelques jours plus tard, je réaliserai, en furetant dans des ouvrages sur l'Égypte ancienne, que des cryptes existaient bel et bien à cette époque.

Puis, sous les incitations répétées de Patrick, je m'efforce tant bien que mal de me fondre dans ce qui vient. Deux pieds masculins, bronzés, talons étroits, aux orteils bien écartés, chaussés de sandales à la grecque, émergent au bout de deux jambes musclées, dorées. Première déception : ce n'est pas ce que j'attendais. Depuis la nuit des temps, me semble-t-il, j'étais venu pour ELLE. Elle, ma prêtresse-guerrière-thérapeute, qui me hante, et que des médiums clairvoyants et initiés ont visualisée dans mon passé à de nombreuses reprises. Et voilà que je tombe sur cet homme !... Critique, je constate que sa belle taille et la corpulence de son buste couvert d'une courte tunique blanche, font ressortir ses cuisses dorées, musclées certes, mais un peu maigres. Encore une omission, car je ne précise pas ce détail à Patrick. Pourtant, il est plutôt bel homme.

Mon cerveau droit accouche laborieusement d'autres bulles : ses cheveux sont mi-longs, à peine bouclés, plutôt bruns ou châtain foncé, un peu gras car au toucher je sens qu'ils auraient besoin d'un shampooing. Le visage est flou, à la « Victor Mature » me semble-t-il. Mon cerveau gauche s'excite, sardonique : « C'est un vrai film de série B, péplum et compagnie !... »

Je proteste verbalement contre la mystification, mais obéis à la demande qui m'est faite de décrire l'endroit. Une porte étroite, dans l'ombre, à l'Est, en face de moi. Dans son dos (je suis encore trop coincée pour dire « mon dos ») une autre porte, à l'Ouest, que je devine précédée d'un très long couloir. L'homme bronzé a de l'allure, de la dignité, avec l'impatience de quelqu'un qui « dirige ». Deux nouveaux mots-bulles jaillissent de mon cerveau droit sous mon interrogation muette : archiviste-alchimiste. L'homme est debout, dubitatif, seul, comme en attente. Visiblement on le dérange. Dans un coin, au sol, de longs rouleaux étroits. Des papyrus, Des Lois ? Je n'en sais rien encore. Archiviste ? Mais où sont ses meubles, sa table de travail, sa bibliothèque. Alchimiste ? Je cherche en vain les instruments, les cornues. Rien. Je m'exaspère.

Le sol est de terre battue. Plus loin, un coffre ou un sarcophage surélevé sur un tas de sable bien ordonné. Le mot « coffre » est venu en premier. Je réponds aux questions de Patrick avec de plus en plus de réticence, car mon hémisphère gauche décide que « ça fabule quelque part », et refuse de faire confiance au droit. De la terre rouge et du sable ensemble ? Impossible ! C'est l'un ou l'autre. Il choisit de signaler la terre, plus plausible, et omet carrément le sable et le coffre posé dessus. Patrick insiste pour que l'expérience continue, pour que la séquence s'anime et se déplace de quelques minutes. Rien à faire. Double mécontentement : le cerveau gauche agresse et paralyse le droit. Ça a l'air de quoi, cet archiviste-alchimiste sans bureau, sans cornues ? Son air autoritaire éloigne mon cerveau droit de « celle » qu'on recherche, et d'un autre « lui », qui devrait être prêtre, initié. Tous deux me laissent désemparée. Patrick décide d'en rester là, et accuse mon refus de lâcher prise, ainsi que la prédominance malveillante de mon cerveau gauche.

Quelques jours plus tard, des intuitions subites me précipitent sur les rayons de ma bibliothèque où s'entassent des livres achetés depuis longtemps, mais jamais ouverts. Les pages qui viennent spontanément sous mes doigts subitement inspirés sont mystérieusement révélatrices. Cela m'arrive souvent lorsque je me livre à l'introspection ou la concentration, d'avoir des bulles d'intuition, des flashes médiumniques. Et ce sont toujours des livres qui déchiffrent juste au moment où la question posée exige une réponse. Livres déjà en ma possession, livres dans une vitrine, livres reçus pour mon émission... Aujourd'hui c'est encore dans un livre que je trouve la réponse : quelque chose en moi situait le Mastaba en Egypte ancienne, vers la Méditerranée plutôt que la mer Rouge. J'ouvre fiévreusement le magnifique ouvrage de H. Stierlin, « l'Egypte des origines à l'Islam » (1) : on y parle des mastabas blancs, rhomboïdaux, et de temples funéraires vers Thèbes en Haute-Egypte (vers la mer Rouge) et autour de Saïs, en Basse-Egypte (vers la Méditerranée). Saïs, ce mot ne me laisse pas indifférente. Dans la foulée j'ouvre un autre livre : « Les initiés et les rites initiatiques en Egypte ancienne », de Max Guilmot (2). Un passage retient mon attention : l'initiation à Busiris, le sanctuaire disparu d'Osiris. On y apprend que Busiris abrite deux tombeaux osiriens, dont l'un est le sépulcre définitif, creusé sous le sol de la nécropole voisine du sanctuaire. C'est une vaste crypte brodée de perséas, pourvue de sept portes et occupée, en son centre, par une haute butte de sable où repose le sarcophage divin. Bien sûr, dans « ma » crypte, la butte de sable n'était pas au centre mais au fond, devant moi, et les portes étaient disposées différemment, mais la similitude me trouble néanmoins. Plus loin, quelques lignes retiennent encore mon attention : « Cette crypte de Busiris était située derrière le saint des saints, dans le sol même de la nécropole. C'est du moins ce qui paraît très vraisemblable, si l'on se rappelle la description du temple de Saïs rédigée par Hérodote. Il y a à Saïs, dans le sanctuaire d'Athéna, le sépulcre de Celui dont je ne crois pas conforme à la piété de prononcer le nom (Osiris). Il est derrière le temple et s'étend tout le long de son mur. »

En tournant les pages, j'isole encore deux mots du contexte : « pur archiviste ». C'est un prêtre qui connaît les archives de Thot, le Dieu de la Sagesse, et possède la science des chemins infernaux. Et plus loin encore : « Dans l'examen de cette extraordinaire alchimie mentale, ce n'est pas seulement de l'Egypte ancienne qu'il s'agit, mais de l'étan-

(1) Ed. Payot.
(2) Ed. Laffont.

chement d'une soif de déité manifeste en l'homme universel. »

Ainsi, mon « archiviste-alchimiste » pourrait être un prêtre ? A tout hasard, je le baptise le « prêtre de Saïs », bien que sa tunique courte là où l'on imaginerait une longue robe, et son maintien plutôt profane me laissent un doute. Un prêtre quand j'attendais une prêtresse, je suis un peu décontenancée... Au moment de refermer le livre, une petite phrase s'accroche encore à moi. Elle concerne l'illumination : « Cette alchimie de la conscience s'acquiert au prix d'une secousse initiale... »

18 avril 1985. Le rituel commence. Mon corps pacifié par les respirations profondes, la mer de sérénité musicale, et la voix de Patrick, a laissé le champ libre à ma conscience. Patrick me demande de me concentrer sur mes pieds. Je laisse venir à la conscience la première impression. Vision diffuse. Il m'exhorte à plonger dans ma conscience profonde pour ne pas rester en surface dans ma conscience du présent.

Ce « travail » n'est pas aisé car je suis partagée entre un souci de vigilance teinté de méfiance contre toute fabulation possible, et la volonté de coopérer au maximum, d'accoucher de mon Moi des profondeurs. J'admets avec réticence, et seulement au moment où une sensation et une visualisation vague arrivent, que je suis chaussée de sandales. Mais encore une fois, je censure une partie de l'information reçue : le pied est petit, cambré, la sandale semble légèrement compensée. Mentalement j'entoure mon torse de mes bras et je le serre aussi fort que je le peux afin de le dégager des brumes du passé... Cette connaissance est là, tout près, il faut l'exprimer. L'information tombe enfin, après plusieurs exhortations de Patrick, car mon cerveau droit, complice, est sans cesse neutralisé par mon cerveau gauche qui entend rester maître de la situation. Ce buste est mince, féminin. Mentalement toujours, je pose mes mains sur le sommet du crâne, avec l'intention de sentir « mes » cheveux. La réponse est déjà là, affirme Patrick, mais ce n'est pas évident du tout. Une angoisse me saisit. Mes mains, mes bras se sont mentalement paralysés, comme devant un tabou, un interdit. Je me sens misérable. Je ne peux toucher cette tête qui n'est pas la mienne. Je ne vois ni ne sens de chevelure, comme si une coiffure rituelle la cachait à mes yeux. Croyant à un refus de coopération de ma part, je censure cette pénible impression. Patrick n'en saura rien ! Il insiste. Je ruse, et me promène sur la peau, brune et douce, la peau de cet autre moi auquel je refuse encore le « je ». Patrick a perçu ma réticence, et il insiste pour savoir comment sont ces cheveux. Plus je bloque, et plus il veut savoir. Un léger rire lui échappe. Rien à faire, je résiste de toutes mes forces. Enfin, ma vision se globalise, et je lui fais part de mon désarroi, lourdement encouragée par mon cerveau gauche, goguenard :

— J'ai comme un film en technicolor dans la tête, banal, avec un personnage à la Elizabeth Taylor. C'est comme une surimpression. Je dois fabuler !

— Pourquoi ne laissez-vous pas sortir cela ? insiste Patrick.

— C'est inepte. C'est vraiment une image moderne de film de série B, une espèce de Cléopâtre. Ça ne peut être vrai !...

Je suis de plus en plus frustrée. La colère monte, malgré la « mer de sérénité » où baigne mon corps absent.

— C'est une barrière de votre ego, de votre mental, insiste Patrick. Traversez cela. Si vous n'y pénétrez pas, si vous restez en surface, nous n'avancerons pas.

Nous revenons à cette chevelure qu'il faut exhumer, même si j'ai l'impression d'inventer. J'invente donc, et ne présente que la version qui ne me cause aucun malaise : cheveux plutôt lisses, tombant sur les épaules, plutôt sombres.

Je décris spontanément ce qui vient à présent, avec facilité : je porte un collier, et une sorte de cape écrue qui flotte dans le dos. Mes seins sont nus. Le visage se révèle doré, lisse, ovale. Un visage inca ou indien... égyptien plutôt. Les larges yeux s'étirent sur les tempes, très fardés. « Mes » mains sont très longues, fuselées, énergiques, ornées d'une bague surmontée d'un énorme cabochon enserrant une pierre ronde, rouge, semi-précieuse. Je presse très fort ces mains l'une contre l'autre afin de faire pénétrer ma conscience dans ce corps. Il est mince, les hanches étroites et les épaules larges. « Je » dois avoir la trentaine. Je me trouve à l'intérieur d'une pièce, plus grande qu'une simple chambre, avec des colonnades tout autour. Par terre, un coffre, dont déborde du tissu. C'est un endroit intime.

Le temps s'est arrêté. Patrick compte jusqu'à trois pour qu'il se remette en marche. Je suis seule. Je sens mon corps partiellement nu, seins libres. En dehors de ce corps, c'est le flou total.

— Nous avons le pouvoir d'avancer un peu dans le temps jusqu'à un moment où il se passe quelque chose... insiste Patrick

Je suis moins égotique, ou plus docile. Je laisse les choses se faire, mais la sérénité de mon personnage semble vouée au « rien », occupée seulement par ses mains. Le temps passe... Je note des bijoux aux bras... une féminité « virile » perce sous son aspect séduisant. Elle est sûre d'elle, dominatrice. Une nouvelle séquence de temps se déploie. Patrick insiste pour que je perçoive à nouveau mon corps... Je suis à l'air libre à présent, parmi des collines à l'herbe rase. Je suis seule, le corps comme dressé en une invocation. Je pense furtivement au « salut au soleil » des yogis, mais chasse aussitôt cette interprétation intempestive. Le jour descend. La lumière pâlissante me permet de distinguer une sorte de coiffure à l'égyptienne sur « sa » tête. Un rite semble en train de se dérouler, mais pour l'instant je ne vois que deux bras dressés dans un mouvement qui se déroule et s'effile.

La vision est floue, et plutôt statique, mais la sensation me « parle » davantage... Blanc... Rouge... Or... Je perçois, je « sais » qu'il y a des bijoux en or, un vêtement ou une cape rouge, un tissu fin et blanc, diaphane comme de la soie. Méditation ? Rite ? C'est, je le « sais », je le « sens », une invocation destinée à obtenir de la force, du pouvoir, de la puissance... Je sens de l'orgueil... une force liée à l'Aigle. Je me sens forte, glorieuse, guerrière. La peau fine et lisse semble huilée comme celle d'une statue. Je devine les cheveux noirs, lisses. Je ne parviens pas à dire « je » pour parler de cet être de force, un peu sauvage.

L'image de l'aigle revient souvent, planant sur de hautes cimes. Elle invoque l'Eternel solitaire, en bas, le gouffre des nuages symbolisant cet Eternel, Dieu sans forme, diffus... Elle est dominante, royale, conventionnelle.

Une nouvelle image s'infiltre : une guerrière casquée, munie de flèches, les pieds allégés de petites ailes. Elle est très symbolique. Sa solitude, sa force et son pouvoir m'emplissent et me dominent. Je dis « elle » avec nostalgie, car je ne peux vraiment me fondre en elle.

Patrick insiste, et j'entre dans son buste, dans ses seins, et pourtant je reste un peu à l'extérieur, bloquée dans un sentiment de pudeur et de respect très douloureux.

Patrick continue à me suggérer l'union avec cet autre moi, dont l'âme est la mienne. Je continue à libérer les mots qui viennent : son corps vient de prendre la forme d'un sarcophage en or, ou en bois doré. Son visage, son buste, son corps dessinés en constituent le couvercle. Elle est comme figée dans ce cercueil. Horus, le Dieu-Faucon apparaît et disparaît furtivement. Patrick essaye de m'entraîner vers une nouvelle séquence de temps, qui permettrait de déterminer qui je suis, et à quelle civilisation j'appartiens... Je vois un endroit vallonné, et un petit char dépourvu de cheval... aucune indication sur l'époque ou la civilisation ne parvient à ma conscience supérieure... Il n'y a qu'elle, toujours liée à des rites lunaires dans un paysage plus méditerranéen que tropical. Je suis surtout impressionnée par sa force et sa sérénité, cet équilibre total entre les deux, cette dimension d'être que je ne peux savourer tant est grande ma nostalgie, ma peine d'être si petite si rétrécie, si limitée.

Lointaine incarnation ou archétype sublime de mon être, la confrontation est émouvante, réconfortante, mais infiniment douloureuse. Surtout dans la région du plexus solaire, là où bat un cœur qui n'est pas le mien, comme une vanne secrète qui n'en finit pas de s'ouvrir et de se refermer, palpitante. Les jours suivants : la nostalgie m'habite, avec l'impression de m'être rafraîchie à une source si lointaine, si archaïque, qu'elle se perd dans la nuit des temps. Je sais qu'elle n'a rien à voir avec une Hatchepsout, Cléopâtre, ou autre Néfertiti de légende... Elle est vraie, d'une certaine manière, authentique et pure. Elle a existé, elle dépasse l'archétype.

Evidemment, je ne peux m'empêcher de chercher encore une réponse dans les livres. Cette fois-ci, je la trouve dans « Aux origines de l'Egypte » (1). J'y lis : « Le vieux Matriarcat Berbère. La déesse Neith, quoique guerrière, était aussi

(1) J.-L. Bernard, Ed. Robert Laffont

la patronne des tisserands. Elle perpétuait le souvenir d'une reine qui était à la fois conquérante et civilisatrice. »

Je suis en pleine fabulation : Neith... Pourquoi ai-je eu un pseudonyme comme Ophélie Nell ?... Pourquoi, lorsque j'étais petite, racontais-je que mes parents étaient les rois des sables du désert, et cachaient leurs trésors dans ce sable aride ?... Je visualisais alors du sable à l'infini, recouvrant des trésors, et des saules pleureurs au bord d'un fleuve doux et profond qui ressemblait au Nil. Cette vision, et le bruit du vent dans les roseaux, ne m'ont jamais quittée.

Encore un détail : cette Neith avait son temple à... Saïs !... Hantises ? Fantasmes ?... Je ne sais. Tout ce dont je suis sûre, c'est que tout cela se re-vit très douloureusement... Suis-je une mégalo-mythomane ?... Non, vraiment je ne le crois pas, et je ne voudrais pas être un jour amenée à le croire.

CHAPITRE IV

LES STRUCTURES CÉRÉBRALES ET SPIRITUELLES DE L'ÊTRE HUMAIN

Dans notre siècle de rationalisme matérialiste, tout ce qui a trait à la spiritualité est bien souvent classé d'office dans l'ésotérisme et la tradition, et par là même, jouit auprès des chercheurs et des esprits très attachés au matériel d'une réputation sulfureuse. Pourtant, depuis une vingtaine d'années, certaines de ces manifestations commencent à faire l'objet de recherches scientifiques, qui souvent recoupent curieusement les grandes traditions orientales.

Certains physiciens d'avant-garde ont, par exemple, étudié l'aura, cette émanation lumineuse qui entourerait le corps humain, et que les grands mystiques affirment percevoir.

Et ces chercheurs pensent que les auras auraient un rapport avec la fonction d'ondes quantiques, qui existe non seulement dans nos cerveaux mais aussi dans l'espace-temps (1). D'où la théorie selon laquelle l'aura pourrait être l'impression visuelle, sur la rétine de l'observateur, d'un changement d'état des ondes quantiques dans l'esprit de l'observé. Ainsi, le moindre changement d'humeur modifierait immédiatement l'onde quantique entre l'observateur et l'observé.

Petit à petit, l'esprit humain livre ainsi quelques-uns de ses secrets à ceux qui veulent bien s'y pencher. Et même si nous sommes encore loin de tout savoir et de tout compren-

(1) L'aspect scientifique des recherches est développé dans le chapitre V

dre, le voile commence à se dissiper, qui obscurcissait « les choses de l'âme et de l'esprit ».

Cerveau droit et cerveau gauche

Nos corps sont maintenus dans l'espace-temps parce qu'ils font partie de cet immense champ gravifique appelé la Terre. Et comme nos corps vieillissent, on peut en conclure qu'ils se déplacent dans le temps et dans l'espace. Néanmoins, une partie de nous-même échappe à l'espace-temps tel que nous le concevons. C'est cet « élément » qui rêve toutes les nuits, lorsque pendant huit heures environ, nous nous évadons de l'espace et du temps en nous échappant de notre corps. Le cerveau gauche s'est alors assoupi. Dans ce lobe du cerveau est stocké tout le conditionnement que l'on nous a imprimé depuis notre enfance. C'est cette partie qui raisonne et qui pense, qui trouve une place de parking, met la fourchette dans la bouche et non dans l'oreille, etc. Et c'est encore du cerveau gauche que nous vient l'impression que nous avons de vivre dans un monde bien réel.

Tout individu privé de sommeil, privé de l'opportunité de revenir vers lui-même, dans un champ de conscience plus large, en dehors de l'espace et du temps, ressent ce que l'on appelle des troubles de la personnalité : sa pensée ne peut plus basculer de la partie gauche de son cerveau, logique et rationnelle, vers la partie droite, imaginative, créative. La société dans laquelle nous vivons depuis plusieurs siècles nous a doucement conduits à rompre l'équilibre entre ces deux parties cérébrales, complémentaires, pour favoriser notre cerveau gauche. Pourtant, malgré ce déséquilibre, nous avons un besoin vital de nous ressourcer au-delà du réel, dans les replis de notre cerveau droit, au cœur du spirituel et de l'imaginaire, quel que soit le degré de spiritualité dont nous jouissons. C'est pourquoi, malgré l'impression que nous avons de rester éveillés toute la journée, dès que nous sommes sortis du sommeil proprement dit, nous basculons régulièrement, sans même nous en apercevoir, dans un état altéré de conscience. De récentes découvertes viennent de démontrer que notre cerveau se place spontanément en ondes alpha (les ondes de la relaxation profonde et la méditation) à peu près trente fois par seconde, sans que nous maîtrisions ce processus. Nous nous sommes tous déjà trouvés en voiture, sur une route familière, en train de conduire sans avoir conscience d'effectuer tous les gestes du conducteur, comme si un autre nous-même avait pris le relais de la conscience dans une sorte de « pilotage automatique ». Nous sommes alors dans un état altéré de conscience. Les enfants se mettent souvent, spontanément, dans un tel état. Mais en général, pour leurs parents, cela s'appelle « ne pas faire attention » et mérite une réprimande. C'était du moins le cas lorsque j'étais enfant, alors qu'aujourd'hui, on appelle cela « méditer » !

Ainsi, nous n'avons pas un, mais véritablement deux cerveaux : un lobe temporal droit et un lobe temporal gauche, séparés par le corpus callosum, le corps calleux. Ce corps calleux n'est pas un pont inerte entre les deux hémisphères cérébraux. Il sélectionne les informations qui passent d'un hémisphère à l'autre, dans les deux sens. Une récente étude a montré que ce corps calleux est 11 % plus large chez les gauchers et chez les ambidextres que chez les droitiers (1). Ce qui pourrait signifier que ces derniers disposeraient d'une moins grande quantité de communication de lobe à lobe. L'étude révèle qu'en examinant des cerveaux de gauchers décédés, ils se sont aperçus que les portions frontales et arrières de leur corps calleux étaient plus développées, régions qui, selon eux, correspondent à des activités de pensée d'un niveau supérieur. Chaque lobe, chaque cerveau a des fonctions bien précises. Le cerveau gauche est la partie rationnelle, analytique de l'être. C'est aussi le centre de la parole : les attaques cérébrales du lobe temporal gauche provoquent des troubles de la parole, sans que la raison en soit affectée. Le cerveau droit, lui est le siège de la fonction imaginative, créative de l'être, et c'est vers ce lobe que nous basculons lorsque nous créons, lorsque nous imaginons.

Une étude très intéressante a été menée en 1982, aux U.S.A. (1), par une chercheuse de l'université du Connecticut, Nancy Bush. Elle a enregistré l'activité cérébrale de

(1) Brain Mind, vol. 10, n° 16.

plusieurs centaines d'enfants, en mesurant séparément leurs lobes temporaux droit et gauche. L'étude révèle que les enfants, jusqu'à un âge allant de neuf à onze ans, fonctionnent plutôt avec leur cerveau droit. Passé cet âge, et vraisemblablement à cause du conditionnement et du système culturel occidental, ces enfants basculent vers le cerveau gauche, vers la partie analytique et rationnelle de l'être. Dans le même temps, un autre chercheur a interrogé ces enfants (plusieurs centaines) sur leurs perceptions : 12 % d'entre eux ont avoué qu'ils percevaient naturellement des mouvances colorées autour des gens, des auras. Certains enfants furent très surpris qu'on leur pose cette question, car ils pensaient que tout le monde voyait cela comme eux. Il semble que la plupart des enfants perçoivent des « choses » que les adultes ne voient plus, car ils fonctionnent encore en priorité avec leur cerveau droit. Mais l'éducation ne les encourage guère à conserver ces facultés. Imaginez : l'oncle Robert vient dîner à la maison ; le petit Tom demande à sa maman : « dis maman, qu'est-ce que c'est que cette ombre rouge qu'il a autour de la tête, Tonton » ? Au lieu de répondre, maman, gênée, le presse : « arrête de dire des bêtises et va dire bonjour !... ». Et le petit Tom pensera que cette jolie mouvance colorée, autour de l'oncle Robert, est le fruit de son imagination. Ainsi, peu à peu, l'enfant oublie ces facultés, simplement parce qu'il ne croit pas à leur réalité.

Bien sûr, on ne peut pas dire qu'une proportion de 12 % soit suffisamment importante pour être statistiquement significative. Mais ce chiffre n'en demeure pas moins fort intéressant, car il est trop élevé pour que ces enfants soient considérés comme des cas isolés. En outre, il faut noter que dès l'âge de onze ans, c'est-à-dire sensiblement à l'époque où l'enfant bascule de son cerveau droit vers son cerveau gauche, cette proportion tombe quasiment à zéro.

Plus récemment, en France, une institutrice du C.E. 2 a effectué un travail sur la relaxation avec ses élèves. Dans un premier temps, elle leur a appris à se relaxer en classe, suivant une technique très simple. Dès la première séance, les enfants ont eu des réactions très positives :

« Je suis détendu, je suis bien dans mon corps et dans mon âme », écrit Bruno. « Je sens mon sang circuler, et les vibrations dans mes mains », raconte Benoît. « Cela me réchauffe le cœur, et je sens des vibrations au sommet de mon crâne », dit Nora.

Quelques semaines plus tard, l'institutrice renouvela l'expérience de la relaxation, en accompagnant la détente d'un conte ésotérique et symbolique, l'histoire d'un petit garçon légendaire appelé Triniti. Voici quelques réactions des enfants :

« Triniti vit dans un village de paix et d'amour, où l'on ne se dispute jamais », raconte Cédric. « Triniti, c'est une petite source qui coule dans mon âme. Je l'aime parce qu'il veut donner la joie à tout le monde », dit encore Stéphane.

Pour ces enfants, tous âgés de 7 à 9 ans, l'expérience a été plus qu'agréable, et ils ne demandent qu'à recommencer. Ce qui montre bien que, avant onze ans, l'âge de raison de notre société occidentale, les enfants, qui fonctionnent en priorité avec leur lobe temporal droit, sont plus proches de la spiritualité que les adultes.

Nous avons généralement tendance à identifier le « je » au lobe temporal gauche, qui analyse, rationalise, additionne et soustrait, conduit, travaille, etc. C'est dans ce lobe gauche que l'on a coutume de placer le « je » qui parle, car la parole siège dans le cerveau gauche. Pourtant, si le lobe temporal droit a peu de contrôle sur le mécanisme de la parole, il donne tout de même à l'expression orale son inflexion émotionnelle. Si le lobe temporal droit est endommagé, la parole devient monotone, sans couleur. Privé de la parole, le cerveau droit pense par idéogrammes, par images, par ensemble. Il peut ainsi détecter un système dans sa globalité. Le cerveau gauche, lui, se réfère au passé, et analyse l'expérience présente en la comparant à des expériences antérieures pour la catégoriser. Le cerveau droit, de son côté, imagine, répond à la nouveauté, à l'inconnu. Sa vision est beaucoup plus large que celle du cerveau gauche. « L'hémisphère droit, explique Marilyn Ferguson (1), est abondamment relié à l'ancien cerveau limbique, que l'on appelle aussi cerveau émotionnel. Les mystérieuses structures limbiques sont impliquées dans le processus de la mémoire. Stimulées électriquement, elles produisent nombre de phénomènes que l'on retrouve dans les états non ordinaires de conscience. Pratiquement toute

(1) « Les enfants du verseau », Ed. Calmann-Lévy.

notre conscience se limite au seul aspect de la fonction cérébrale qui réduit les objets en leurs parties. Habituellement, le cerveau gauche s'oppose au droit jusqu'à le réduire au silence. Il nous prive par là de notre capacité à déceler les structures, détruisant ainsi notre seule possibilité de dégager les significations de notre environnement. »

Lorsque le cerveau gauche décode un événement non linéaire, il commence à analyser cet événement, à morceler en parties la totalité, à reconstituer les données à sa manière et à poser des questions hors de propos, comme dans un interrogatoire : où, quand, comment, pourquoi ?... Notre but, à ce moment-là, doit être d'inhiber ces questions, pour passer par un stade de non jugement, faute de quoi nous ne pouvons comprendre, appréhender l'événement dans sa non-linéarité.

« Pas plus, poursuit Marylin Ferguson (1), qu'on peut se laisser emporter par une symphonie en analysant son mode de composition. Un mode sans référence spatiale ou temporelle n'est pas pour autant complètement étranger à notre expérience. Dans nos rêves, passé et avenir semblent se mêler, et présent et passé se mélangent curieusement. »

Les possibilités immenses du lobe temporal droit sont mises en lumière par les performances stupéfiantes des êtres qui ont accès à des états modifiés de conscience. Certaines recherches ont montré clairement à quel point notre attention sélectionne, selon nos croyances et nos émotions, ce sur quoi elle se focalise. Une information peut être acheminée en même temps par plusieurs canaux parallèles, et la faculté de basculer du cerveau gauche vers le droit révèle de formidables capacités mnémoniques.

Il y a une dizaine d'années, des recherches ont mis à jour d'autres possibilités du cerveau, la plus connue étant la sécrétion de substances appelées endorphines, bêta-endorphines et enképhalines. Ces substances ont des propriétés similaires à celles de la morphine, à une dose infime bien sûr. Les endorphines, comme la morphine, sont des analgésiques. Or, dans tout état spécial d'éveil, la sécrétion de ces endorphines augmente considérablement, plongeant le sujet dans un état de plus grande tolérance à l'excitation et à la douleur physique.

(1) *Op. cit.*

A l'époque de la parution du livre de Marylin Ferguson (1) l'éditeur américain avait envoyé un questionnaire à un grand nombre de lecteurs potentiels, afin de savoir s'ils avaient déjà vécu des expériences d'états altérés de conscience, et surtout, quels en avaient été les facteurs déclenchant. Parmi les plus cités, on peut énumérer :

« 1) L'isolation sensorielle et la surcharge sensorielle : une modification importante de l'information perçue produit un changement d'état de conscience.

2) Le Biofeedback : par l'emploi d'appareils, on ramène à la conscience d'un sujet des signaux visuels ou auditifs dont la dynamique correspond à certains de ses processus vitaux.

3) Le training autogène : entraînement personnel à l'auto-suggestion.

4) La musique et le chant : le cerveau, surtout l'hémisphère droit, est sensible à la tonalité, au tempo.

5) L'improvisation théâtrale : dont principalement le psychodrame, qui contraint à une prise de conscience des rôles et de leurs jeux.

6) Les stratégies de prises de conscience : qui invitent à tourner son attention vers les anciens modes de pensée.

7) L'auto-assistance et l'assistance mutuelle : qui incitent à porter attention à ses propres processus de conscience. Ils développent l'idée que le changement dépend de soi, et qu'on peut choisir son comportement par l'introspection, en collaborant avec des forces plus élevées.

8) L'hypnose et l'auto-hypnose.

9) La méditation : zen, bouddhique, tibétaine, yoga, etc.

10) Les koans, les histoires soufis, les danses derviches.

11) Les séminaires destinés à rompre la transe culturelle et à ouvrir l'individu à de nouveaux choix.

12) Les journaux concernant les rêves : les rêves sont le meilleur moyen d'obtenir des informations provenant d'une région qui dépasse le champ de conscience ordinaire.

13) La théosophie, et les systèmes de pensée s'inspirant de Gurdjieff.

14) Les psychothérapies contemporaines, comme la

(1) L'édition originale du livre de Marylin Ferguson traduit en français sous le titre « Les enfants du verseau » est parue aux Ed. Tarcher, sous le titre « The Aquarian Conspiracy ».

logothérapie de Viktor Frankl, la thérapie primale, le processus de Ficher-Hoffman, ou la Gestalt Therapy, qui permet de pénétrer avec douceur dans les structures de reconnaissance ou les changements de paradigmes.

15) La science de l'esprit, approche pour la guérison ou l'autoguérison.

16) D'innombrables disciplines et thérapies du corps, comme le hatha yoga, le Taï-Chi-Chuan, l'aï-kido, le karaté, le jogging, la danse, etc.

17) Des expériences intenses de changement personnel et collectif, comme celles de l'institut Esalen, de Big Sur (Californie).

Toutes ces approches peuvent être appelées des psychotechniques ou systèmes destinés à changer la conscience. Certains peuvent y découvrir une nouvelle façon personnelle d'être attentifs, et peuvent apprendre à induire de tels états par des méthodes de leur cru. Tout peut réussir. Comme le notait William James il y a trois quarts de siècle, la clef de l'expansion de conscience est le renoncement. Si l'on abandonne la lutte, on la gagne. Pour aller plus vite, il faut ralentir. »

Tous ces différents déclencheurs sont donc des outils capables d'aider l'individu à prendre possession, avec tout son être, de son lobe temporal droit, siège de tant de facultés inusitées dans notre société, afin de réunir l'activité cérébrale totale, holistique, du cerveau.

Les dernières découvertes sur ces facultés holistiques du cerveau, et la capacité du lobe temporal droit à comprendre la globalité, la totalité de toute chose, m'ont amené à m'interroger sur le bien-fondé de la méthode scientifique elle-même. La science actuelle, héritière de la vision mécaniste de l'univers, a toujours essayé de comprendre la nature en morcellant les objets. Il devient de plus en plus évident que les totalités ne peuvent êtres comprises par l'analyse. Comme l'écrit encore Marylin Ferguson : « La théorie moderne générale des systèmes affirme que toute variable d'un système quelconque interagit si intimement avec les autres variables qu'il n'est pas possible de séparer la cause de l'effet. Une même variable peut être à la fois cause et effet (1). »

(1) *Op. cit.*

Et la théorie des systèmes ne contredit absolument pas la loi du karma, cette loi de cause à effet véhiculée depuis des millénaires par la tradition orientale. Comme le cerveau gauche organise, comprend, analyse une nouvelle information dont l'ensemble est une structure existante, mais ne peut engendrer de nouvelle idée, le cerveau droit, lui, voit le contexte dans sa globalité. Il possède une caractéristique aspatiale et intemporelle, et n'est ni onirique, ni inférieur, mais certainement bien plus riche que nous ne le pensons, voire plus riche que nous ne pensons l'être nous-mêmes.

Pourtant, malgré toutes les facultés inexplorées du lobe temporal droit, il ne s'agit en aucun cas de vouloir revenir d'une des extrémités du mouvement pendulaire vers l'autre. Il ne s'agit pas de passer totalement du cerveau droit vers le cerveau gauche, mais bien d'englober toutes les facultés des deux lobes, et d'arriver à une réunification du fonctionnement du cerveau, à une vision globale, holistique.

Les rythmes cérébraux

Les chercheurs ont divisé l'activité cérébrale en quatre étapes. Lorsqu'on mesure ainsi, sur un électroencéphalographe, les émissions du cerveau en activité, on s'aperçoit qu'il génère des trains d'ondes, des pulsions régulières, émises à une fréquence comprise entre 1 et 40 cycles par seconde environ. Dans la vie courante, notre cerveau émet des ondes Bêta, correspondant à une émission de 12 à 40 cycles par seconde. C'est le niveau de la pleine conscience, celui auquel nous nous trouvons dans la journée, lorsque nous marchons, nous raisonnons, nous lisons ou nous travaillons.

Puis vient le rythme Alpha, compris entre 7 et 12 cycles par seconde. Alpha est le premier niveau méditatif. Lorsque vous vous reposez, allongé sur votre divan, lorsque vous commencez à vous assoupir, sans avoir encore cédé au sommeil, vous êtes en Alpha. C'est un niveau que l'on atteint facilement. Il suffit pour cela de fermer les yeux quelques minutes pour rêvasser. Chacun de nous se met très souvent en Alpha, sans le savoir. Tous les états méditatifs passent par un stade de rythme Alpha. Lorsque vous écoutez un orateur qui vous ennuie, et que vous vous laissez porter par son discours, vous vous mettez en Alpha.

Ensuite vient le rythme Thêta, qui correspond à une émission de 4 à 7 cycles par seconde. C'est un niveau beaucoup plus profond. Lorsqu'on est en Thêta, on ne sent presque plus son corps. Néanmoins, à ce niveau, on peut encore être conscient. C'est le dernier niveau avant l'inconscience.

Enfin vient le rythme Delta, qui correspond à une émission de 1 à 4 cycles par seconde. C'est un état de sommeil extrêmement profond. Les chercheurs ont démontré que chaque nuit, la phase de sommeil Delta durait environ 45 minutes. C'est dans ce type de sommeil que l'on trouve la plus grande quantité de repos. Si vous dormez dix heures, avec seulement 20 minutes de sommeil Delta, vous avez toutes les chances de vous réveiller fatigué. En revanche, si vous arriviez à avoir chaque nuit deux heures de sommeil Delta, vous pourriez récupérer très facilement, même après une nuit de cinq ou six heures. Des techniques ont d'ailleurs été développées, surtout aux U.S.A., pour apprendre à augmenter la durée du sommeil Delta presque à volonté.

Le cerveau a, on le sait depuis longtemps, la faculté de se synchroniser à des stimuli répétitifs, d'ordre auditif ou sonore. Les hypnotiseurs ont découvert cette faculté depuis fort longtemps, et ils utilisent fréquemment un métronome, ou tout autre instrument de ce genre, pour « endormir » leurs clients. Lorsque le cerveau entend un rythme ou voit une pulsation répétitive, automatiquement il « s'accroche » à ce support et il abaisse ou augmente son rythme propre en accord avec celui qu'il perçoit. Ainsi, les amateurs de « disco-clubs » ignorent qu'ils se mettent spontanément en rythme Alpha pendant des heures entières simplement parce que leur cerveau suit les pulsations répétitives de la musique et de la lumière. Les danseurs se trouvent aunsi complètement ouverts à toute suggestion, quelle qu'elle soit. Aux Etats-Unis, dans les années 82/83, un mouvement d'opinion s'est répandu contre ce que l'on a appelé alors le « Devil Rock » (rock diabolique).

Les paroles des chansons appelaient à la pornographie, à la bestialité et à l'animalité, et les danseurs, principalement les jeunes gens, étaient complètement ouverts à ces suggestions pour le moins négatives.

Suivant ce principe, le Dr Sydney Schneider a mis au point, il y a plus de vingt ans, un appareil qui connaît encore de nos jours un vif succès, surtout auprès des hypnotiseurs.

Ce « synchronisateur d'ondes cérébrales » (brain waves synchronizer), émet des pulsations lumineuses cycliques, dont le rythme est compris entre 40 et 1 pulsations par seconde. L'appareil démarre à la vitesse maximum, puis l'opérateur abaisse doucement le rythme jusqu'à ce que le sujet perçoive des phénomènes physiques ou visuels non habituels (la lumière blanche devient verte ou jaune) : l'opérateur sait alors que le cerveau de son sujet vient de « s'accrocher » au rythme de l'instrument. Dès cet instant, le rythme cérébral du sujet va suivre le rythme des pulsations lumineuses qui continue de diminuer. Et comme il garde forcément les yeux ouverts, il peut descendre en Alpha, et même en Thêta sans perdre conscience.

Cette faculté de synchronisation que possède le cerveau permet d'expliquer certains accidents de la route. Imaginez : une route droite, bordée d'arbres ; un conducteur roule à une vitesse normale ; le soleil est régulièrement masqué par les arbres qui bordent la route. Si la pulsation lumineuse du soleil correspond à un rythme alpha, le rythme cérébral du conducteur descend lui aussi en Alpha sans même qu'il s'en rende compte. Il quitte l'état de veille pour entrer dans un état proche du rêve. S'il ne connaît pas suffisamment la route pour « mettre le pilote automatique », il a toutes les chances d'avoir un accident.

Les trois étages de la conscience humaine

Conscience normale, subconscient, et conscience supérieure, c'est ainsi que l'on nomme les trois étages de la conscience humaine.

D'abord, la conscience normale : c'est l'étage dont nous nous servons tous les jours, pour nous rappeler ce que nous avons fait la veille, apprendre nos numéros de compte en banque ou de téléphone, etc. C'est un réservoir d'informations pratiques qui nous permet de fonctionner dans notre vie quotidienne sur l'acquis qui nous a été inculqué. Néanmoins, plus nous remontons dans le temps, plus les souvenirs sont diffus. Passé l'âge de sept ou huit ans, les souvenirs deviennent flous, et vers quatre ou cinq ans, il ne reste plus que quelques images précises. Les souvenirs semblent s'être dissous dans le temps.

Le subconscient, que l'on appelle aussi inconscient bien qu'il ne soit pas si inconscient que cela, est aussi un vaste réservoir d'informations, une banque mémorielle. Il contient tout ce qui nous est arrivé dans notre vie, depuis le moment de la naissance et peut-être même avant. Le subconscient a la faculté d'emmagasiner immédiatement et littéralement tout ce qu'il perçoit. Ainsi, un enfant qui vit un événement difficile vers l'âge de huit ans s'en souviendra consciemment trente ans plus tard, mais ce qu'il ignore souvent, c'est que son subconscient a enregistré en même temps la charge émotionnelle de cet événement. Et cette charge émotionnelle peut avoir des effets pernicieux sur son comportement d'adulte. En termes simples, un traumatisme n'est ainsi que le souvenir d'un événement, associé à une charge émotionnelle, le tout stocké dans l'immense réservoir qu'est le subconscient.

Le subconscient n'a aucune faculté de raisonner : ce qu'il emmagasine, il le croit littéralement. Et c'est dans ces termes que le subconscient joue un rôle fondamental dans notre vie de tous les jours.

Le troisième et dernier étage de la conscience est appelé la conscience supérieure. Ce terme a été inventé dans les années 60 par l'un des pères de la psychologie transpersonnelle, Abraham Maslow. La conscience supérieure semble être le siège de facultés psychiques insoupçonnées. Il existe diverses techniques permettant de canaliser cette conscience supérieure, qui est en fait la partie la plus élevée, la plus subime de l'être. L'être pénètre ainsi peu à peu dans un champ de conscience extrêmement vaste, où il se perçoit comme immuable et éternel. De tout temps, des adeptes de diverses techniques spirituelles ont essayé d'atteindre cette compréhension et de dépasser l'univers des cinq sens. Parmi ces techniques, il y a bien sûr le yoga, le bouddhisme zen, le taï-chi, et toutes sortes de techniques méditatives très en vogue actuellement.

Toutes les traditions, même les plus anciennes, font état

d'individus, hommes ou femmes, qui affirment s'être réalisés en transcendant les frontières de la conscience humaine, et en entrant en contact avec la vraie nature de la réalité.

Leurs expériences portent des noms divers : extase mystique, expérience mystique, expérience cosmique, conscience cosmique, expérience océanique, transcendance, nirvana, samadi, satori, septième ciel, etc. (1). Depuis une quinzaine d'années, on assiste dans le monde occidental, et tout particulièrement aux U.S.A., à une recrudescence d'intérêt pour tout ce qui a trait à ce type d'expérience. De nombreux chercheurs ont mis en œuvre des moyens de tous ordres, philosophiques, scientifiques, mystiques, pour atteindre ces états de transcendance et les étudier. Certains, comme Thimoty Leary ou Stanislas Grof, ont utilisé des drogues psychédéliques. D'autres, ont subi des initiations, comme l'ethnologue Carlos Castaneda qui a reçu l'enseignement du sorcier yaqui Don Juan, à travers, entre autres, l'usage dU peyotl, un champignon hallucinogène. Mais en règle générale, il n'est pas nécessaire d'avoir recours à des substances hallucinogènes pour arriver à transcender l'univers des cinq sens, et se retrouver face à la vraie nature de la réalité. L'usage des drogues est un moyen parmi d'autres, mais dans tous les cas, la drogue n'est qu'une étape, qu'il faut par la suite apprendre à dépasser, en retrouvant, sans l'aide de substances, les états d'élargissement du champ de conscience qu'elles provoquaient. Et de simples techniques de méditation, de respiration, basées sur le pranayama, le yoga ou l'utilisation des mantras, permettent d'arriver exactement au même résultat un peu moins rapidement certes, mais d'une manière beaucoup plus consciente et contrôlée.

Ces états spéciaux d'éveil provoquent une expansion considérable, c'est pourquoi Charles Tart, dès la fin des années 50, les a baptisés « états altérés de conscience » (altered states of consciousness).

En psychanalyse et en psychiatrie, les travaux de Stanislas Grof ont jeté les bases d'une nouvelle typologie, la psychologie transpersonnelle. Selon Pierre Weil (2), ce

(1) Pierre Weil, « La conscience cosmique », Ed. L'Homme et la Connaissance.

(2) *Op. cit.*

terme semble avoir été utilisé pour la première fois par Roberto Assagioli le créateur de la psychosynthèse, et par Jung. L'association de psychologie transpersonnelle est née ainsi aux U.S.A. à la fin des années 60. Parmi ses membres, on peut citer Abraham Maslow, Alan Watts le maître zen occidental, Viktor Frankl, et en Europe Pierre Weil, parmi tant d'autres (1).

La classification de Pierre Weil

Au milieu des années 70, Pierre Weil proposa une classification très intéressante des différents paramètres de l'expérience cosmique, que l'on retrouve dans tous les états spéciaux d'éveil, quelle que soit la forme sous laquelle ils se manifestent.

En voici un résumé (2) :

— *Le sentiment d'unité :* Dans les expériences d'états altérés de conscience, on constate toujours la disparition de la perception dualistique : moi et le monde. La conscience s'identifie à Tout ce qui est. Certaines personnes par exemple, au cours des expériences de ce type, passent au travers d'un nuage de lumière, et rapportent cette expérience en disant : « J'étais le nuage de lumière. »

L'un de mes amis, qui vécut plusieurs années au Japon où il s'initia à la méditation zen, rencontra un jour un juge, âgé d'une soixantaine d'années. Ce dernier pratiquait le zen depuis son enfance. Il invita un jour mon ami à une séance de tir instinctif à l'arc. Rendez-vous fut pris, pour un matin de très bonne heure. Le jour n'était pas encore levé. La cible fut installée à vingt-cinq mètres, et dans l'obscurité, la visibilité était presque nulle. Le juge se mit en position de méditation, la flèche engagée, prêt à tirer. L'attente dura une dizaine de minutes, puis d'un coup, le bras du juge se détendit et la flèche alla se planter en plein milieu de la cible. Mon ami, stupéfait, lui demanda comment il avait pu réaliser un tel prodige. « J'étais la flèche, et j'étais la cible,

(1) Le Dr R. Sjue, actuel président de l'Association de Psychologie transpersonnelle américaine, est également membre du comité de direction de l'Association de Recherche et de Thérapie à travers les vies passées.

(2) *Op. cit*

répondit le maître zen, je ne pouvais donc pas me manquer ! »

Ainsi, le sentiment d'unité avec tout ce qui n'est pas soi est la première caractéristique des états spéciaux d'éveil.

— *Le caractère ineffable :* En règle générale, l'expérience ne peut être décrite avec le langage usuel. Souvent, le sujet ne parvient pas à décrire ce qu'il ressent et ce qu'il voit, surtout lorsqu'il est confronté à des concepts qui dépassent la vision mécaniste habituelle du monde. « C'est comme si je n'étais qu'une vibration, disent-ils alors, une conscience universelle. Je ne trouve pas de mots, car ce qui se passe est au-delà des mots. »

— *Le caractère noétique :* Ce qui est vécu dans un état de ce type est perçu comme réel, d'une réalité bien plus intense que le vécu quotidien ordinaire. Les sujets ressentent même les émotions d'une façon plus forte que dans leur vie « normale ». Ce paramètre se retrouve aussi bien dans les voyages dans le temps, que dans les projections de la conscience dans d'autres univers.

— *La transcendance de l'espace-temps :* Ce paramètre est l'un des plus importants. Il est présent dès que l'on pénètre dans un univers au-delà de celui de nos cinq sens, dans le monde de l'esprit. On entre alors dans une autre dimension où le temps n'existe plus, et où l'espace tri-dimensionnel disparaît. Patanjali, un philosophe indien du IIe siècle avant Jésus-Christ, exposait ce paramètre sous la forme d'un aphorisme : « passé, présent et futur n'existent pas. Tout arrive au même instant ».

Généralement, les sujets ressentent une compression temporelle, de sorte que quelques minutes leur paraissent durer des heures.

— *Le sentiment du Sacré :* Les sujets ont parfois le sentiment de vivre quelque chose de grand, de Sacré. Mais ce paramètre n'est pas permanent.

— *La disparition de la crainte de la mort :* Dans les états altérés de conscience, la vie est perçue comme éternelle, et l'existence physique comme transitoire. La peur de la mort disparaît alors, dès que les sujets prennent conscience de leur capacité à vivre sous une forme différente, sans avoir conscience de leur corps physique, et à recevoir des perceptions bien plus vastes que celles que nous transmettent habituellement nos cinq sens. Ce paramètre est quasi constant.

— *Le changement du comportement et des systèmes de valeurs :* Souvent, ce type d'expériences déclenche, chez le sujet, un changement radical dans son appréciation des valeurs telles que la beauté, la bonté, la vérité. L'Etre se substitue à l'Avoir.

Pierre Weil cite encore d'autres paramètres, mais, selon lui, ils proviennent d'une investigation trop superficielle pour être classés dans les caractéristiques courantes. Néanmoins, j'ai personnellement rencontré très souvent chez les sujets que j'ai pu observer certaines de ces caractéristiques :

— La sensation de sortie de son corps, et même parfois de ne plus avoir de corps du tout.

— L'audition de bruits ou de sons cosmiques.

— L'apparition de ce que Pierre Weil nomme pudiquement « les êtres énergétiques », et que l'on peut assimiler aux Saints, Dieux, Anges et Démons des grandes traditions et religions.

— La sensation de pouvoir pénétrer complètement les personnes, les animaux et les choses de l'univers. Effectivement, dans certains voyages, la conscience prend une telle expansion que l'être se retrouve en même temps dans son présent et son passé, dans une autre dimension de l'espace et du temps, aux confins de l'univers, sans perdre pour autant la conscience d'être en tous ces lieux à la fois.

— Le déverrouillage d'une conscience universelle, que l'on peut aussi nommer mémoire karmique, c'est un élément que Pierre Weil ne cite pas, mais qui, selon moi, ne peut être écarté (1), implique le rappel à la conscience d'événements qui ne se sont pas produits dans la vie présente. Ce rappel ne se fait pas sous la forme de bribes, mais bien d'un vécu consistant, incluant les sensations de l'être du passé, et même parfois les odeurs.

(1) Tout au moins, il ne le citait pas à l'époque de la rédaction de son ouvrage.

L'ensemble de ces paramètres recouvre ce que j'ai préféré nommer « Etats Supérieurs de Conscience », états dont le voyage dans les vies passées n'est qu'un aspect.

Ce type d'expériences, que le psychiatre canadien Maurice Bucke a qualifiées d'expériences cosmiques, serait selon certains un état supérieur d'évolution de la race humaine. D'autant que, comme l'écrit Pierre Weil (1) : « la compréhension de ces paramètres est très importante en psychiatrie, car elle remet en question l'habitude traditionnelle de considérer comme des malades mentaux tous ceux qui ont une perception différente de la nôtre, une perception de la réalité qui ne serait pas basée sur les cinq sens physiques, sur la logique traditionnelle. »

Maurice Bucke, lui, signale qu'au cours de l'expérience cosmique on perçoit l'unité du cosmos en même temps qu'on se perçoit en lui. L'accès à cette forme de compréhension s'accompagne de puissants sentiments de calme et de paix, d'amour universel. C'est une expérience directe de la raison d'être des univers, qui permet de relativiser les trois dimensions de l'espace et du temps, et de percevoir l'insignifiance et l'illusion du monde physique dans lequel nous vivons. Les yogis disent depuis des millénaires que le monde physique n'est que « maya », ce qui signifie « illusion ».

De nombreuses expériences ont été effectuées sur des sujets en états altérés de conscience : elles ont montré des modifications bio-électriques et somatiques de leurs organismes. Pourtant, si l'on peut facilement aujourd'hui mesurer les modifications du rythme cérébral, du rythme cardiaque ou de la température, on ne sait toujours pas mesurer les modifications dépassant le domaine de nos cinq sens, comme par exemple les modifications d'aura ou d'état vibratoire (2).

Le champ vibratoire qui est censé entourer notre corps (que les yogis nomment « corps éthérique » et les chercheurs américains « life field » ou « champ de vie ») semble connaître une expansion importante au cours de ces états

(1) *Op. cit.*

(2) Ceci n'est plus tout à fait exact. La photo Kirlian permet aujourd'hui d'objectiver l'aura, ainsi que d'autres techniques plus récentes faisant appel à un courant basse tension.

modifiés de conscience, mais aucune mesure n'a encore pu être effectuée.

Pour expliquer la réalité de ces états altérés de conscience, Pierre Weil propose une hypothèse de base (1) :

— « Il y a une correspondance entre les descriptions d'expériences en état de conscience cosmique et les travaux de la physique pionnière.

— Il existe dans l'être humain des récepteurs autres que nos cinq sens, qui donnent accès à d'autres aspects de la réalité, voire à la réalité totale.

— Tout instrument ou appareil inventé par l'homme pour comprendre le monde intérieur ou extérieur, et agir sur lui, possède un équivalent en lui-même sous la forme d'un organe ou d'une fonction.

— La recherche dans l'espace, ou hors de la dimension espace-temps, peut être faite à partir de dimensions qui existent dans l'homme.

— La conscience cosmique se place à un niveau situé avant la naissance ou après la mort, pendant le sommeil, à la source de l'énergie.

— Tous les procédés pour atteindre la conscience cosmique sont établis dans le but de parvenir " in vivo " et en pleine conscience d'éveil au niveau défini plus haut. Ceci suppose donc une voie évolutive, régressive ou directe.

— Dans chacun de nous, il y a " quelque chose " qui préexiste à la naissance, et qui existera encore après la mort. Cela se situe hors de l'espace-temps.

— Il y a une relation de coexistence entre la conscience cosmique et ce que l'on appelle couramment les pouvoirs paranormaux.

— Les niveaux de conscience cosmique peuvent être enregistrés par encéphalographie, et se situent au niveau des ondes Delta, bien qu'un niveau d'ondes Thêta suffise parfois.

— Il y a dans l'homme quelque chose qui le pousse à chercher l'unité de l'existence universelle, unité qu'il n'a cessé de percevoir ou de vivre qu'à cause d'une hypertrophie de ses cinq sens au détriment du sixième, à cause d'une hypertrophie de la rationalisation au détriment de l'intui-

(1) *Op. cit.*

tion. Une fois encore, l'être humain a complètement basculé vers son cerveau gauche.

— La force qui pousse à la recherche de cette unité fondamentale est la certitude, profondément ancrée dans l'être humain, de l'existence d'une félicité absolue.

— Dans une proportion encore inconnue, les phénomènes psychopathologiques appelés " hallucinations " sont les manifestations et les visions de formes différentes de celles de la réalité quotidienne, et signifient l'entrée, ou l'approche, de la conscience cosmique.

— Des techniques de relaxation ainsi que l'arrêt de toute activité intellectuelle, sont des facteurs importants pour entrer dans les univers au-delà des cinq sens.

— Le chemin qui mène à ces états de conscience passe donc par la dissolution de l'ego, par l'élargissement des champs de conscience et des niveaux de réalité. »

Pierre Weil conclut son excellent ouvrage en précisant que nous percevons le monde selon notre esprit, qui n'est lui-même souvent qu'une partie du Moi Total. Vu ainsi, le monde n'est lui-même qu'illusoire, et nous en avons une vision parcellaire et relative : une partie de notre moi perçoit une partie de l'univers. Au fur et à mesure que nous approfondissons et atteignons des états sublimes, la réalité apparaît de plus en plus vaste. La partie intérieure du moi caché permet ainsi un processus de connaissance intellectuelle. Le moi intérieur vit alors dans le moi individuel, qui se perçoit en même temps comme étant tous les « moi individuels » de toutes les parties de l'univers.

On associe souvent les états supérieurs de conscience aux états mystiques. Ce sont des prises de conscience, dans les profondeurs de la vérité, que l'intellect ne peut sonder. Le mot « mystique » vient du grec « mystos », qui signifie : « qui garde le silence ». Et effectivement, dans le cadre de l'expérience transpersonnelle, on retrouve cette caractéristique ineffable, ou néotique, dont nous avons déjà parlé. L'expérience est inexprimable, inexplicable en termes classiques.

Cet élargissement de la conscience, ce savoir « en totalité », transcende largement nos écrans de filtrage, nos pouvoirs limités de description. La sensation, la perception, et l'intuition semblent se fondre dans quelque chose de beaucoup plus vaste.

Telles sont les caractéristiques des états les plus avances de la conscience cosmique. Une fois encore, j'en reviens à l'image de cristal aux multiples facettes : le moi quotidien, l'individu vit dans l'une de ces facettes, mais en transcendant l'univers des cinq sens, il a enfin accès à toutes les autres facettes de la pierre. Les états spéciaux d'éveil, les états d'expansion de la conscience, entraînent pour ceux qui les expérimentent des modifications radicales de l'existence à tous les niveaux. Ainsi, l'être, de facette, peut enfin devenir diamant.

La conscience cosmique de Maurice Bucke

Le terme de « conscience cosmique », employé par Pierre Weil et les autres tenants de la psychologie transpersonnelle, date en fait du début du siècle. C'est ainsi, en effet, que le psychiatre Maurice Bucke avait nommé la sorte d'illumination que l'on constate en général dans tous les états spéciaux d'éveil (1).

Voici comment il décrivait, à l'époque, ce type d'état :

— Le sujet a soudain l'impression d'être immergé dans une flamme ou un nuage rosâtre, comme si son esprit lui-même était empli de ce nuage.

— En même temps, il baigne dans une émotion de joie intense, d'assurance, de triomphe. Cette extase se situe bien au-delà de tout ce que l'on peut imaginer. La vie est alors perçue comme immuable. Des sages, des poètes, des « saints » ont décrit cet état : Gothama le Bouddha, dans ses soutras, Jésus dans ses paraboles, Paul dans ses Epîtres, Dante dans son Purgatoire, Shakespeare dans ses Sonnets, Whitmann dans ses Feuilles d'herbe (Leaves of grass), etc.

— Simultanément, ou instantanément après ce sentiment de joie, intervient une illumination intellectuelle très difficile à décrire, comme un flash, une vision claire du devenir de l'univers jaillissant à la conscience. L'individu ne comprend pas l'univers, il *devient* l'univers, un cosmos dans lequel la conscience normale semble faite de matière morte. L'individu réalise que la vie, tapie dans chaque être,

(1) Richard Maurice Bucke, « Cosmic conciousness », Ed. Citadelle Press Secausus U.S.A.

est éternelle, et que l'âme de l'homme est aussi immortelle que les Dieux. Il découvre également que l'univers est construit et ordonné de telle manière que toutes les choses fonctionnent entre elles pour le bon et le bien.

— Avec cette élévation morale et cette illumination intellectuelle, intervient ce que j'appellerai, faute d'un terme plus exact, un sentiment d'immortalité. Ce n'est pas une conviction intellectuelle, mais une puissante sensation. La peur de la mort, qui hante tant d'hommes et de femmes à toutes les époques de leur vie, disparaît, se dissout simplement au contact de cette illumination.

— On peut dire la même chose du sentiment de péché · l'être n'échappe pas au péché, c'est la notion même de péché qui se dissout.

— L'illumination est plus que soudaine, elle est instantanée, comme un flash dans la nuit noire, sortant le paysage de l'ombre où il se cachait et l'illuminant comme en plein jour.

— La nature même de celui qui pénètre cette illumination revêt une grande importance. Lorsqu'il a accès à une expérience de ce type, l'être découvre d'une manière définitive que l'univers n'est pas une machine morte, mais une présence vivante. Il sait à ce moment-là que l'existence individuelle est continue, et s'étale bien au-delà de ce que l'on appelle la mort.

Le livre de Maurice Bucke, écrit il y a près de 80 ans, est encore considéré aujourd'hui comme un des grands classiques de l'expérience mystique. Cet ouvrage puissant et émouvant est toujours en avance sur notre époque. Lorsqu'il avait 36 ans, Maurice Bucke vécut une expérience mystique soudaine qui illumina sa vie et le poussa à écrire. Il raconta ainsi qu'il en apprit alors autant en quelques secondes que pendant toutes ses années d'études. Mais c'était plus qu'une initiation. Bien des années plus tard, après mûre réflexion, il comprit enfin le sens de ce qu'il avait vécu : cet événement extraordinaire n'était ni un cas isolé, ni une aberration mentale. C'était l'émergence d'une nouvelle faculté, ni supernaturelle ni supra-normale, simple élévation naturelle de notre présent niveau de conscience. Et le Dr Bucke appela cette faculté « conscience cosmique ». Et selon lui, les hommes tels que Bouddha, Jésus, Dante, Spinoza, Blake, Balzac, pour ne citer qu'eux, possédaient cette faculté. Et les individus de ce genre ont, de tout temps, peuplé l'humanité. Pour Bucke leur existence prouve que nous allons vers ce qu'il appelle une « révolution psychique ». La conscience cosmique est le prochain pas de l'évolution de l'humanité.

La dégradation archétypale de Ferrucci

L'une de nos plus grandes illusions est la croyance selon laquelle nous serions immuables, indivisibles, totalement consistants. Si c'était le cas, la vie nous apparaîtrait comme une routine, une aventure, un cauchemar, un manège. Pourtant, il nous serait facile de percevoir notre multiplicité : il nous suffit pour cela de réaliser à quel point nous modifions notre apparence extérieure en changeant notre modèle d'univers, avec la même facilité que nous changeons de vêtements (1).

Nos différents modèles de l'univers colorient notre perception et modifient notre manière d'être. Pour chacun d'eux, nous développons une image précise de nous-même, et un jeu de postures, de gestes corporels, de sentiments, de comportements, de mots, d'habitudes et de croyances. Cette entière constellation d'éléments constitue en elle-même une personnalité miniature, ou comme le rappellent Ferrucci et Assagioli (2) une « sous-personnalité ». Les sous-personnalités sont des satellites psychologiques, coexistant comme une multitude de vies à l'intérieur de notre personnalité. Chacune a un style et une motivation propres, parfois complètement opposés les uns aux autres. « Chacun d'entre nous, explique Ferrucci, est toute une assemblée : il y a le rebelle et l'intellectuel, le séducteur et la ménagère, le saboteur et l'esthète, l'organisateur et le bon vivant, chacun avec sa propre mythologie et tous plus ou moins confortablement installés dans une seule et même personne. »

(1) Pietro Ferucci, « What we may be », Ed. Tarcher, Houpton Niffling Company.

(2) Ferrucci et Assagioli sont deux psychiatres italiens. Le second est le père de la psychosynthèse, et le premier est l'un de ses plus proches collaborateurs.

Les sous-personnalités sont des dégradations du contenu de notre psyché, des distorsions des qualités intemporelles qui existent dans les niveaux supérieurs de l'être. Ainsi, la sous-personnalité hyperactive par exemple, peut être considérée comme une distorsion de l'archétype de l'Energie. Et la sous-personnalité obstinée est une distorsion de l'archétype de la Volonté. Le séducteur devient un parent distant de l'Amour dans son aspect le plus élevé et ainsi de suite.

Dans son exposé sur la dégradation des archétypes, Ferrucci cite un ouvrage de Henri Heine, « Les Dieux exilés ». Dans cet ouvrage, le poète allemand se demande ce qui arriva aux Dieux Grecs et Romains après l'avènement de la religion chrétienne. S'inspirant des légendes médiévales, des histoires et des superstitions, Heine a retracé leur parcours : les Dieux mythiques perdirent selon lui leur pouvoir, et devinrent des démons. Pendant le jour, ils vivent cachés, avec les hiboux, au milieu des ruines sombres de leur splendeur passée, et la nuit, ils vagabondent, abusant des voyageurs égarés.

Selon d'autres traditions, certains de ces Dieux souffrent d'une dégradation de leur nature archétypale originale, et sont maintenant totalement méconnaissables : Mars, le Dieu de la guerre, est devenu un soldat mercenaire, Mercure, Dieu du commerce est boutiquier, Vénus, Déesse de l'amour et de la beauté, est dépeinte comme un insatiable vampire femelle, et Jupiter, l'ancien roi des Dieux, en a été réduit à vivre en vendant des peaux de lapins. Bien sûr, il s'agit là d'un ouvrage poétique, mais les parallèles qu'il présente avec la théorie de la dégradation archétypale de Ferrucci sont étonnants.

Dans la vie de chaque être, il est des moments où une mystérieuse barrière semble s'ouvrir pour nous permettre d'expérimenter directement ce que nous ne faisions que pressentir. Dans ces moments incomparables, un flot immense pénètre l'être tout entier, qui transcende ainsi sa partie inférieure. Ferrucci a travaillé sur de nombreux cas de personnes, ayant vécu des expériences d'illumination, et voici ce qu'il écrit à propos d'un de ces cas (1) :

« Tout arriva en une seconde, raconte une femme, et ce fut le moment le plus important de ma vie. C'était la vraie

(1) *Op. cit.*

réalité. Avant cela, je vivais dans un long sommeil, et soudain, je me suis éveillée. Même l'air semblait être vivant. Chaque chose prenait un sens, et les conséquences pratiques n'en étaient certainement pas moins intenses que le « sentiment subjectif ». Cette femme, très malade, refusait de se nourrir depuis plusieurs mois lorsqu'elle vécut cette expérience. Dans les jours qui suivirent, elle se remit à se nourrir normalement, et finit par recouvrer la santé.

Ces possibilités existent d'une manière intrinsèque dans chaque être humain, ce qui n'empêche pas la psychologie classique d'exclure l'étude de ces phénomènes, les reléguant au rayon du surnaturel, de la pathologie ou de l'autosuggestion. Il y a seulement quelques années que ces facultés inhérentes à l'être humain commencent à faire l'objet d'études sérieuses, et à être considérées comme des faits susceptibles de recevoir une explication naturelle, au même titre qu'un quelconque objet de l'univers que nous percevons. Grâce à ces recherches, nous commençons à répondre à quelques-unes de ces questions fondamentales qui se posent à propos des états spéciaux d'éveil. Nous savons par exemple que nous pouvons les atteindre à l'aide de techniques spirituelles que les yogis, les maîtres zen ou les lamas tibétains utilisent depuis des millénaires. Nous savons également qu'ils correspondent à une transcendance du corps physique. Nous commençons peu à peu à comprendre quelle est leur influence sur la psyché, et quelle est leur fonction dans l'existence humaine. Bien sûr, pour répondre d'une manière approfondie à toutes les questions, il faudrait disposer d'une quantité énorme d'expériences, de recherches, de travail, qui sera probablement effectuée dans les années à venir par les chercheurs de plus en plus nombreux, de toutes disciplines. Pietro Ferrucci est de ceux-là.

Voici certaines des caractéristiques qu'il accorde à ce qu'il appelle l'expérience superconsciente : « une vue interne, une solution soudaine à un problème difficile ; une vision de soi-même en perspective, et chargée de sens ; un sentiment clair, une vision transfigurée de la réalité externe : une compréhension de quelques vérités, dont celle de la nature de l'univers ; un sentiment d'humilité vis-à-vis de tous les êtres, et la sensation de partager la destinée de chacun ; une illumination, un extraordinaire silence interne, des vagues de joie lumineuse, de libération, d'humour cosmique; un profond sentiment de gratitude; un sentiment de danse, une résonance avec l'essence de tous les êtres et de toutes les choses avec lesquels nous entrons en contact; un sentiment d'amour universel, comme si on aimait tous les êtres dans une seule et même personne : la sensation d'être un canal par où s'écoule une force plus grande, plus large; une extase, un sentiment profond de mystère et de merveilleux; un sentiment de beauté, d'inspiration créative, de compassion sans limite, de transcendance de l'espace-temps. »

A quelque chose près, nous retrouvons chez Ferrucci la classification de Pierre Weil. Ces éléments peuvent survenir avec une rapidité et une intensité différentes selon les cas. On les compare parfois à des feux d'artifices, des météores trouant la nuit étoilée, apparaissant rapidement dans toute leur splendeur, avant de s'évanouir.

Dans le cadre de notre vie quotidienne, nous vivons dans l'espace-temps, mais lorsque nous hissons notre perception au-delà de l'univers des cinq sens, nous pénétrons dans la dimension intemporelle, et entrons dans un domaine d'éternité. La, nous pouvons enfin voir le monde dans un grain de sable, et maintenir l'infini dans la paume de notre main.

Dans « L'herbe du diable et la petite fumée » (1), le sorcier yaqui Don Juan dit à l'auteur : « l'homme ne vit que pour apprendre, et il apprend parce que c'est dans la nature même de sa destinée, pour le meilleur et pour le pire. Un homme est vaincu seulement lorsqu'il ne tente plus rien et qu'il s'abandonne. Il doit arriver à comprendre que cette puissance apparemment conquise ne lui appartient pas réellement. S'il réalise que clarté et puissance, sans un parfait contrôle de soi-même, sont des erreurs, alors il atteindra un degré de parfaite maîtrise sur toutes choses. Il saura dès cet instant comment et pourquoi user de sa puissance. Il aura défait son troisième ennemi. (...) Mais si l'homme repousse sa lassitude, et poursuit sa vie selon sa destinée, alors il pourra être appelé un homme de connaissance, pour autant qu'il reste dans cette dernière et courte bataille contre son dernier et invincible ennemi. Cet instant

(1) Carlos Castaneda, Ed. Folio 10/18.

de clarté, de puissance et de savoir suffit. » Puis Don Juan apparente l'homme de connaissance à un guerrier : « La vie d'un homme de connaissance est un combat permanent et l'idée qu'il est un guerrier, menant une vie et un combat de guerrier, lui procure les moyens d'accéder à une certaine maîtrise de ses émotions. L'idée d'un homme en état de guerre contient quatre concepts. Premièrement, il doit avoir le sens du respect. Deuxièmement, il doit avoir peur. Troisièmement, il doit avoir de la clarté. Enfin quatrièmement, il doit être sûr de lui. »

Ces enseignements de Don Juan à Castaneda me rappellent une petite histoire, que j'ai lue dans « Zen environment » (1) : « Un fameux maître zen appelé Joshu pratiquait le zen dans un monastère avec son maître Nansen. Un jour, il s'enferma dans la cuisine de l'établissement, claqua la porte et activa le feu jusqu'à ce que des volutes de fumée emplissent la pièce. Puis il se mit à crier : « Au feu, au feu !... » Tous les moines et les maîtres zen se précipitèrent vers la cuisine pour l'aider à éteindre l'incendie, mais Joshu refusa d'ouvrir la porte. « Si quelqu'un me donne un seul mot qui me permette de transformer ma désillusion en illumination, cria-t-il à travers la cloison, j'ouvrirai la porte. » Tous les moines restèrent interdits. Tous, sauf Nansen, le maître. Silencieusement, il tendit à Joshu une clé à travers une petite ouverture dans la porte, et avec cette clé, Joshu ouvrit la porte. »

Dans ce petit conte, Joshu et son maître Nansen exposent d'une façon dramatique le problème tout entier de la souffrance humaine, depuis ses causes, jusqu'aux moyens de s'en échapper. La plupart des individus agissent comme Joshu, ils ferment la porte et activent le feu. Ils ferment leurs esprits et leurs désirs. En surface, ils apparaissent aimer la vie, mais à l'intérieur d'eux-mêmes, ils souffrent des désillusions qui emplissent leur esprit.

Dans le même ordre d'idée, les Indiens d'Amérique du nord disent dans une de leurs plus anciennes prières : « Grand Esprit, aide-moi à ne jamais critiquer mon voisin, avant d'avoir marché un kilomètre au moins dans ses mocassins » !...

(1) Marian Mountain, Ed. Bantam, New Age Book.

Les structures dissipatives de Prigogine

Ilya Prigogine, professeur de chimie à l'Université Libre de Bruxelles, a reçu en 1977 le Prix Nobel de chimie pour ses contributions à la thermo-dynamique de non-équilibre, et en particulier pour sa théorie des structures dissipatives. Cette théorie constitue une percée conceptuelle importante pour l'ensemble de la science, comme l'ont été les théories d'Einstein pour la physique. Elle explique certains processus irréversibles dans la nature, ce mouvement vital vers une complexité toujours croissante. Les êtres humains sont des structures. La structure du corps se compose d'os, de muscles et de ligaments. Le cerveau est une structure constituée par les pensées, les mémoires, qui dictent les actions. La programmation mentale, c'est-à-dire toutes les pensées du passé, les actions, les expériences et l'apprentissage construisent la structure du cerveau. La théorie de Prigogine établit que les structures complexes telles que le cerveau humain ont besoin d'un flux d'énergie très important pour maintenir leur équilibre. Dans le cerveau, cette énergie prend la forme d'ondes cérébrales, mesurables sur un électroencéphalographe. Les « patterns », les changements d'état d'activité cérébrale, reflètent une fluctuation de cette énergie dans le cerveau. Si l'on en croit Prigogine, de larges fluctuations d'énergie peuvent causer une cassure de la structure ancienne, qui se réorganise alors d'une façon plus complexe et dans une forme plus élevée. C'est ce qui explique que, lorsqu'on pénètre dans un état modifié de conscience, les anciennes structures se réorganisent. L'individu arrive ainsi à un état de compréhension beaucoup plus important.

Certains systèmes de la nature sont dits « ouverts », car ils échangent continuellement de l'énergie avec leur environnement. C'est exactement le cas du cerveau. Prigogine a appelé « structures dissipatives » ces systèmes ouverts, ceux dont les formes et les structures sont maintenues par une dissipation continue d'énergie. On peut décrire une structure dissipative comme une totalité fluide, hautement organisée, mais toujours en processus. Prigogine a démontré dans son modèle mathématique que la dissipation d'énergie est la potentialité d'un réordonnancement soudain : le système s'échappe en un ordre plus élevé (1).

La théorie de Prigogine aide à rendre compte des effets spectaculaires que l'on rencontre parfois en méditation ou en imagerie dirigée, comme par exemple la compréhension soudaine d'un problème psychique ou d'une phobie qui durait depuis longtemps. Dans un état d'expansion de la conscience, l'individu qui ramène un traumatisme ancien à la surface perturbe la structure correspondant à cet ancien souvenir, et déclenche une réorganisation, une nouvelle structure dissipative. L'ancienne structure est brisée. La lecture, sur un électroencéphalographe, du tracé des ondes cérébrales, révèle des fluctuations d'énergie. Et des groupes de neurones sont le siège d'une activité électrique différente : dans la conscience normale, les ondes Béta prédominent sur l'électroencéphalogramme, alors que dans un état méditatif (rêverie ou relaxation), l'individu bascule dans un état Alpha, puis Thêta, dans lesquels les ondes sont plus lentes et plus longues. Ainsi, lorsqu'on ramène l'esprit du monde extérieur vers le monde intérieur, le cerveau génère des fluctuations importantes dans le tracé des ondes cérébrales. « Dans les états non-ordinaires de conscience, ces fluctuations, explique Marylin Ferguson (2), peuvent atteindre un niveau critique suffisamment important pour provoquer une élévation vers un niveau d'organisation supérieur. »

Le cerveau holographique de Pribram

Le neurophysiologiste Karl Pribram, du Stanford Research Institute, et le physicien David Bohm, de l'Université de Londres, ont proposé des théories qui semblent capables de rendre compte de toute l'expérience transcendentale, et de tous les phénomènes qui se produisent durant les états supérieurs de conscience. Ces deux scientifiques ont proposé un paradigme, un modèle conceptuel qui

(1) Il y a Prigogine et Isabelle Stengers, « La nouvelle alliance » Ed. Gallimard.

(2) *Op. cit.*

englobe aussi bien la recherche sur le cerveau, que la physique théorique.

La théorie holographique extirpe du surnaturel tous les phénomènes que l'on peut rencontrer au cours de ces états altérés de conscience, et démontre ainsi qu'ils font partie de la Nature.

Au début de sa carrière de neurochirurgien, Pribram travailla avec Karl Lashley, un célèbre chercheur qui, pendant trente ans de sa vie, essaya de découvrir le siège de la mémoire, l'engramme. Lashley endommageait sélectivement des portions du cerveau d'animaux de laboratoire, dans l'espoir qu'à un moment ou à un autre, il finirait par exciser le siège de leur apprentissage. Ces ablations endommagèrent les performances des animaux, mais à aucun moment Lashley ne découvrit une localisation, dans leur cerveau, dont l'ablation provoquait l'éradication de ce qu'on leur avait enseigné. Et il en vint à penser que sa recherche prouvait l'impossibilité de l'apprentissage (1).

Pribram fut dès le début très intrigué par le mystère de l'absence de localisation de la mémoire, par l'inexistence matérielle de l'engramme : comment la mémoire pouvait-elle ne résider dans aucune partie du cerveau, tout en étant distribuée dans son ensemble ?... Au milieu des années 60, il lut par hasard un article du « scientific American », qui décrivait la réalisation du premier hologramme par une technique d'image tri-dimensionnelle, produite par un procédé photographique sans lentille. Le principe de l'holographie avait été découvert dès 1947 par Dennis Gabor, ce qui lui valut un prix Nobel, mais la réalisation matérielle de l'hologramme avait dû attendre l'invention du laser et la sophistication de l'ordinateur. L'hologramme est l'une des inventions les plus remarquables de la physique moderne : son image spectrale peut être vue de plusieurs angles, et semble suspendue dans l'espace. En outre, il possède une propriété étonnante : l'ensemble des informations concernant l'objet represente est enregistré en chacun de ses points. Si un hologramme est rompu, chacune de ses parties est capable de reconstituer l'image entière. Si, par exemple, on prend une photo holographique d'une femme, et qu'on agrandisse

(1) La récente théorie des champs morphogénétiques, du biologiste anglais Rupert Sheldrake, semble démontrer le contraire.

l'une de ses mains au format holographique de l'ensemble, on obtiendra non pas une main gigantesque, mais à nouveau l'image de la femme en entier. « Non seulement la partie est dans le tout, mais le tout est dans chaque partie. Et en outre, chaque partie a accès au tout (1). »

Pribram vit tout de suite dans l'hologramme un modèle passionnant de la façon dont le cerveau pourrait emmagasiner la mémoire. Peut-être, se dit-il, est-elle faite d'interactions interprétant des fréquences, et emmagasinant l'image à la manière d'un hologramme, non pas de façon localisée, mais dispersée à travers tout le cerveau ? En 1966, il publia son premier article proposant un lien entre ces deux structures complexes. Au cours des années suivantes, lui-même et d'autres chercheurs découvrirent les stratégies de calcul utilisées par le cerveau en matière de connaissance et de sensation : pour voir, entendre, sentir, le cerveau doit entreprendre des calculs complexes sur la fréquence des données qu'il reçoit. Ainsi, une plante, un arbre, la couleur de l'herbe, ne seraient que des fréquences que le cerveau recevrait et décoderait. Dans ce cas, ces processus mathématiques n'auraient plus guère de rapports avec ce que nous abordons comme étant la réalité quotidienne. Pribram supposa que des calculs mathématiques complexes se déclenchent ainsi dès qu'une impulsion nerveuse voyage le long des cellules, à travers et entre elles, via un réseau de fines fibres courant sur les cellules nerveuses. Le cerveau pourrait ainsi décoder les traces mnémoniques enregistrées, de la même manière que se dessine l'image codée d'un hologramme dès qu'il est frappé par un faisceau laser « L'efficacité extraordinaire du principe holographique le rend également intéressant, ajoute Marylin Ferguson, car le réseau d'interférences n'a pas de dimension spatio-temporelle sur la plaque, et des milliards d'unités d'informations (bits) peuvent être entreposées dans un espace infime, tout comme des milliards de bits sont manifestement enregistrés dans le cerveau. »

Au début des années 70, Pribram s'opposa à lui-même un dernier argument : si le cerveau acquiert effectivement la connaissance en rassemblant des hologrammes, en transformant mathématiquement des fréquences venant d'ail-

(1) Ken Wilber, « Le paradigme holographique », Ed. Le Jour.

leurs, qui, dans le cerveau, interprète ces hologrammes ? Où est le « je » ? Où est l'entité qui utilise le cerveau ? Qui est celui qui connaît la réponse ?

Lors d'une conférence, Pribram suggéra que la réponse pourrait être du ressort de la psychologie Gestalt, une théorie psychologique qui soutient que tout ce que nous percevons comme externe est isomorphe, identique aux processus cérébraux. Et soudain il lança, comme une boutade : « Peut-être le monde lui-même n'est-il qu'un hologramme ?... » Puis il se tut, passablement déconcerté par les implications de ce qu'il venait de dire. L'assemblée présente devant ses yeux n'était-elle qu'un hologramme ? Une représentation des fréquences interprétées par son cerveau, et par le cerveau d'autrui ? De nouveaux abîmes de réflexion s'imposaient à lui : si la nature de la réalité était elle-même holographique, et que le cerveau fonctionnait holographiquement, alors le monde n'était qu'une illusion, un spectacle de magie, et l'univers n'était que « maya », comme le disent depuis toujours les traditions orientales (1) !

A quelque temps de là, au cours d'une discussion avec son fils, physicien, Pribram apprit que David Bohm, un ancien associé d'Einstein à Princeton, avait des lignes de pensée proches des siennes. Il lut avidement les articles majeurs du chercheur, et il eut un choc : Bohm décrivait, lui aussi, un univers holographique. « Ce qui apparaît comme un monde tangible, stable, visible, disait-il, est une illusion. S'il est dynamique, kaléïdoscopique, il n'est pas réellement là. Ce que nous voyons normalement est l'ordre des choses explicites, déployées, qui se déroulent comme un film dont nous serions des spectateurs. Mais il y a un ordre sous-jacent, qui est père et mère de cette réalité de la seconde génération. » Bohm qualifiait l'autre ordre d'implicite, et de replié. L'ordre replié renferme notre réalité d'une manière très semblable à celle dont l'A.D.N., dans le noyau de la cellule, reflète la vie en puissance et dirige la nature dans son déroulement (2). Dans un de ses exemples les plus frap-

(1) Karl Pribram, « Conciousness and the brain », Ed. G. G. Lobus-Plenum et « Languages of the brain », Engle Woods Cliffs.

(2) La théorie holographique du cerveau a été élargie à l'A.D.N., et aux particules subatomiques, agissant selon les principes holographiques, « The invisible landscape », de Tercurr and Mackenna, Ed. Seabury.

pants, Bohm décrit une gouttelette d'encre, dans de la glycérine. L'encre est insoluble dans cette matière, elle ne se dissout donc pas et reste constituée un moment avant de se diffuser. Si l'on remue lentement ce « mélange », la goutte finit par s'étirer en un fil fin, qui se distribue dans tout le système de telle façon qu'il n'est même plus visible à l'œil nu. Mais si le mouvement est inversé, le fil se rassemble lentement jusqu'à reformer une gouttelette visible, semblable en tout point à la gouttelette initiale. Ainsi, toute substance et tout mouvement apparents sont illusoires. Ils émergent d'un autre ordre plus primaire de l'univers. Et Bohm appelle ce phénomène « l'holomouvement ». « Depuis Galilée, nous regardons la nature avec des lentilles. Le fait même d'objectiver, comme dans un microscope électronique, modifie ce que nous espérons voir. Nous voulons prouver ses contours, le rendre immobile un instant, alors que sa vraie nature est dans un autre ordre de réalité, une autre dimension, là où il n'y a pas de choses. C'est comme si nous faisions le point de l'observé. C'est comme si vous faisiez la mise au point sur une image, mais que le flou soit une représentation plus fidèle. Le flou lui-même est la réalité fondamentale (1).

Les travaux de David Bohm (2) firent germer une nouvelle idée dans l'esprit de Pribram : les mathématiques du cerveau pourraient, elles aussi, avoir une lentille : « Ces transformations mathématiques font sortir l'objet du flou, de l'état de fréquences, et en fait des sons, des couleurs, des odeurs et des saveurs. » Pribram se dit alors que le cerveau pouvait focaliser la réalité selon un mode comparable à ces lentilles, au moyen de ses stratégies mathématiques. « Si nous n'avions pas cette lentille qu'est le processus mathématique auquel se livre le cerveau, se dit-il, peut-être connaîtrions-nous un monde organisé dans le domaine des fréquences sans espace ni temps, avec seulement des événements ? La réalité serait-elle déchiffrée à partir de ce domaine ? » Ce qui l'amena à suggérer que les expériences mystiques et les états transcendants permettraient peut-

(1) *Op. cit.*

(2) David Bohm, « Quantum theory and beyond », Ed. Bastin, University of Cambridge.

être d'avoir un accès direct à ces domaines, en limitant l'activité mathématique du cerveau.

La théorie holographique postule donc que le cerveau construit une « réalité concrète » en interprétant les fréquences venant d'une dimension transcendant l'espace et le temps. Le cerveau serait ainsi un hologramme interprétant un univers holographique.

A partir de cette théorie, je me suis demandé si les états méditatifs ne provoqueraient pas un ralentissement des mathématiques auxquelles se livre le cerveau en permanence, abaissant ainsi nos écrans de filtrage, et produisant les états transcendants. Serait-ce là l'explication du nirvana ? Une conscience directe qui a transcendé, mais qui a inclus, toute manifestation ? Ainsi, le paradigme holographique commencerait à expliquer mathématiquement les états transcendantaux dont les mystiques nous parlent depuis des millénaires. Ainsi pourraient se vérifier les paramètres de Pierre Weil. Ainsi, à travers les techniques psychophysiques, les états méditatifs, transpersonnels et états supérieurs de conscience, nous pourrions avoir accès à la nature de la réalité telle qu'elle est. Mais cette nature englobe aussi bien le monde fréquentiel, implicite, que décrit David Bohm, que l'ordre explicite de l'holomouvement. Ainsi, nous aurions accès à la totalité qui existe en nous et autour de nous. Ainsi nous pourrions nous rendre compte que nous sommes un avec l'univers, avec chaque brin d'herbe, chaque fleur, chaque nuage, chaque insecte, chaque souffle d'air qui existe ici, et partout.

Etats spéciaux d'éveil : les autres travaux en cours

Depuis des millénaires, les yogis apprennent à élargir leur conscience par la méditation et les disciplines d'élévation. Aujourd'hui, d'autres techniques, plus simples, semblent apporter une nouvelle forme de conscience, qui ne serait pas une annihilation de l'expérience sensorielle, mais une harmonisation immédiate permettant au moi de se fondre dans une conscience absolue, une conscience divine.

Pour atteindre ces états, il n'est pas nécessaire d'en passer par des états de transe hypnotique ou médiumnique.

Il n'est pas utile non plus de méditer de longues années durant avant d'y parvenir.

L'expansion de conscience passe par une modification des taux vibratoires délimitant les différents niveaux de l'être, qui accède ainsi à d'autres univers qui ne sont pas plus élevés dans l'espace, mais sont simplement situés sur des plans de conscience différents, dans une autre bande de fréquences. Lorsque la pensée est concentrée par la méditation, elle devient comme un radar capable d'entrer en contact avec la Conscience de l'univers. Les travaux de la physique moderne abondent dans le sens d'un univers différent de celui que nos cinq sens peuvent percevoir. « La physique moderne, explique David Spangler (1), comparée à la physique newtonienne classique d'il y a cent ans, est déjà tout à fait mystique. »

Actuellement, certaines recherches semblent indiquer que nous ne percevons que ce que nous croyons pouvoir percevoir. Quelle que soit notre compréhension de la réalité, nos perceptions sont censurées de manière sélective par notre inconscient, qui cherche à les accorder à cette compréhension pour mieux la confirmer. Nous créons ainsi le monde que nous percevons au moyen de nos pensées qui filtrent et rejettent tout ce qui est étranger à notre perception de ce monde, ou qui en menace la sécurité. Mais la seule force de la volonté, volonté de s'élever et de s'épanouir, peut éliminer ces filtres, ou tout au moins les atténuer.

Des physiciens tels que Capra, Bohm, Charon, mettent en valeur la convergence entre leur science, les traditions orientales et les visions mystiques du monde. « Curieusement, écrit encore David Spangler (2), nous agissons de deux manières : soit nous nions systématiquement toute existence transcendante ou mystique en nous, soit nous basculons complètement de l'autre côté, vers l'irrationnel, en recherchant des pouvoirs et des connaissances occultes. » Le psychiatre, le physicien, l'homme de science ancré dans le matérialisme et le rationalisme, rejetteront systématiquement tout ce qui fait référence à une quelconque transcendance de notre conscience et de notre percep-

(1) « Revelations », Ed. Le souffle d'or.

tion, car seule une expérience personnelle peut amener l'individu à appréhender la réalité de ces états différents d'éveil (1).

La science matérialiste, depuis le XVIIe siècle, considère le monde et l'homme comme un agrégat d'unités séparées, interactant de façon mécanique. L'être humain est ainsi réduit à une sorte de machine très sophistiquée, pilotée par un ordinateur, modèle que la science moderne remet chaque jour davantage en question. D'autant qu'on constate aujourd'hui une volonté d'évolution vers une nouvelle forme de conscience, considérée par certains comme la seule alternative efficace à la crise actuelle. Cette évolution se manifeste par la popularité croissante que connaissent les pratiques spirituelles qui, comme la méditation, puisent leurs racines dans les traditions orientales. Cette convergence met en lumière le fait que les modèles de notre pensée occidentale sont inaptes à intégrer les observations provenant de sources inhabituelles. Le psychiatre américain Stanislas Grof (2), dont les travaux ont éclairé d'un jour nouveau les connaissances sur la psyché humaine, fait remarquer que de nombreux scientifiques et professionnels de la santé mentale ayant l'esprit ouvert, ont pris conscience du fait qu'il existe un fossé entre la psychologie et la psychiatrie contemporaines, et les grandes traditions spirituelles antiques et orientales, comme le yoga, le shivaïsme, le vajrayana tibétain, le taoïsme, le bouddhisme zen, le soufisme, la kabbale ou l'alchimie. La richesse des connaissances concernant la psyché humaine, accumulées depuis des millénaires par ces systèmes de pensée, n'a pas jusqu'à présent été appréciée à sa juste valeur par notre science occidentale.

Au fil du cheminement qui mène vers l'éveil de la conscience, certains tombent dans l'extrême. La méthode qu'ils ont choisie leur apparaît alors comme l'outil idéal, et tous les autres systèmes s'en trouvent dévalorisés. Heureusement, ils s'aperçoivent bien vite qu'aucun système n'est réellement universel et que toutes ces techniques amènent à la même conclusion : la vérité est Une, mais les chemins

(1) Nous reviendrons plus en détail sur les nouveaux physiciens et sur leurs travaux dans le chapitre V.

(2) « Psychologie transpersonnelle », Ed. du Rocher.

qui y mènent sont multiples. Parallèlement, les travaux de Charles Tart sur les états altérés de conscience montrent que le problème de la conscience n'est pas unitaire, mais doit englober tous les états spécifiques. Bien qu'il n'y ait aucune nomenclature standard, toute théorie complète de la conscience doit tenir compte d'une grande variété d'états de conscience (sensation, perception, intuition, conscience de soi, conscience transpersonnelle, etc.).

Dès le début des années 60, des chercheurs isolés cherchèrent à recréer des états permettant de s'élever au-delà de la conscience quotidienne. Il y eut de nombreuses expériences recourant à l'hypnose, puis à la privation sensorielle (1), ainsi qu'à des techniques de sophrologie basées sur le contrôle volontaire des états internes, le biofeedback ou l'acupuncture. Tous ces modèles ont apporté plus de questions que de réponses, questions auxquelles la science actuelle n'est pas encore en mesure d'apporter des réponses satisfaisantes.

Des expériences du même type ont été induites dans le cadre des psychothérapies modernes comme l'analyse nouvelle, la psychosynthèse, les approches reichiennes, la Gestalt, les formes modifiées de thérapies primales, l'imagerie guidée avec musique, le rolfing, les techniques de renaissance, et enfin les régressions dans les vies passées.

La technique d'intégration holonomique, développée par Stanislas Grof et sa femme Christina, est une approche associant la respiration contrôlée, la musique évocatrice, et le travail sur le corps. Cette technique permet d'induire un large spectre d'expérience qui coïncide parfaitement avec le spectre des expériences psychédéliques. Il est aujourd'hui particulièrement difficile d'ignorer et de nier les données de nombreuses expériences, uniquement parce qu'elles sont incompatibles avec notre système de pensée...

De leur côté, les scientifiques renommés comme Rhine, Eisenbud, Elmer et Alice Green, Russel Targ, Harold Puthoff, Stanley Krippner ont accumulé nombre de travaux suggérant fortement l'existence de la télépathie, de la clairvoyance, de la projection astrale, de la vision à distance, de la guérison psychique et de la psychokinèse.

(1) Notamment avec le Dr John Lilly, qui a mis au point le premier caisson à isolation sensorielle, qui fait fureur aujourd'hui.

Toutes ces découvertes amènent à une nouvelle vision et compréhension du monde.

Au Stanford Research Institute, en Californie, un physicien et un psychologue, Targ et Harary, ont effectué plusieurs centaines d'expériences sur les phénomènes de vision à distance, de télépathie et de prémonition. Ils ont ainsi réussi à démontrer que le fonctionnement « psy » est un processus réel et normal, que l'on peut comprendre à partir de son expérience personnelle, et de la recherche scientifique (1). Et dans les pays de l'Est, les autorités jouent, avec beaucoup de sérieux, la carte des pouvoirs psychiques (2).

Mais la peur de savoir, de découvrir, et donc d'agir, est enfouie au plus profond de nous, car chaque nouvelle découverte remet en cause notre système de croyances, notre idéologie, et notre compréhension de ce que nous croyions être la vraie nature de la réalité. Les nouvelles découvertes révèlent des aspects de la nature extrêmement vastes, mais que nous pouvons cependant appréhender. « Des découvertes émanant de divers domaines de la science, écrit encore Marylin Ferguson (recherches sur le cerveau, physique, biologie moléculaire, étude de l'apprentissage et de la conscience, anthropologie, physiologie, etc.) convergent dans leurs approches révolutionnaires. Et pourtant, le tableau qui s'esquisse est loin de nous être familier. Les nouvelles provenant du front de la science ne sont habituellement divulguées qu'à travers les médias hautement spécialisés, et parviennent au public dénaturées. Ce sont des informations qui, pourtant, nous concernent tous, et qu'il faut répandre, et non classer dans les dossiers » (3).

Ainsi, sur le phénomène de la réincarnation et sur le concept des vies antérieures, beaucoup de découvertes ont été effectuées, mais peu d'information circule. Néanmoins un mouvement de plus en plus important se fait dans la compréhension et l'analyse de ce concept. Bien que l'être humain semble présenter une capacité innée pour les expériences situées au-delà de l'univers des cinq sens,

(1) Targ et Harary, « L'énergie de l'esprit », Ed. Flammarion.

(2) Stanley Krippner, « Les pouvoirs psychiques de l'homme », Ed. du Rocher.

(3) *Op. cit.*

jamais auparavant une telle capacité n'a été explorée par un si grand nombre d'individus.

La perception élargie

Mes propres réflexions sur les états de conscience, les nombreuses déductions qui en découlèrent, et l'observation de nombreux cas sur le terrain, m'ont amené à penser que notre vision occidentale actuelle de la réalité, et de la structure bioénergétique de l'être humain, est superficielle, incomplète et erronée. Les paramètres des états modifiés de conscience démontrent que des « séquences » spectaculaires peuvent être vécues et expérimentées avec une intensité, une réalité, une vérité, une intensité sensorielle qui dépassent largement celles de la perception normale. Ces « séquences » ont une qualité multidimensionnelle et multitemporelle, et en comparaison, le vécu de notre quotidien dans le monde tridimensionnel paraît sélectionné arbitrairement dans un continuum complexe de possibilités infinies.

Dans certaines séquences on dispose d'une vision à 360°, quand on n'est pas l'objet d'une vision quadri, voire quintidimensionnelle. Il est possible d'observer quelque chose simultanément suivant des axes et des angles différents. Et cette vision élargie est complètement maîtrisée par le sujet : il m'arrive parfois de demander aux participants que je guide dans leur passé de provoquer eux-mêmes un effet de zoom, pour pénétrer dans un objet ou un lieu précis, ou au contraire s'en éloigner. On peut donc varier la focale ou faire sa mise au point comme avec un appareil photo, sur l'un ou l'autre niveau du continuum dans lequel on se trouve.

L'une des caractéristiques essentielles des états d'expansion de la conscience, nous l'avons vu, est la transcendance de l'espace-temps. Des scènes appartenant à des époques différentes, et donc pour nous séparées sur le plan temporel, arrivent alors à se dérouler en même temps pour l'observateur. Ainsi, lorsqu'un sujet a vécu quelque chose de traumatisant dans une de ses vies passées, je lui fais construire un pont temporel entre passé et présent. Il est alors à même de se concentrer sur les deux époques en même temps. Il perçoit ses vies de manière alternative, et peut ainsi découvrir entre elles des relations significatives.

Les schémas du passé, récent ou lointain, parfois même des scénarios planétaires du futur, peuvent être vécus dans le cadre des états spéciaux d'éveil. Il est même possible de ralentir le temps ou de l'accélérer, de prendre du recul par rapport à lui ou de le transcender totalement. Le temps acquiert alors des caractéristiques et une dimension d'espace. Le passé, le présent et le futur se juxtaposent, et coexistent dans l'instant présent.

Lors de la projection de conscience dans d'autres univers, ou dans des mondes spirituels qui se situent dans une fréquence vibratoire différente, le sujet arrive à percevoir des mondes ayant quatre dimensions, voire cinq ou même davantage. La matière elle-même est transcendée, et l'univers solide n'est plus qu'un modèle énergétique, une danse vibratoire à laquelle se mêle un jeu de conscience. Certains sujets, très ancrés dans le rationnel et le matériel, découvrent, lorsqu'ils sont amenés à faire ce type de voyages, que la matière n'est plus le fondement de l'existence et que la conscience est un principe indépendant. Dans la majeure partie des cas, ils acceptent ces nouveaux concepts, qui deviennent pour eux une nouvelle réalité. Les constatations liées au contenu de ces expériences constituent un défi critique au modèle cartésien. L'explication fait défaut la plupart du temps, en raison du manque d'information, et si l'on maintient les postulats de la science actuelle, l'explication devient inimaginable. Pourtant, toutes les traditions antiques orientales offrent des modèles conceptuels qui permettent la compréhension de ces phénomènes. C'est pourquoi il est indispensable, à mon sens, que scientifiques et mystiques arrivent à faire converger ces deux modes de pensée : l'ouverture spirituelle orientale, et la tradition scientifique occidentale. Ainsi, de la vision mécaniste de l'univers, nous pourrons passer à une vision holistique, globale, totale.

Pour certains chercheurs, la conscience ne provient pas du système nerveux central, et n'est pas limitée aux êtres humains : c'est une caractéristique primaire de l'existence. « Et le fait que les expériences transpersonnelles donnent accès à une information précise sur certains aspects de l'univers précédemment inconnu du sujet, écrit Stanislas

Grof (1), justifie à lui seul une révision fondamentale de nos concepts relatifs à la nature de notre réalité, et à la relation entre conscience et matière. »

L'étude des nombreux phénomènes que l'on rencontre dans ces états spéciaux d'éveil amène à la conclusion que la vision mécaniste du monde devient indéfendable en tant que concept philosophique sérieux. La science mécaniste a tenté d'expliquer l'univers à travers ses lumières, mais elle n'a rien réussi à expliquer réellement de cette manière. En fait, il n'y a que deux manières d'aborder ces phénomènes : soit en se posant des questions à leur sujet, soit en les rejetant systématiquement et en s'accrochant à un acquis dépassé et inadapté. « La vision mécaniste est désormais considérée comme un système utile sur le plan pragmatique, écrit encore Stanislas Grof (2), mais simpliste, superficiel et arbitraire en ce qui concerne l'organisation de l'existence humaine. » Dans cette nouvelle vision de la réalité, le corps devient une manifestation de la conscience. Le corps est matière, la matière est énergie, et l'énergie c'est la conscience. Dans l'étape ultime du yoga, le samadhi, qui implique la transcendance totale de soi, l'être se dissout jusqu'à ce que disparaisse la dernière relation qui pourrait subsister avec le moi. *Si l'on ne s'oppose à rien, rien ne s'oppose à nous. Si l'on considère le corps comme une prison pour l'esprit, alors il le sera.*

Il est tout à fait fascinant d'envisager que le corps ne soit qu'une manifestation de la conscience : on devient créateur de son univers et de son propre mode de pensée, par la prise en main de son libre choix, et du contrôle de sa destinée. Nombreux sont ceux qui étouffent dans la carapace et le mode de pensée qu'ils se sont eux-mêmes fabriqués. Leur vie se déroule à l'intérieur de ce mode de pensée, depuis lequel se fait la structuration de la société. Ronald Laing, le père de l'anti-psychiatrie, dit très justement : « On dit du schizophrène que c'est un malade qui ne sait pas s'adapter à une société saine. Je croirais plutôt que c'est un individu en bonne santé, qui ne peut s'adapter à une société malade. » Il existe actuellement divers courants psychanalytiques qui tendent à transcender l'univers physique, mais

(1) *Op. cit.*
(2) *Op. cit.*

il ne faut pas oublier que la psychanalyse n'œuvre qu'au niveau du monde psychologique, du monde des émotions, ce qui, à mon avis, est insuffisant pour atteindre vraiment les profondeurs de l'être. Bien sûr, l'état mental et la souffrance morale de certaines personnes impliquent un recours à une forme de thérapie « psy ». Mais si, parallèlement, elles apprenaient à donner de l'expansion à leur conscience, elles auraient encore plus de chance d'arriver à régler efficacement leurs combats intérieurs.

Si l'on pousse encore le raisonnement, on s'aperçoit que la maladie physique n'est rien d'autre qu'une réponse à une situation donnée : bien des maux physiques trouvent leurs racines dans un mauvais comportement de la mère pendant la grossesse, ou dans un traumatisme de la petite enfance, quand ce n'est pas plus loin encore dans le passé, au cours d'une existence précédente. La maîtrise des « états supérieurs de conscience » se présente donc comme une solution pour l'individu à bien des niveaux. Pourtant, tous les hommes ne sont pas égaux face à l'illumination. « L'oriental et l'occidental qui vivent une expérience transcendante sont tous deux illuminés, écrit Elise Pouliot (1). Le premier sera entouré, aidé et deviendra sage, alors que le second risque de se retrouver en clinique psychiatrique. Il faudra que la psychiatrie occidentale prenne connaissance de cette énergie et des besoins créés chez la personne qui expérimente ces phénomènes. L'être tout entier doit être régénéré. A quoi servirait de changer le filtre à huile d'une voiture, si l'on ne changeait pas l'huile remplie d'impuretés en même temps? Nous vivons l'ère de l'instantané. On détruit les symptômes mais on ne détruit pas la cause. On endort le système d'alarme, et on laisse les problèmes prendre de l'ampleur dans le silence. Néanmoins, de plus en plus de médecins et de professionnels de la santé mentale et physique apprennent à respecter l'individu, en le prenant comme une entité globale, et non plus comme des organes pris séparément. » Lorsqu'un participant commence à pénétrer, à travers la relaxation de son corps, dans un état d'expansion de la conscience, il n'y a derrière ses yeux clos que du noir, éclairé de mouvances, de brillances, de points qui s'assemblent et se défont. Mais peu

(1) « Au-delà de l'intelligence humaine », Ed. De l'Homme.

a peu ce noir s'éclaircit, pour céder la place à des couleurs, des images, des perceptions, pour déboucher sur des modèles énergétiques tout à fait constitués. Le champ visuel devient alors riche et animé. L'individu perçoit des formes géométriques, architecturales, kaléïdoscopiques, des figures évoquant des mandalas, des arabesques. C'est comme une architecture qui se construit peu à peu : les images deviennent plus nettes Il faut alors dépasser les pièges tendus sur le chemin par notre mental : la tentation de « voir » avec les yeux spirituels comme on voit avec les yeux physiques, puis celle de croire à l'illusion de l'imagination. Mais au bout de ce chemin, il y a, enfin, la perception de la vraie nature de la réalité.

Graf Durkheim, un psychothérapeute allemand, a beaucoup écrit sur ces sujets (1). Il raconte notamment une expérience, qu'il a eue en 1918, et durant laquelle il se trouva en face de la vraie nature de la réalité : « Et soudain, cela arriva... J'écoutais, et l'éclair me traversa... Le voile se déchira, j'étais éveillé. Je venais de faire l'expérience de " cela ". Tout existait et n'existait pas, ce monde, et à travers lui la percée d'une autre réalité. Moi-même, j'existais et je n'existais pas, j'étais saisi dans l'enchantement, ailleurs et pourtant bien là, heureux et privé de sentiments, très loin et en même temps profondément enraciné dans les choses. Toute la réalité qui m'entourait était tout à coup formée de deux pôles : l'un était le visible immédiat, et l'autre un invisible qui était, au fond, l'essence de ce que je voyais. Je voyais vraiment l'Etre. Je voyais l'Etre dans l'Etant. Et cela m'a si profondément touché que j'avais l'impression de ne plus être tout à fait moi-même. Je sentais que j'étais rempli d'une chose extraordinaire, immense, qui me remplissait de joie, et en même temps me plongeait dans un grand silence. Je restai à peu près vingt-quatre heures dans cet état. Il y avait là tout à coup une autre réalité angélique, qui m'entoura à partir de ce moment-là. »

Plus le temps passe, plus les états spéciaux d'éveil sont expérimentés par un grand nombre de personnes, et plus les écrits abondent sur le sujet. C'est très bien, mais il ne faut pas oublier ce que dit le maître zen : « ouvrir la

(1) Ses principaux ouvrages sont parus au « Courrier du Livre ».

bouche, c'est déjà dire un mensonge. Car seul le silence contient la vérité. L'expérience de la transcendance, c'est l'illumination de l'esprit ».

Si nous voulons vraiment contrôler notre destinée, nous sommes obligés d'en passer par l'expérience de la réalité transcendante. Notre vision mécaniste nous confine dans l'univers pétrifié des concepts et des pensées, qui nous maintient hors de la réalité, loin de la nature réelle de toutes choses. L'individu tourne alors le dos à sa patrie originelle, et se retrouve exilé. La mort lui apparaît dès lors comme une réponse effrayante, et celui qui vit à l'abri de ses propres sécurités n'y trouve aucun réconfort, ni aucune réponse à ses multiples questions. Très tôt, à l'école, tout est organisé. L'enfant ne jouit d'aucune liberté créatrice. Le petit enfant trop lent, rêveur, qui se penche sur son travail d'une manière presque méditative, n'a aucune chance. Seule la grosse tête bien remplie semble digne d'intérêt. La formation universitaire ne donne, tout au long des années, aucun cours sur l'être humain. Tout vise le corps ou la pensée. La plupart des médecins basent leur savoir sur une physiologie, tout au plus sur une psychologie. Certains neuro-chirurgiens disent même : « Au cours des opérations, nous n'avons jamais rencontré une âme ! » Et, comme l'écrit Jean-Pierre Changeux, un célèbre neuro-biologiste : « L'homme neuronal que nous sommes fait fonctionner son cerveau de façon si élaborée que non seulement les cellules nerveuses, les neurones, mais aussi des groupes désassemblés, des populations entières de ces cellules, peuvent se mettre en résonance ou en dissonance les unes par rapport aux autres. (...) Il nous suffit de dire que la conscience est ce système de régulation en fonctionnement. L'homme n'a, dès lors, plus rien à faire de l'esprit, il lui suffit d'être un " homme neuronal " (1). »

Voilà incontestablement une vision très rassurante pour la science mécaniste, mais totalement dépassée pour une vision nouvelle de la nature de l'être humain. Mais l'homme se sent à l'aise lorsqu'il a l'impression de maîtriser les faits grâce à ce qu'on lui a enseigné, grâce à ses connaissances. En reconnaissant son ignorance, il doit remettre en question son sentiment de sécurité, issu préci-

(1) « L'homme neuronal », Ed. Fayard.

sément de ces connaissances. En revanche, s'il affirme son incompréhension face à la vraie nature de la réalité, il trouve enfin l'occasion d'approfondir et d'élargir ses relations avec l'univers qui l'entoure. Chacun de nous utilise ses connaissances et ses interprétations pour asseoir sa position sur les autres. Nous recherchons la connaissance et la croissance, dans l'espoir de vaincre l'ignorance et la croissance, dans l'espoir de vaincre l'ignorance et l'insécurité, au lieu de tenter d'acquérir une sécurité plus dynamique, celle de la sagesse et de l'évolution.

Vers quoi nous mènent tous ces concepts ?

En 1938, le président Roosevelt réunit à la Maison-Blanche les scientifiques les plus brillants de son époque, afin qu'ils l'aident à envisager l'avenir de la société, et les nouvelles découvertes auxquelles le monde devrait s'adapter dans les décennies à venir. Au bout de trois jours d'intenses réflexions, ces hommes ne parvinrent à prévoir ni la puissance de l'atome, ni le radar, ni les fusées, ni les avions à réaction, ni le développement inimaginable de l'informatique, le laser, la pénicilline, autant d'inventions qui devaient voir le jour quelques années plus tard à peine. Bien sûr, ils étaient au courant des recherches menées dans ces domaines, mais ils ne pouvaient croire que leurs applications pratiques verraient si rapidement le jour.

De même aujourd'hui ne savons-nous pas ce que sera le monde, l'évolution de la pensée, et la science de la conscience, d'ici à l'an 2000.

Le sociologue Willis Harman, président de l'Institut des Sciences Noétiques, à Menlo Park en Californie (1), disait, au colloque de Washington (2) : « Les développements conceptuels récents dans les sciences des relations cerveau-mental, rejettent le réductionnisme et le déterminisme matérialiste, et rejettent aussi d'autre part les théories dualistes, laissant place à une approche rationnelle du

(1) Cet institut a été fondé par l'ancien astronaute E. Mitchell, à son retour de mission.

(2) « Imaginaire et Réalité », compte rendu du colloque de Washington, Ed. Albin Michel.

choix des valeurs. Le fait que le monde occidental ait négligé la science complémentaire de l'expérience intérieure, a eu de sérieuses conséquences et a conduit à quelques confusions concernant les valeurs. Car c'est finalement dans ce domaine de la subjectivité, du transcendant, et du spirituel, que toutes les sociétés ont trouvé les bases les plus profondes de leurs engagements concernant les valeurs et la signification qu'elles donnent à la vie. Des scientifiques de grande notoriété, comme le neuro-physiologiste Robert Sperry, le physicien David Bohm, et le biologiste Rupert Sheldrake ont commencé à émettre des affirmations qui auraient été classées comme " hérésies " il y a seulement une dizaine d'années. Ils ont soutenu qu'il y avait dans la réalité des aspects non mesurables, non physiques, qu'il fallait prendre en compte car ils font partie de l'expérience humaine, non pas seulement de l'expérience de nos sens physiques, mais aussi de l'expérience d'une profonde intuition, résultant parfois d'états différents de conscience. (...) Et la question qui a troublé les scientifiques il y a un siècle — " est-ce que le mental existe, puisqu'il ne peut être mesuré ? " — semble aujourd'hui étrangement anachronique. (...) La science mécaniste a tendance à interpréter les caractéristiques de la recherche subjective, et des états de conscience, comme une preuve de la non-existence de ces phénomènes. Elle invoque généralement le manque d'objectivité et de répétitivité. Cependant, dès que l'on accepte la possibilité, pour l'esprit d'une personne, d'affecter son environnement à distance, alors il devient clair que l'état d'esprit de l'expérimentateur peut aussi effectuer les résultats d'une expérience, de telle sorte qu'une stricte objectivité est impossible. (...) Il est bien connu que les êtres humains affectent des choix à des niveaux conscients. » Ainsi, des recherches récentes tendent à démontrer que dans le cancer par exemple, le malade a généré sa propre maladie à un moment ou à un autre de son existence, en fonction de divers paramètres. Des choix inconscients aussi bien que conscients entrent en ligne de compte. Une personne peut avoir un désir à un niveau conscient, et le désir contraire à un niveau inconscient, et nous savons aujourd'hui que l'inconscient joue un rôle important dans notre vie de tous les jours.

Depuis notre prime enfance, nous sommes soumis à un

ensemble complexe de suggestions, provenant de nos parents, de notre entourage, de notre environnement socio-professionnel. Et toutes ces suggestions nous ont appris non pas comment EST le monde, mais comment nous DEVONS le percevoir. « Ainsi, écrit encore Willis Harmann (1) chacun de nous est généralement hypnotisé depuis son enfance, de manière à percevoir le monde de la façon dont les gens de notre culture le perçoivent. Dans le monde moderne, cette "hypnose culturelle " nous amène même à faire l'expérience d'un monde dans lequel les lois scientifiques sont inviolables, alors que dans d'autres cultures, les violations de ces lois sont relativement communes. (...) Dans certaines sociétés dites " primitives ", il est courant d'atteindre un état de conscience tel qu'on peut marcher pieds nus sur un lit de charbons rougeoyants, alors que dans nos sociétés modernes occidentales, un grand scepticisme accueille généralement les " fables " rapportant de tels phénomènes. »

La plupart des êtres humains vivent dans cette hypnose culturelle, notion parfaitement illustrée par cette petite histoire zen : « Nan-In, un maître japonais du XIXe siècle, reçut un jour en visite un professeur d'université américaine, qui désirait s'informer à propos du Zen. Pendant que Nan-In, silencieusement, préparait le thé, le professeur étalait à loisir ses propres philosophies et ses propres vues. Lorsque le thé fut prêt, Nan-In se mit à verser le breuvage brûlant dans la tasse de son visiteur, tout doucement. L'homme parlait toujours. Et Nan-In continua à verser le thé jusqu'à ce que la tasse débordât. Alarmé à la vue du thé qui se répandait sur la table, ruinant la cérémonie immaculée, le professeur s'exclama : " Mais la tasse est pleine !... Elle n'en contiendra pas plus ! " Tranquillement, Nan-In répondit : " Vous êtes comme cette tasse, déjà plein de vos propres opinions et spéculations. Comment pourrais-je vous parler du Zen, si vous ne commencez pas par vous vider ?... "

Joseph Chilton Pearce, lui (2) développe l'idée que la culture émerge comme un méta-programme dominant

(1) *Op. cit.*

(2) « Exploring the crack in the cosmis egg » (l'exploration de la fêlure dans l'œuf cosmique), Ed. WSP Simon and Chuster.

dans notre organisme. Une fois que ce méta-programme est devenu dominant, il façonne notre expérience de la réalité d'une manière arbitraire. Lorsque ce méta-programme dépasse notre cadre conceptuel, il devient notre seul mode d'interaction avec la réalité. A partir de ce moment-là le système en vigueur, en l'occurrence pour nous le système culturel occidental, devient notre seule expérience de la réalité. A travers tous les récits de ceux qui ont vécu des expériences mystiques, nous nous rendons compte que la plupart des problèmes attribués à la nature humaine sont des résultats artificiels d'un conditionnement culturel effréné. »

Au cours des dernières années, les études sur les phénomènes résultant d'états altérés de conscience ont obtenu des résultats positifs, des deux côtés du rideau de fer. Au cours de leurs recherches « psi », Targ et Harari (1) ont pensé qu'il était possible d''améliorer la fonction « psy », soit en augmentant le signal psychique, soit en réduisant le bruit mental produit par la culture, la mémoire et l'imagination. Ils ont ainsi expliqué à des clairvoyants et à des médiums comment la mémoire et l'imagination créent du bruit dans le canal psychique. Ainsi, plus leurs images sont brutes, libres de toute association et de toute analyse, plus ces clairvoyants ont des chances qu'elles soient précises. On sait depuis longtemps que certains yogis arrivent à contrôler mentalement les processus de leur corps (battements de cœur, flux sanguin, respiration, etc.). La science officielle a longtemps traité cela avec un scepticisme consternant, jusqu'au jour où l'arrivée de disciplines comme le biofeedback ou la sophrologie l'a obligée à revoir ses positions. En effet, ces disciplines ont montré que chacun de nous a potentiellement beaucoup plus de possibilités d'action sur son propre corps qu'il ne le croyait auparavant.

Willis Harmann (2) note également un phénomène intéressant : la culture populaire américaine, et de plus en plus aujourd'hui française, s'est adaptée à une vision du monde qui, au fil des ans, s'ouvre volontiers sur le second type de science, la science complémentaire, plus ouverte. Il suffit de voir quels sont les ouvrages qui connaissent le plus grand et

(1) *Op. cit.*
(2) *Op. cit.*

le plus régulier succès en librairie pour en être convaincu. Il semble que ce mouvement culturel soit en avance sur le nouveau savoir scientifique, ce qui contraste beaucoup avec ce que l'on constate en étudiant l'évolution des sciences et leur histoire. En effet, les découvertes scientifiques ont toujours précédé les croyances et les valeurs populaires, qui n'ont été influencées que plus tard par ces résultats. Pourtant aujourd'hui, un nombre sans cesse croissant de chercheurs savent parfaitement que la science s'ouvre vers d'autres horizons, et que ce mouvement irréversible la dirige tout droit vers les recherches sur les états de conscience, la structure du mental, la structure énergétique de l'être humain, et son interaction avec la matière.

Jean Lerede, chargé de cours en psychologie à l'Université de Montréal, disait au colloque de Washington . « L'initiation met l'être humain en communication avec les zones les plus intimes de l'inconscient. En fait, ceci peut tout à fait être appliqué à la découverte d'autres états de l'Etre. Il y a alors élévation de soi-même, et l'être humain se soustrait à la sensation de ses cinq sens physiques, et à « l'asservissement neurologique au monde extérieur ». Il y a libération de l'état d'hypnose dans lequel le plonge la fascination et monde extérieur. »

Ainsi, la prise de conscience de l'éveil de la vie de l'âme, le contact avec sa propre conscience supérieure ouvre l'individu et le libère de l'hypnose culturelle dans laquelle il est enfermé. Et Jean Lerède ajoute : « La réalité est Une et globale, ni matérielle ni spirituelle, et n'a de sens qu'en situation, lorsqu'elle exprime le vécu de l'être humain.

Une réalité tissée de matière et d'esprit, de science et d'imaginaire, de raison et d'intuition, réconciliés enfin dans une race sur qui, comme jamais dans l'histoire, plane la menace d'une destruction. »

L'étude de tous les concepts relatifs aux états supérieurs de conscience est, peut-être, une solution à ce danger-là. Mais il faut se dépêcher, car comme le disait en 1979 Aurélio Pecci, le fondateur du club de Rome, « il nous reste moins de dix ans pour sauver le monde ».

CHAPITRE V

LES ÉTATS SUPÉRIEURS DE CONSCIENCE ET LA SCIENCE

Le concept de réincarnation s'inscrit dans le contexte beaucoup plus vaste des états supérieurs de conscience. Au cours de l'évolution de notre société occidentale, matérialiste et rationnelle, cette notion s'est peu à peu dissipée, jusqu'à devenir aussi ténue qu'un fil d'Ariane usé par le temps. Tout évolue en permanence dans notre univers, et rien aujourd'hui n'est exactement identique à ce qu'il était hier. Pourtant l'homme, à son échelle temporelle, ne perçoit pas toujours ces changements. Il s'accroche à une stabilité illusoire, tentant de réduire ce qui l'entoure à une gigantesque machine, vision mécaniste qui satisfait son désir d'enracinement dans une réalité accessible à ses sens.

Pourtant, de tout temps, des chercheurs à la conscience aiguisée ont tenté de dérouler ce fil impalpable, faisant avancer la science par bonds successifs, presque par sursauts douloureux tant ces scientifiques marginaux ont été, et sont encore, en butte à la désapprobation de certains de leurs pairs. Ce furent Galilée et Copernic en leur temps. Ce sont aujourd'hui des physiciens, des biologistes, des mathématiciens qui, soucieux de se rapprocher d'une vision plus exacte de l'univers qui nous entoure, bouleversent les données de la science « ordinaire ». Au bout de leurs recherches, il y a souvent la découverte d'une réalité qui leur échappe toujours davantage, comme si le monde où nous vivons n'était qu'illusion, que « maya » comme le disent les traditions orientales depuis des millénaires.

La conscience devient dès lors une des données essentielles de la science, et l'observation objective n'existe plus. La transcendance de la conscience n'est plus une idée saugrenue germée en des cerveaux plus ou moins mystiques, mais une façon de se rapprocher d'une vision plus exacte de cette réalité qui nous échappe.

Nous sommes aujourd'hui dans une période de profonds changements, et le monde scientifique n'y échappe pas. Mais curieusement, au bout des changements, il y a convergence vers une science globale, holistique, qui place l'homme en interdépendance vis-à-vis de tout ce qui l'entoure. Comme si, enfin, il prenait véritablement sa place dans l'univers.

Les raisons du changement

Depuis l'origine des temps, l'univers qui nous entoure, ainsi que tous ses paramètres, sont en constante évolution. « Cette évolution macroscopique, universelle, galactique, passe par des courbes ascendantes, mais aussi descendantes, écrit le physicien Fritjof Capra (1). L'étude de l'histoire révèle la manière dont toute civilisation semble traverser des processus cycliques : genèse, croissance, apogée, décadence et mort. Toynbee (2) avance que la genèse d'une civilisation est due à un défi que relève un groupe face à l'environnement naturel, social ou psychologique, provoquant ainsi une réponse créative qui l'amènera à induire un nouveau processus de civilisation. »

D'autres recherches démontrent que la naissance d'une civilisation est déclenchée par un savoir ou une connaissance, transmis par une race sur son déclin, parfois après la phase de désintégration finale.

« Ces pulsations cycliques, écrit encore Fritjof Capra (3), semblent liées à des processus de fluctuation, observés à

(1) « Le temps du changement », Ed. du Rocher.

(2) L'historien Arnold Toynbee dit, dès 1935, qu'une minorité « se tournant vers le monde intérieur de la psyché » pourrait inciter à la vision d'un nouvel art de vivre pour notre civilisation troublée. Il prédit aussi que le développement le plus significatif de notre époque pourrait être l'influence de la pensée orientale sur l'Occident (Marylin Ferguson, « Les enfants du verseau »).

(3) *Op. cit.*

travers les âges, et considérés de tout temps comme l'une des dynamiques fondamentales de l'univers. »

Après avoir atteint leur apogée, les civilisations tendent donc à perdre leur élan vital et à décliner. Les structures deviennent rigides, au point que la société ne peut plus faire face aux changements incessants provoqués par la loi universelle d'évolution. Le système « défi-réponse », qui représente la santé créative d'une race, disparaît peu à peu, faisant place à des modèles sociaux et environnementaux contraignants et restrictifs... L'élite perd son allant et son dynamisme, tandis que la démotivation et la peur du lendemain fleurissent dans les couches inférieures de la société. Dans leurs processus de dégénérescence, les civilisations oublient peu à peu les vérités fondamentales qui firent leur force de jadis. Le voile de l'oubli s'étale sur la mémoire de l'élite, et le processus de désagrégation final est engagé. La civilisation perd son âme, et éclate aux quatre coins de l'éternité, à moins qu'elle ne soit dissoute par le dynamisme conquérant d'une autre race, alors au faîte de sa gloire. Il ne reste plus que les écrits, les monuments abandonnés, les traditions orales. Parfois même il ne reste plus rien. Dans le premier cas, ce sont les Sumériens, les Egyptiens, les Grecs ou les Aztèques, et d'un certain point de vue les Indiens d'Amérique du Nord. Dans le second cas, ce sont les Celtes dont il ne reste plus que des bribes de savoir, ou le continent mythique de l'Atlantide, dont nous ne savons même plus aujourd'hui s'il a réellement existé.

Toutefois, durant le processus de déclin, des minorités créatives apparaissent, qui tentent de ranimer le souffle créateur éteint. Elles élèvent alors un modèle rigide et figé, dû à des idées fixes et à des schémas de comportement restrictifs. Certaines de ces tentatives s'effondrent : encore proches de nous, ce sont les Templiers, ou dans le système religieux les Cathares. D'autres groupes survivent, et sont alors à même de transformer les anciens éléments en une nouvelle configuration. Ainsi, le processus de l'évolution continue sous une autre forme, et avec de nouveaux acteurs. La sagesse chinoise a parfaitement compris la nature cyclique du mouvement, en introduisant les pôles opposés du Yin et du Yang. « Ce sont les deux pôles qui assignent les limites des cycles de changement. Le principe taoïste du Yin et du Yang suggère avec beaucoup de force un mouvement cyclique perpétuel, et le sage Kuei Ku Tzu énonçait, au IVe siècle : " le yang retourne cycliquement à ses débuts, le yin parvient à son maximum, et laisse place au yang (1) "

L'évolution de la nature cyclique « naissance-désagrégation » des civilisations qui jalonnent le passé, semble parfaitement s'appliquer à notre monde d'aujourd'hui. En examinant le changement des valeurs culturelles, sociales, économiques et politiques, il apparaît que nous sommes dans une phase critique de transition. Les signes avant-coureurs d'une telle transformation se sont manifestés dès la Renaissance. Ils n'ont cessé de se renforcer tout au long des XVIIIe et XIXe siècles, à travers une multitude de concepts entièrement nouveaux concernant la nature de l'être humain, et de son environnement. Ce mouvement dynamique s'est encore accentué durant la première moitié du XXe siècle, pour atteindre, au début des années 60 une accélération sans précédent. Ceci nous amène directement à la crise actuelle de nos valeurs, crise liée aux changements fondamentaux qui sont survenus dans notre environnement naturel et social.

Cette crise repose sur la conjonction de plusieurs types de transitions, ainsi définies par Fritjof Capra dans son analyse (1) : « La première, et peut-être la plus profonde, est due au lent mais inévitable déclin du patriarcat. La puissance du patriarcat est difficilement compréhensible, compte tenu de son universalité. Il a influencé nos idées les plus élémentaires quant à la nature humaine et à notre relation avec l'univers. Or, le mouvement féministe est l'un des courants culturels de notre époque, et il aura des répercussions profondes sur notre évolution future. La seconde transition nous sera imposée par le déclin des combustibles fossiles-charbon, pétrole et gaz naturel. Ce passage impliquera des changements radicaux dans nos systèmes économiques, politiques et socio-culturels. La troisième transition est, elle aussi, liée à des valeurs culturelles. Elle implique ce que l'on appelle souvent un changement de paradigme (2), une mutation profonde des

(1) Fritjof Capra, *op. cit.*

(2) Paradigme : du grec « paradeigma », exemple. Ce terme fut introduit pour la première fois par l'historien des sciences et philosophe Thomas Kuhn, en 1962, dans son livre « La structure des révolutions scientifiques ».

pensées, des perceptions et des valeurs qui constituent une vision particulière de la réalité. Le paradigme dont nous nous écartons actuellement a dominé notre culture pendant des millénaires, au cours desquels il a façonné notre société occidentale moderne, et a influencé de manière décisive le reste du monde. Il implique la croyance en la méthode scientifique, comme la seule approche de la connaissance, la conviction que l'univers est un système mécanique composé de parcelles matérielles élémentaires, et enfin l'idée que la vie en société est une lutte compétitive pour l'existence, ainsi que la foi en un progrès matériel illimité. Durant les dernières décennies, toutes ces idées, toutes ces valeurs se sont avérées très limitées. Aujourd'hui, elles nécessitent une révision radicale ».

Le docteur Léo Sprinkle, lui (1), pense que « nous sommes confrontés à un challenge très important : comprendre les implications physiques, biologiques, psychosociales et spirituelles de la fin d'un âge, et du début d'un nouvel âge ». La vision mécaniste de la science est complètement transcendée, et nos plus brillants esprits sont complètement dépassés devant l'avalanche de nouveaux concepts, de nouvelles idées, de nouvelles technologies, et d'approches nouvelles de l'univers qui se déversent dans l'esprit humain.

L'être humain, tel l'arbre qui tire sa nourriture aussi bien de ses racines que de ses feuilles, doit être en mesure de tirer la substance vitale qui lui permet d'avancer sans heurt dans ce déplacement spatio-temporel qu'est la vie, tant du haut que du bas, tant des énergies qui proviennent de la terre que de celles qui proviennent de l'univers. A son époque, Nietzsche considérait l'homme lui-même comme un pont entre deux mondes. Or, ce qu'il y a justement de grand dans l'être humain, c'est qu'il est un pont et non un but, un passage et non un déclin. Les études récentes du chimiste James Lavelock et de la microbiologiste Lynn Margulis semblent démontrer que la planète réagit à la manière d'un être vivant. Cette hypothèse a reçu le nom de Gaïa, du nom de la déesse grecque de la terre. La science moderne semble, une fois de plus, confirmer les visions des

(1) Léo Sprinkle était professeur de psychologie à l'Université du Wyoming à la fin des années 70.

shamans de toutes les traditions, et de toutes les cultures, en particulier celles des indiens d'Amérique du Nord qui affirment que la terre est notre mère. Notre système de pensée occidental nous a peu à peu amenés à oublier les racines qui nous reliaient à la terre. De la même façon, nous avons en grande partie oublié celles qui nous rattachent aux étoiles et au cosmos. Les premiers astronautes rapportèrent pourtant à quel point la terre, dans toute sa beauté scintillante, les frappa profondément. Certains d'entre eux, des scientifiques de très haut niveau comme Edgar Mitchell, créateur de l'Institut des Sciences Noétiques, semblent avoir eu là-haut la révélation profonde d'une vérité spirituelle et se détournèrent radicalement du mode de pensée qui les avait jusqu'alors animés.

Notre système de culture occidental est encore dominé par la célèbre maxime de Descartes « Cogito ergo sum » « je pense donc je suis ». Rendons justice à Descartes : ce n'est pas sa pensée qui est à mettre en cause, c'est ce que les générations postérieures en ont fait. Descartes, d'une certaine manière, n'a jamais été cartésien. Malgré cela sa vision a peu à peu amené à un concept rationnel effréné. Elle a privilégié la notion d'Avoir, aux dépens de celle d'Etre. Fritjof Capra n'hésite pas à avancer que (1) : « lorsque le président Lyndon Johnson désirait avoir un conseil quant à la guerre du Vietnam, son administration se tournait vers les physiciens théoriciens, non parce qu'ils étaient des spécialistes des méthodes de guerre, mais parce qu'ils étaient considérés comme les grands prêtres de la science, les gardiens de la connaissance suprême. Nous pouvons affirmer aujourd'hui, a posteriori, que Johnson aurait pu être mieux servi s'il avait demandé l'avis de certains poètes. Mais une telle attitude était — et est toujours — bien évidemment inconcevable ».

A force d'avantager le corps, nous en avons peu à peu oublié que nous avions un esprit. En fait, nous n'avons pas un esprit, nous SOMMES esprit. Ce concept est en train d'être vérifié par la science holistique, aux dépens de la science mécaniste qui, elle, ne peut avoir qu'une vision fragmentaire de la réalité.

(1) *Op. cit.*

Cette vision fragmentaire de la réalité, qui nous gouverne encore aujourd'hui, a pris naissance loin dans notre passé Dès la fin du XVIIe siècle, les penseurs avaient d'ores et déjà abandonné les cosmogonies antiques, et le problème de la vie leur apparaissait fort simple : on admettait que le monde tel qu'il était, minéral, végétal et animal, avait été créé dans son état actuel. La conception aristotélicienne de l'univers prévalait encore, s'articulant sur l'autorité de l'Eglise. Il y a seulement deux siècles, Cuvier, le fondateur de l'anatomie et de la paléontologie, admettait l'immutabilité des espèces : pour expliquer les constatations paléontologiques, il formula l'hypothèse des « révolutions du globe », qui, chaque fois, auraient anéanti la flore et la faune existantes, les régions ainsi dévastées étant ensuite repeuplées par des êtres provenant d'autres régions. Cette vision du monde fut appelée le fixisme.

En matière d'astronomie, pendant 14 siècles, l'Almageste de Ptolémée resta la Bible de tous les astronomes. Cette autre vision fixiste de l'univers postulait que la terre était immobile au centre de l'Univers, tous les mouvements célestes étant circulaires. Ce dogme fut aussi respecté en son temps que le furent plus tard les grands dogmes catholiques. Il fallut attendre, pour le voir évoluer, que Nicolas Copernic osât affirmer d'une voix tremblante, face à l'obscurantisme : « La Terre n'est qu'une planète parmi d'autres, vassale du Soleil, lui-même étoile perdue parmi les innombrables étoiles de la galaxie. » Copernic savait que ses théories se trouveraient en butte à la conscience religieuse de son époque, et pendant trente ans, il refusa de les livrer au monde. En 1543, année de sa mort, il confia à son élève Rhéticus le soin de faire imprimer cette vision héliocentrique dans son ouvrage « De Revolutionibus Orbium Coelestium ». Pourtant l'œuvre de Copernic tomba dans l'indifférence générale. La science officielle demeura figée. Plus que jamais Aristote régnait en maître.

A la fin du XVIIe siècle apparut le premier vrai copernicien : Giordano Bruno. En une intuition foudroyante, il perçut l'univers infini, peuplé d'une infinité de mondes identiques au nôtre. Le 17 février 1600, après huit années de prison et une excommunication, Bruno fut brûlé vif sur une place publique de Rome. L'Eglise n'était pas encore prête à admettre cette vision plus large de la représentation du monde.

L'un des continuateurs de l'œuvre de Copernic, Kepler, parvint à localiser sur la carte près de mille étoiles, et calcula la longueur de l'année tropique avec une erreur d'une seconde seulement. Il formula aussi ses célèbres lois empiriques du mouvement planétaire. A la suite de Copernic, Galilée, pointant son télescope vers le ciel, renversa définitivement les visions d'Aristote et de Ptolémée. L'hypothèse de Copernic apparut alors comme une théorie scientifique valable. Toute cette époque, âge précurseur de la pensée moderne, fut appelée par les historiens « l'ère de la révolution scientifique ». Deux autres génies scientifiques marquèrent définitivement de leur empreinte toute cette époque : Descartes et Newton. Descartes, mathématicien et philosophe, eut à 25 ans une vision mystique qui bouleversa sa vie : sa mission était de bâtir une nouvelle philosophie scientifique, où toute science découle d'une connaissance certaine, vérifiable, évidente. Et c'est sur ce principe que toute la science moderne, mécaniste s'est fourvoyée. Les mathématiques du début du XXe siècle nous ont démontré qu'il n'existe pas de vérité absolue. La physique de notre époque nous a prouvé que tous nos concepts sont limités et approximatifs. Mais malgré cela, la plupart des scientifiques actuels restent convaincus que seule la méthode rationnelle et analytique reste valable pour comprendre la réalité qui nous entoure.

Descartes, lui, voyait l'univers comme une gigantesque machine, rien de plus. La matière était inerte, dépourvue de vie. Tout pouvait s'expliquer à la manière du mécanisme d'une horloge. Toute la science des XVII, XVIII et XIXe siècles n'est que le fruit de cette vision cartésienne, y compris la démonstration de l'unité absolue de l'univers de Newton. Ce génie solitaire de 24 ans découvrit la loi de la gravitation universelle, qui devint la base de la mécanique classique. Le monde qui nous entoure était plus que jamais une machine. Toutes les descriptions objectives de toute la science d'alors recoururent à la mécanique de Newton, et remportèrent des succès foudroyants. Tous les mouvements planétaires furent ainsi expliqués. « L'image du monde présenté comme une machine parfaite, qui avait été introduite par Descartes, était maintenant un fait prouvé, et Newton en devint le symbole (...). Les penseurs du XVIIIe siècle poussèrent cette démarche plus avant en appliquant les principes de la mécanique newtonienne aux sciences naturelles et sociales. Au XIXe siècle, les savants continuèrent à développer le modèle mécaniste de l'univers, l'appliquant à la physique, à la chimie, à la biologie, à la psychologie, et aux sciences sociales (1). »

A la fin du XIXe siècle, la découverte des phénomènes électromagnétiques par Faraday et Maxwell, mit en évidence les limites du « monde-machine » newtonien. Le concept des champs de forces fut démontré, impliquant la notion d'évolution et de changement. La réalité de ces champs pouvait être étudiée indépendamment des corps matériels. Cette nouvelle compréhension de la nature évolutionniste et transformiste de l'univers influença toute la pensée scientifique du XXe siècle. Néanmoins, le premier pas vers le transformisme proprement dit fut effectué par Lamarck, à la fin du XVIIIe. Il postula que ce ne sont pas les organes d'un animal qui donnent lieu à ses habitudes, mais au contraire que ces habitudes et ces facultés particulières ont formé avec le temps le corps et les organes de cet animal. Bien que l'œuvre de Lamarck ait été accueillie avec indifférence sinon avec hostilité, elle représenta un premier pas en avant. L'œuvre de Darwin, au contraire, obtint d'emblée un succès considérable. L'originalité des théories darwiniennes résidait dans l'hypothèse qu'il émit d'un nouveau facteur de transformation : la concurrence universelle. Dans son explication de la sélection naturelle, Darwin admettait l'intervention de Dieu dans la création des organes primitifs. Mais entraîné par ses disciples, notamment Huxley, il amorça la théorie de l'évolution universelle, nia l'intervention divine, et écrivit un livre sur l'ascendance animale de l'homme. De même que la pensée newtonienne influença la science jusqu'à nos jours, la vision darwinienne de l'origine de l'homme conditionna la pensée biologique du siècle suivant.

Cependant, ce furent la formulation des lois de la thermo-

(1) Fritjof Capra, « Le Tao de la Physique », Ed. Tchou.

dynamique et du concept de l'entropie (1) qui comptèrent parmi les plus importantes découvertes qui virent le jour au XIXe siècle, en physique. La physique classique postule que l'ensemble de l'univers tend vers un état d'entropie maximum, c'est-à-dire vers un état de désordre total. Dans cette optique, l'univers tend à se ralentir, et à terme s'arrêtera. Or ceci est en totale contradiction avec la pensée évolutionniste des biologistes qui observent que l'univers vivant évolue du désordre vers l'ordre. Et ce concept d'évolution mit en évidence les limites de la vision cartésienne et newtonnienne de l'univers, limites confirmées au tournant du siècle par les découvertes du principe de la relativité, et de la structure atomique de la matière. La constitution de la matière, les notions d'espace et de temps, les phénomènes physiques basés sur un lien de cause à effet, ainsi que l'idéal d'une description objective de la nature ne pouvaient plus être expliqués à travers la vision mécaniste, cartésienne. La science dans son ensemble avait atteint une charnière. Et toutes les découvertes qui devaient suivre ne firent que confirmer cet état de fait. Rien dans la science ne devait plus être comme avant, jamais.

Einstein et la relativité

Avec les découvertes de l'électron en 1897, l'étude des particules élémentaires atteignit une nouvelle étape. Les physiciens étaient amenés à affronter une constatation déconcertante : la physique newtonienne ne pouvait s'appliquer au domaine des très petits objets. Les lois de Newton fondées sur l'observation du monde physique, prévoyaient des probabilités, décrivaient des événements faciles à comprendre et à découvrir. Or cette mécanique newtonienne ne pouvait plus s'appliquer à la physique des particules, fondée sur des événements provoqués dans le domaine subatomique, qui ne peuvent en aucun cas être

(1) Entropie : c'est une mesure de quantité décrivant le degré d'évolution d'un système physique. Par exemple si l'on met un morceau de sucre dans un verre d'eau, les molécules du sucre seront d'abord ordonnées, puis désordonnées au fur et à mesure que le sucre fondra dans l'eau. On va d'un système d'ordre vers un système de désordre.

observés directement, car aucun sens physique n'est capable de les percevoir.

Au début du siècle, tous les physiciens français pensaient que, lorsque les électrons d'un noyau commençaient à s'agiter sous l'effet de la chaleur, ils émettaient leur énergie régulièrement et continuellement, jusqu'à ce qu'ils soient épuisés et que toutes les énergies se soient dissipées. Mais Max Planck découvrit que l'énergie du rayonnement thermique n'est pas émise continuellement, mais apparaît sous forme de « paquets d'énergie ». En fait, les oscillateurs atomiques excités émettent et absorbent de l'énergie seulement par quantités définies, par saccades. Après chaque émission, ils descendent à un niveau énergétique plus bas, jusqu'à ce qu'ils cessent tout à fait d'osciller. Planck fut le premier physicien à parler de « paquets d'énergie », et « d'oscillateurs quantifiés ».

Quelques années plus tard, en 1905, Albert Einstein, à 26 ans, publia cinq articles importants, dont trois allaient modifier totalement l'orientation de la physique. Le premier décrivait la nature quantique de la lumière : Einstein appela « quantas » ces « paquets d'énergie », et les reconnut comme un aspect fondamental de la nature. Puis il postula que la lumière, et toutes les formes de rayonnement électromagnétique peuvent se manifester non seulement comme des ondes électromagnétiques mais aussi sous forme de quantas. Selon cette théorie, la lumière est composée de minuscules particules, les quantas de lumière, qui donnèrent leur nom à cette « théorie des quanta ». Ces particules ont été depuis, reconnues, et sont maintenant appelées « photons ». Ce sont des particules de masse nulle, se déplaçant toujours à la vitesse de la lumière (1). Dès cette époque on comprit donc la double nature de la lumière, qui se manifeste aussi bien sous la forme d'ondes électromagnétiques que de particules. Il fut difficile au monde scientifique d'alors d'accepter que quelque chose soit à la fois une particule, c'est-à-dire une entité contenue dans un très petit volume, et une onde dispersée dans une vaste région de l'espace.

En même temps qu'il ouvrait la voie à la théorie quantique, Einstein rendit publique une autre théorie tout aussi

(1) 297 300 km/seconde.

révolutionnaire : la relativité restreinte. Ce n'est que dix ans plus tard, en 1915, qu'il développa la seconde partie de cette théorie, que l'on a appelée alors théorie générale de la relativité. Il y élargissait sa théorie initiale en y incluant la notion de gravité (1), ce qui l'a amené à modifier radicalement les concepts d'espace et de temps.

La troisième de ces cinq notes fondamentales fournissait les équations de l'effet photo-électrique. Le dernier article, enfin, donnait l'équation selon laquelle l'énergie d'une masse de matière (m) est égale à cette masse, multipliée par le carré de la vitesse de la lumière : $E = MC^2$. Le chemin vers la conscience cosmique était ouvert, ainsi que celui de la bombe !...

La relativité restreinte en 1905, puis générale en 1915 démontre notamment que la vitesse réduit le temps, et que sa limite annule ce temps. Ce qui permet d'atteindre instantanément tous les points de l'univers. D'après la théorie de la relativité, les notions d'espace, de temps, et de mouvement deviennent relatives et interdépendantes. On est déjà loin des visions cartésienne et newtonienne d'un univers statique et mécanique. Avec la relativité générale, Einstein introduisit la gravitation, avec la notion d'accélération et de vitesse variable. Tous les phénomènes physiques de l'univers environnant deviennent de « l'espace-temps ». Une particule de matière est de l'espace-temps fortement recourbé sur lui-même dans une toute petite région. Ceci entraîna Einstein vers son modèle d'univers déterministe et continu. Cet univers est conçu comme fini et limité, et peut être représenté comme une énorme sphère contenant tout l'espace et tout le temps de l'univers. Néanmoins, quelques années plus tard, l'astronome hollandais de Sitter allait démontrer que les équations d'Einstein s'accommodaient mieux d'un univers en expansion, semblable à une sphère se gonflant sans cesse. L'Américain Hubble calculera même plus tard la vitesse de récession des galaxies, qui fuient les unes des autres à une vitesse d'autant plus grande qu'elles sont plus éloignées.

(1) La gravité est l'équivalent de l'accélération, c'est-à-dire d'un changement de vitesse. Le continuum spatio-temporel, ainsi que toute matière qui y est contenue, est déformé par des champs gravitationnels, qui existent partout dans la galaxie et, par conséquent, partout dans l'univers physique.

L'après-Einstein

Après Einstein, le mouvement des découvertes s'accéléra. En 1908, trois ans après la sortie de la théorie quantique et de la théorie de la relativité restreinte, Minkowski (1) déposa son travail sur la compréhension de l'espace-temps. En 1913, Niels Bohr proposa un modèle de l'atome comme système solaire. En 1921, Louis de Broglie travailla sur les ondes de matière. La même année, Niels Bohr, en compagnie de deux autres chercheurs, aborda le premier concept d'onde de probabilité. En 1927, il y eut ce que l'on appelle « l'interprétation de Copenhague » de la mécanique quantique : des physiciens travaillant sur la compréhension de la mécanique quantique se rencontrèrent à Bruxelles. Le terme d'interprétation de Copenhague est dû à l'influence du physicien Niels Bohr et de son école, située dans cette ville. Cette interprétation fut la première formulation de la nouvelle physique, physique des quantas, en tant que conception cohérente du monde.

Enfin en 1928, Paul Dirac déposa ses travaux sur l'antimatière. La voie de la nouvelle science était ouverte.

Jean Charon et le monde des éons

Une nouvelle étape fut franchie il y a une dizaine d'années, lorsqu'un physicien français, Jean Charon, fit intervenir l'esprit dans une description physique de l'univers. Dans son livre « Le monde éternel des éons » (2), il écrit : « Selon Einstein comme pour Descartes, il n'y a pas d'image de l'univers sans une substance universelle. Et cet univers se réduit à des figures en mouvement. Pour la substance, Aristote avait découvert l'Ether, Descartes l'Etendue, et Einstein découvre l'espace-temps, et découvre tout ce que l'Occident, depuis ses cathédrales, sa peinture et sa musique, avait longuement préfiguré. Il n'existe pas non plus, selon lui, d'univers sans loi universelle, expli-

(1) Minkowski était le professeur de mathématiques d'Einstein.
(2) Ed. Stock.

quant ce monde continu en y incluant le probabilisme. »

L'incertitude au niveau microscopique, l'incapacité dans laquelle les physiciens se trouvent de découvrir la « brique fondamentale » de la matière, semblent de plus en plus remettre en question les théories unitaires d'Einstein, qui, à l'inverse des probabilistes, s'est toujours méfié de nos sens et n'a toujours accepté que ce que notre esprit admet comme logique et vraisemblable. « Une théorie, disait-il, peut être vérifiée par l'expérience, mais aucun chemin ne mène de l'expérience à l'élaboration d'une théorie. »

Avec Jean Charon, nous découvrons un autre chemin, qui tente de sortir de l'impasse entre déterminisme et probabilisme, en créant un pont entre les deux. Contrairement au déterminisme, qui s'ancre dans notre passé, le probabilisme a trouvé naissance dans les découvertes de ce siècle. Dès le début des années 1900, on découvrait que l'électron se déplaçait sur des orbites concentriques autour d'un noyau, et que matière et lumière avaient toutes deux la curieuse propriété d'être tantôt onde, tantôt corpuscule, c'est-à-dire tantôt continue, tantôt discontinue. Planck avait déjà démontré que l'absorption et l'émission de lumière par les atomes font intervenir une constante de discontinuité, la célèbre constante de Planck. Niels Bohr, en 1913, avait expliqué le mécanisme de ces micro-mouvements, et proposé son modèle de l'atome comme système solaire. Il y introduisit la constante de Planck, et déboucha sur la notion « d'univers incertain », dans lequel les phénomènes ne sont pas observables, mais seulement exprimables sur le plan mathématique, excluant la représentation par l'image. Le probabilisme battait son plein.

En 1924, Niels Bohr, Kramers et John Slater introduisirent le probabilisme dans la description scientifique. D'où naquit le premier concept d'onde de probabilité. Capra précise que la matière, au niveau subatomique, n'a qu'une tendance à exister. Plus tard, Heisenberg accélère encore l'interprétation du probabilisme en affirmant que pour savoir si la matière est onde ou corpuscule, il suffit d'y aller voir en envoyant un faisceau de lumière sur le corpuscule de matière. A la suite de nombreuses expériences, les physiciens de l'époque ont fini par constater que l'électron était inobservable, même théoriquement. On ne peut donc envisager qu'une probabilité de trouver cette particule à tel endroit, à tel instant

Dans la première partie du livre qu'il signe avec Jean Charon (1), Christian de Bartillat écrit : « Einstein avait découvert la simplicité logique de l'espace-temps, mais s'étant méfié de nos sens, il prônait la logique dans la science. C'est pourquoi il avait préconisé le déterminisme, le probabilisme se révélant inapte à faire avancer la connaissance fondamentale. Cette façon de voir nous apparaît d'autant plus valable que l'incertitude ne peut que plonger les hommes dans le pessimisme et l'impossibilité de créer. (...) Seule une nouvelle science, une représentation harmonieuse d'un univers qui intègre l'homme dans sa pensée, peut être la matrice sous-jacente d'un message essentiel. C'est donc cette vision neuve qui serait le creuset de la civilisation éonique de la nouvelle vague qui se prépare pour demain ou après-demain. »

C'est précisément dans l'optique de réaliser cette représentation harmonieuse de l'univers que Jean Charon, en 1976, élabore sa « théorie de la relativité complexe », en ajoutant au continuum espace-temps la dimension de l'imaginaire. Il postule que l'esprit est le profond « dedans » de toute chose, et tente de réintégrer l'esprit dans la matière, le dedans dans le dehors.

Selon lui (2), la lumière originelle serait la seule réalité, ce que semble confirmer Einstein lorsqu'il prouve que la vitesse de la lumière est la seule limite. Newton lui-même parlait de deux lumières : la lumière phénoménale, physique, matérielle, visible, celle du dehors, et la lumière nouménale, vituelle, invisible, celle du dedans. Pour Charon, ce sont les éons qui nous portent du début jusqu'à la fin de l'univers, de la lumière phénoménale à la lumière nouménale : c'est le verbe, la lumière, l'esprit qui a fabriqué la matière au commencement. Cela est, a été, et sera en dehors du temps.

Au début, il y eut le verbe, la lumière qui contient en elle photons et anti-photons, particules impalpables mais dont l'existence semble maintenant certaine. La théorie de Jean

(1) « Le monde éternel des Eons », Ed. Stock.

(2) La pensée de Jean Charron est développée dans ses trois principaux ouvrages : « Esprit cet inconnu » (Ed. Albin Michel), « Mort, voici ta défaite » (Ed. Albin Michel) et « Le Monde éternel des Eons » (Ed. Stock).

Charon est une théorie physique, qui a découvert l'esprit dans une physique améliorée jusqu'à l'extrême de la connaissance de la matière. Cette théorie est influencée par les recherches effectuées par les tenants de la Gnose de Princeton, lesquels affirment que Dieu est voyant et non aveugle, anti-hasard, jeu conscient. En fait, la nature ne raisonne pas par l'absurde. Jean Charon a donc ajouté à la théorie de la relativité d'Einstein la dimension de l'imaginaire, en admettant que les quatre dimensions, trois d'espace et une de temps, étaient chacune dédoublée entre une partie réelle et une partie imaginaire, un univers du dehors et un univers du dedans. Pour cela, il a été amené à établir un parallèle entre le trou noir et l'électron, qu'il considère non comme une particule de matière, mais comme un micro trou noir situé dans le dedans immatériel de l'homme, au lieu d'être dans le dehors matériel de l'univers.

A la fin de la vie d'un soleil, la masse de l'étoile se recroqueville, et tourne de plus en plus vite, cette rotation luttant contre l'attraction de la gravitation. Cette étoile mourante devient d'abord un pulsar, qui continue à se réduire de manière catastrophique. Bien que son rayon ne soit plus que de quelques kilomètres, elle possède toujours une masse comparable à celle du soleil initial. L'espace à son voisinage se courbe de plus en plus. Quand la courbure devient trop forte, l'espace se referme sur lui-même, isolant complètement l'étoile mourante du monde extérieur. La gravitation devient si intense à l'intérieur de cette espèce de poche dans l'espace, que même la lumière ne peut s'en échapper. Dans ce trou noir, on suppose que le temps se déroule en sens inverse, l'espace désormais s'y écoule, et on s'y déplace dans le temps. C'est un monde à l'envers qui va vers le passé et où l'observateur qui vieillirait verrait tout rajeunir autour de lui. Finalement, le trou noir pourrait alors se détacher de notre univers, et devenir un nouvel univers en expansion, comme notre propre univers qui à l'origine aurait peut-être été lui-même un trou noir détaché d'un univers précédent. Ceci rejoint certaines traditions mystiques, qui parlent d'autres univers, et d'âmes provenant d'un autre cycle d'univers.

Comme le trou noir, l'électron reste invisible, quel que soit son agrandissement. Il est ailleurs, dans un temps et un espace intérieurs invisibles. Alors qu'un proton cognant un neutron rebondit selon les lois mécaniques, un électron cognant un neutron poursuit sa route avec seulement une légère déviation, due à la présence de charges électriques dans le neutron. Tous se passe comme si le choc était une interaction entre points matériels de dimension quasi nulle, et non entre objets invisibles. L'électron est donc une sorte de passe-muraille, un fantôme qui traverserait la matière. Dans notre espace classique, c'est un point sans forme ni dimension. Dans le dedans de l'espace-temps, c'est une sphère en pulsation, dont le rayon est de moins de 1/10e de celui du proton, mais dont l'état d'expansion est d'environ dix fois celui de sa contraction. Sa densité est immense, et sa température de mille milliards de degrés. L'électron est rempli de lumière, d'un rayonnement électromagnétique constitué de gaz de photons, et de neutrinos de masse nulle. C'est cette lumière qui, selon Charon, va être porteuse de toutes les virtualités spirituelles de l'électron. En effet, il attribue à l'électron une conscience, un esprit dont les quatre propriétés essentielles d'action sont la Connaissance, l'Amour, la Réflexion, et l'Acte (ces quatre propriétés sont celles des gaz de photons dans l'espace-temps intérieur aux électrons). Les photons enfermés dans l'électron échangent des informations avec l'extérieur, soit en échangeant leurs impulsions de vitesse avec des photons du monde extérieur, soit en échangeant leur état de spin (1).

Les électrons, ainsi devenus éons gorgés de mémoire, vont par conséquent constituer le tissu de l'univers, diriger le vivant, et porter le corps de l'esprit de l'homme, chargé d'éons éternels.

Depuis Descartes et Newton, la vision mécaniste de l'univers nous a entraînés sur un chemin qui nous a conduits à l'impasse. Comme la physique est elle-même la matrice de toutes les activités humaines, elle n'a pas manqué d'entraîner toutes les autres disciplines, biologie, sociologie, vers des concepts d'où l'esprit était totalement absent. Grâce à l'étude des trous noirs, et à celle des éons, micro trous noirs éternels, Jean Charon transporte le physique vers une psychophysique. L'éon, électron spirituel, devient agent de la spiritualité dans le monde, support d'une nouvelle mystique à l'aube d'un nouvel âge. A la

(1) Le spin est la rotation de l'électron sur lui-même, comme une toupie.

différence de son ancêtre dit primitif, l'homme moderne a rompu le contact avec l'univers ancestral, et s'est ainsi coupé de l'évolution générale de cet univers. L'être humain est donc étranger et solitaire, chargé de s'occuper de ses caractères acquis, et non d'une croyance empruntée à son alliance ancestrale avec l'univers. Dans cette optique, ni son destin ni son devoir ne sont inscrits nulle part, le destin s'écrivant au fur et à mesure qu'il s'accomplit. L'évolution pourtant n'oppose pas matière et psychisme, mais exige une union progressive entre l'être humain et le cosmos, entre l'être humain et l'univers. Si l'on en croit la très ancienne philosophie chinoise du Tao (1), « ce qui pénètre l'invisible et sa profondeur, révèle l'essence du Tao. Le Tao est un moyen d'unir les contraires, de réconcilier ce qui est divisé, à un niveau de conscience absolu, représenté symboliquement par la lumière. Le Tao est une expérience intérieure dans laquelle toute distinction s'efface entre sujet et objet, moi et non-moi ». Ainsi, la célèbre phrase de Descartes « je pense donc je suis », devient « je ne pense pas donc je suis (2) ».

A travers sa physique d'avant-garde, Jean Charon, ancré dans une matière qu'il appelle lui-même « psychophysique » émet l'idée que notre esprit, c'est-à-dire toutes nos pensées conscientes et inconscientes, est contenu à l'intérieur de certaines particules de matière. La physique d'aujourd'hui pose donc le problème des relations entre notre matière et notre esprit. Et la seule « vraie » physique sera celle qui parviendra un jour à intégrer l'homme total dans sa représentation cohérente du monde. Les formes de notre pensée sont aussi bien influencées par le temps que par tout l'espace extérieur. Tout être vivant n'a qu'une forme de conscience de l'univers qui l'entoure. Ceci rejoint les grandes traditions mystiques, qui disent que l'être voit l'univers qui l'entoure à travers le voile de ses émotions. Une personne à tendance triste et une personne à tendance gaie ne verront jamais l'univers de la même manière. Donc ni l'une ni l'autre ne verra jamais l'univers tel qu'il est. Teilhard de Chardin disait que l'esprit est une propriété

(1) Tao signifie chemin. C'est la voie intérieure que doit suivre l'homme pour atteindre la lumière.

(2) Fritjof Capra, « Le Tao de la physique », Ed. Tchou.

appartenant en propre aux constituants de la matière, protons, neutrons, électrons. Mais l'esprit de ces particules progresse continuellement dans le temps à travers leur expérience « vécue ». Nous sommes donc esprit. Et ceci rejoint une fois encore les enseignements des traditions orientales, qui affirment que nous ne sommes pas un corps avec un esprit, mais un esprit qui a temporairement pris un corps.

Dans « Mort voici ta défaite », Jean Charon (1) explique que l'électron invisible se comporte néanmoins comme un petit aimant, capable de dévier l'aiguille d'une boussole. Il est donc à la fois invisible et perceptible. A partir de là, il établit un parallèle entre l'électron et l'esprit : l'esprit se manifeste, puisqu'il peut communiquer avec l'univers, raisonner, émettre des sentiments. Mais il demeure invisible. Electron et esprit ne sont tous deux qu'indirectement accessibles à nos organes des sens.

L'esprit et la matière

Certains astrophysiciens ont prétendu qu'en apparaissant dans notre univers, un trou noir en contraction se mettrait en expansion, donnant ainsi naissance à un nouvel univers ayant des ressemblances avec le nôtre, tout en étant complètement indépendant. Notre univers serait-il à l'origine un trou noir ?

La matière est faite d'énergie, et l'énergie ne peut pas mourir. Nous sommes faits d'énergie, donc nous ne pouvons pas mourir. Depuis l'homme de Néanderthal, la conscience de l'homme a connu des perfectionnements. Mais depuis quelques siècles, on a pu constater une accélération de plus en plus importante de l'éveil de la conscience humaine. Qui peut savoir dans ces conditions ce que sera l'éveil de conscience d'un homme du XXVI ou XXVIIe siècle ?

Depuis les origines, la science a été utilisée pour supporter ou réfuter les systèmes de croyance. Chaque génération a essayé d'utiliser la physique pour démontrer ou nier la réalité de l'esprit. De plus en plus, les trouvailles de la science sont en accord avec les croyances des mystiques.

(1) *Op. cit.*

Beaucoup de physiciens en sont arrivés à des croyances mystiques personnelles. Ainsi, Arthur Edington a écrit des essais mystiques, ce qui ne l'a pas empêché de conclure que la nouvelle physique ne pourvoyait aucune possibilité positive pour la croyance religieuse : « Nous suspecterions toute intention de réduire Dieu à un système d'équation différentielle. » Est-ce que rechercher la réalité ultime revient à regarder dans une mare alors même qu'on ne peut y voir que son propre reflet ? L'essence de l'autre n'est-elle jamais rien d'autre que son propre moi ? Ces questions sans âge sur la nature de l'univers ramènent aux anciennes écritures védiques. Dans « Le Ciel d'Indra », on peut lire : « Imaginez un réseau de perles si bien agencées que si vous regardez dans l'une d'elles, vous verrez toutes les autres s'y réfléchir. De la même façon, chaque objet dans le monde n'est pas uniquement lui-même, mais comprend tous les autres objets, et, en fait, chaque autre objet. »

De plus en plus, les scientifiques allient à leur démarche une vision poétique et spirituelle, donnant ainsi naissance à des théories pour le moins surprenantes aux yeux des scientifiques « traditionnels ». Quel est le pouvoir ultime de toutes ces nouvelles théories provocatrices ? Rendront-elles les scientifiques capables d'émettre des prévisions exactes ? Bien sûr, certains chercheurs essayent de résoudre les paradoxes, allant de la causalité vers la non-causalité, de la localité vers la non-localité, de l'ordre vers le désordre, de l'être vers le devenir. D'autres mettent en lumière des phénomènes non explicables. Le biologiste anglais Rupert Sheldrake, dans sa théorie des champs morphogénétiques, avance que l'information peut circuler entre deux animaux par exemple, sans qu'il y ait eu contact entre eux. Ainsi, lorsqu'un rat, en laboratoire, apprend un nouveau comportement, d'autres rats, dans d'autres laboratoires, l'apprennent à leur tour avec beaucoup plus de facilité, comme si les seconds bénéficiaient de l'expérience du premier.

Toutes ces théories nouvelles n'aboutiront peut-être pas. Il n'en demeure pas moins que ce ne sont pas les idées conventionnelles et socialement appropriées qui permettent l'évolution, mais bien les travaux des visionnaires, et il y en eut à toutes les époques.

Au début du siècle, le physicien Niels Bohr racontait

« le lundi, le mercredi, et le vendredi, j'essaie de penser aux idées les plus folles. Le mardi, le jeudi et le samedi, j'essaie de les démonter et de les démolir ». Bien sûr, ces visionnaires dérangent quelquefois, comme ils ont toujours dérangé. La pensée de Jean Charon est accueillie avec prudence par les milieux scientifiques, mais il n'en demeure pas moins qu'elle constitue une approche extrêmement intéressante de la réalité de l'esprit dans la matière. Il nous apprend que la physique a découvert l'esprit. Les mondes matériels et spirituels sont des miroirs : selon l'endroit où l'on se trouve, le temps se déplace en avant ou en arrière, l'ordre augmente ou diminue. L'univers de l'esprit peut être vu comme un cadre dans lequel le temps et l'espace échangent leurs fonctions. En esprit, l'espace flotte comme le temps, et le sujet pensant stoppe au moment présent, comme dans la matière un objet peut stopper dans l'espace. Les particules subatomiques semblent montrer des qualités extraordinaires, qui peuvent seulement être décrites comme mentales. Comme les trous noirs, les électrons incluent des univers invisibles, dirigés par leurs propres lois. Jean Charon croit que ces particules sont virtuellement indestructibles, et portent de l'information depuis l'aube des temps. Ses trouvailles mathématiques, explique-t-il, résultent d'une psychophysique post-einsteinienne, qui force les physiciens à se poser de nouvelles questions fondamentales sur le rôle de l'esprit, et débouchent sur une reconnaissance de l'unité des champs psychiques avec le monde matériel.

Science ordinaire et science complémentaire

A son époque, Niesztche disait : « Dieu est mort ! ». Aujourd'hui, on proclame : « le matérialisme est mort ». Nous vivons une époque de constants changements. Parce que la science est notre métaphore principale, nous vivons entre deux histoires de la science : la vieille et la nouvelle. Nous pourrions dire que la science d'aujourd'hui est en train de se transcender elle-même. En ayant repoussé toute autre forme de vérité, elle a révélé ses propres limites. La physique, la neurophysiologie, la neuropsychologie, la nouvelle psychologie, sont en train de mettre à bas le matérialisme du XIXe siècle.

Nous nous trouvons en fait devant deux sortes de science, intrinsèquement différentes l'une de l'autre. Lorsque la science de l'extérieur, très fortement positiviste, met l'accent sur ce qui est mesurable physiquement, elle fait apparaître la seconde science comme potentiellement transcendentale. La première tend à être déterministe, et la seconde téléologique, c'est-à-dire admettant le concept de finalité. La science conventionnelle a peu de choses à dire, en ce qui concerne les valeurs, alors que l'autre science, la science de l'intérieur, porte une grande attention aux valeurs. Au colloque de Washington (1), Willis Harmann a baptisé ces deux courants scientifiques science ordinaire et science complémentaire. Il résume ainsi leurs différences :

Science ordinaire	*Science complémentaire*
– objectivité et répétitivité dans les résultats.	– non attachement de l'investigateur.
– attitude positiviste concernée principalement par ce qui est physiquement mesurable.	– confiance dans les résultats tels qu'ils sont évalués et transcendance incluant le non-matériel, le non-mesurable.
- réductionniste et déterministe.	– globale.
– ne se préoccupant pas des valeurs.	– téléologique et attentive aux valeurs.
- surtout orientée vers la production et le contrôle de la connaissance, elle aide à préparer la technologie.	– l'accent est mis sur la connaissance utile pour guider le développement de l'humain, ou pour éclairer les significations fondamentales.

Et le passage d'une science à l'autre ne se fait pas sans poser quelques problèmes. Certaines personnes se sentent perdues, coincées dans un vieux système de pensée qui ne parvient plus à rendre compte de la réalité. L'un des

(1) « Imaginaire et réalité », Colloque de Washington, Ed. Albin Michel.

tenants de la vision holistique propre à la science complémentairc, cst que l'esprit tient un rôle central dans l'univers. Les physiciens quantiques furent les premiers à le comprendre. Et John Wheeler dit (1) : « la mécanique quantique nous a amenés à prendre au sérieux et à explorer le fait que l'observateur est essentiel à la création de l'univers, tout comme l'univers est essentiel à la création de l'observateur ». Le prix Nobel Roger Sperry avance, lui, que les concepts courants de la relation esprit-cerveau amènent à une cassure directe d'avec la doctrine depuis longtemps établie du matérialisme, et de la science du comportement, qui ont dominé la neuroscience depuis des dizaines d'années.

Au lieu d'ignorer la conscience, la nouvelle interprétation de l'univers lui donne une reconnaissance complète. L'éveil de la conscience interne devient une réalité causale. Le rôle de l'esprit dans la guérison, par exemple, commence à être reconnu par les membres d'une nouvelle science appelée psycho-neuro-immunologie. La vision mécaniste, elle, maintient que seule la matière existe, donc rien ne survit à la mort du corps. L'esprit doit être considéré comme un bi-produit du cerveau. Dans la vision holistique au contraire, l'observateur est élevé au rang de participant. La beauté est un moyen de découvrir la vérité scientifique. L'intellect et l'imagination sont vus comme étant aussi réels que la biologie. L'harmonie spirituelle n'est plus un objectif hors de portée. Dans cette nouvelle vision, l'être humain occupe une place privilégiée dans l'évolution. L'astrophysicien Stephen Hawking explique que notre existence recquiert que l'univers possède certaines propriétés. Puisque nous ne pourrions pas observer un univers dans lequel nous ne serions pas, nous pouvons dire en un sens que la forme de notre univers est une conséquence de notre existence. Dans le même ordre d'idée, les mystiques diraient que l'observateur est inclu dans l'univers, puisqu'il crée son propre univers.

(1) Physicien, directeur du laboratoire de physique d'Austin (Texas).

Physique et mystique

Depuis ces récentes années, un certain nombre de chercheurs, particulièrement des physiciens, tendent à démontrer que la physique quantique et la relativité se rapprochent des mystiques orientales, devenant ainsi des voies de connaissance spirituelle. Au-delà de cette « mystique quantique » se développe également une foisonnante ligne de recherches et de découvertes, qui englobe les notions d'espace, de temps, de matière, d'esprit, de causalité, de non-causalité, etc. Ces travaux sortent résolument des sentiers battus, sans craindre de défier les théories scientifiques établies. Certains axes de recherche s'engagent vers une vision totale d'un univers vivant, où la conscience se mélange à la matière, et débouchent sur des formes d'énergie de plus en plus subtiles, comme le magnétisme, l'antigravitation, la vitesse supraluminique, ou les énergies de l'espace-temps. Toute une génération de physiciens en arrivent à englober une notion d'esprit et de mystique orientale dans la recherche classique, ce qui provoque un changement profond dans leur paysage mental, et une mutation globale de leur être. Certains de ces physiciens ne sont pas reconnus par les scientifiques en place, d'autres se regroupent, en dehors de leurs activités officielles, comme l'ont fait les membres du groupe de recherche « Physique et Conscience », de l'université de Berkeley. Ceux-là se dirigent vers de nouveaux horizons, n'hésitant pas parfois à utiliser des techniques de méditation, voire de projection hors du corps, qui les emmènent dans des univers d'où ils rapportent des concepts stupéfiants, comme par exemple le moteur à lumière.

Plus vite que la lumière...

Un mathématicien sud-africain vient de mettre au point une théorie qui semble aller au-delà de la théorie de la relativité d'Einstein (1). Ved Sewjathan est en train d'attirer l'attention internationale sur une nouvelle théorie qui

(1) Brain Mind Bulletin.

pourrait révolutionner la physique, et qui vient d'être publiée dans le journal international « Journal of Mathematics and Mathematical Sciences ». La théorie d'Einstein maintient que la vitesse de la lumière ne peut être dépassée. Pour Sewjathan, au contraire, c'est possible. Et il précise : « ma théorie remplace celle d'Einstein, et en demande une révision fondamentale ». Si ce nouveau concept est correct, il amènera une nouvelle évolution dans notre vision de la physique. C'est du moins l'avis de Monfreid Hellberg, un spécialiste de physique théorique à l'université de Natal. En accord avec cette nouvelle hypothèse, la matière et l'énergie peuvent soit être perdues dans d'autres univers, soit être obtenues d'eux. En outre, il pourrait y avoir un nombre infini d'univers se déplaçant tous en avant dans le temps vers le futur. Sewjathan tente de dissiper l'idée très répandue selon laquelle un objet voyageant plus vite que la lumière se déplacerait en arrière dans le temps, vers notre passé, et aurait une masse négative.

L'idée que quelque chose pourrait se déplacer plus vite que la lumière flottait depuis quelque temps déjà dans la tête de nombreux chercheurs. Ainsi, le théorème de Bell postulait dès 1964 que, lorsque deux particules jumelles séparées s'éloignent l'une de l'autre à la vitesse de la lumière, un changement provoqué dans l'une produirait un changement simultané dans l'autre. Elles resteraient donc, malgré la distance et la vitesse qui les séparent, intimement liées, comme si une information pouvait circuler entre elles à une vitesse bien supérieure à celle de la lumière. Il semble qu'une information supraluminique puisse réellement exister, et de nombreuses expériences sont en cours pour tenter de confirmer cette théorie. « Si ces expériences apportent les preuves attendues, écrit encore Fritjof Capra (1), la théorie de l'information supraluminique pourra être une base d'explication pour certains phénomènes psychiques comme la télépathie. La réalité quantique se tort sans cesse d'une manière imprévisible, mettant à jour des paradoxes comparables aux koans du zen, ces " énigmes absurdes utilisées par les maîtres zen pour transmettre leur enseignement ". »

En 1935, à l'Université de Princeton, trois chercheurs,

(1) *Op. cit.*

Einstein, Podolsky et Rosen, tentèrent de réfuter la mécanique quantique, trop riche en paradoxes à leur goût. Ils mirent au point un protocole d'expérimentation, destiné à montrer que la mécanique quantique prédit des résultats contraires au sens commun. Ils obtinrent un résultat opposé, et démontrèrent à leur corps défendant ce qu'ils tentaient de réfuter.

L'effet « EPR » (c'est ainsi qu'on nomme l'effet qu'ils ont découvert) démontre que deux particules, séparées par un quasi-espace (1) sont en communication d'une façon inexplicable. La théorie einsteinienne stipule que ces deux particules n'étant plus en contact, ne peuvent plus s'affecter mutuellement : ce qui arrive à l'une de ces particules ne peut pas, et ne doit pas, affecter le comportement de l'autre. Or la mécanique quantique viole ce principe, et révèle l'existence d'une connexion « quantique » entre ces deux mêmes particules : ce qui arrive à l'une peut et doit affecter le comportement de l'autre, même si elles ne sont plus en contact. Avec la mise à jour de l'effet EPR, on s'est aperçu que la mécanique quantique avait raison. Comment cela se peut-il ? La seule manière d'expliquer cette connexion est de supposer l'existence d'une « onde quantique supraluminique ». Néanmoins, ces ondes décrivent seulement des probabilités et non des réalités. « En d'autres termes, l'effet EPR indique qu'une information peut être communiquée à des vitesses supraluminiques. L'expérience conceptuelle d'Einstein, Podolsky et Rosen mit ainsi involontairement en lumière une connectivité inexplicable entre deux particules se trouvant en deux endroits différents, car celle qui se trouve dans une zone B connaît instantanément l'état de spin de celle qui se trouve dans une zone A. C'est là un résultat qui a complètement dépassé les auteurs de l'expérience. Einstein a catégoriquement réfuté cette conclusion, en expliquant que s'il acceptait, il serait obligé d'accepter également l'existence de la télépathie, qu'il considérait comme une " alternative inacceptable " (2). »

(1) Quasi-espace : on parle de quasi-espace lorsque deux particules sont séparées par un espace tel qu'il n'y a pas suffisamment de temps entre elles pour qu'un signal lumineux les connecte.

(2) Extrait de « L'âge cosmique aux U.S.A. » de J. M. Schiff, Ed. Albin Michel.

Dans « la danse des éléments » (1) Gary Zukav décrit avec précision les travaux de Bell : « En 1964, J. S. Bell, un physicien, concentra ses efforts sur ces étranges connexions, et obtint des résultats qui pourraient en faire le pivot de la physique à venir (...) Il publia une preuve mathématique que l'on connaît sous le nom de " théorème de Bell ". Ce théorème fut réélaboré et précisé au cours des dix années suivantes, jusqu'à l'obtention de sa forme présente (...) Une des conséquences du théorème de Bell est que les " parties distinctes " de l'univers seraient, au niveau le plus profond et le plus fondamental, reliées entre elles de façon à la fois intime et immédiate (...) Les physiciens comprirent aussitôt que cette situation singulière introduisait une question difficile : comment deux éléments quelconques peuvent-ils communiquer entre eux aussi rapidement — plus vite que la lumière ?

Selon les concepts en vogue dans la physique actuelle, l'information est transmise d'un endroit à un autre par un signal. Sans système porteur, il n'y a pas de communication. Le signal le plus rapide permettant la communication est une onde électromagnétique, comme une onde lumineuse ou une onde radio. Elle se déplace approximativement à la vitesse de la lumière. Or la plus grande partie de la physique repose sur le postulat que rien dans l'univers ne peut se déplacer plus vite que la lumière.

Le théorème de Bell est une preuve mathématique. Ce qu'il prouve, c'est que si les prévisions statistiques de la physique quantique sont correctes, alors certaines idées sur l'univers relevant du sens commun sont gravement erronées. Or le système de Bell conduit, à lui seul, à la conclusion incontournable que si les prédictions statistiques de la théorie quantique sont correctes, alors nos idées conventionnelles sur le monde souffrent de profondes déficiences. Ainsi, l'univers n'est pas ce qu'il est. Cette conclusion a quelques portées, car les prévisions statistiques de la mécanique quantique sont toujours vérifiées. La mécanique quantique EST la théorie. Elle a expliqué bien des choses, des particules subatomiques à l'énergie stellaire en passant par le transistor. Elle n'a jamais échoué, et n'a pas de concurrente. »

(1) Ed. Robert Laffont.

A l'époque où Bell construisit sa théorie, cette expérience était encore une construction hypothétique. En 1972, John Clauser et Stuart Freedman, du laboratoire de physique de l'Université de Berkeley, en Californie, conduisirent effectivement cette expérience pour confirmer ou réfuter ses prédictions.

Ils découvrirent que les prévisions statistiques sur lesquelles Bell avait fondé son théorème étaient valides. Le théorème de Bell ne se contente pas de suggérer que le monde est fort différent de ce qu'il semble, il l'EXIGE. La question ne se pose plus. Quelque chose d'extraordinaire se produit. Les physiciens ont prouvé que nos idées rationnelles sur le monde dans lequel nous vivons sont profondément insatisfaisantes. Vers le milieu des années 70, certains physiciens commencèrent à penser que même si les particules dans l'expérience EPR, et dans l'expérience Clauser-Freedman, sont quasi spatialement séparées, elles sont connectées mais elles ne le sont pas par des signaux.

Nous en arrivons donc à la nécessité d'un transfert supraluminique d'information.

Or, l'une des propriétés essentielles de l'onde quantique est précisément qu'elle représente QUAND et OÙ un événement peut se produire. Elle est en quelque sorte une mesure de la probabilité de manifestation d'un événement. L'idée qui se dégage de ce concept est que non seulement cette probabilité existe dans nos esprits, mais elle se déplace aussi dans l'espace-temps. Cette onde se trouve donc aussi bien dans nos esprits qu'au-dehors, dans le monde qui nous entoure. Une onde quantique est une onde de probabilité se déplaçant plus vite que la lumière, et connectant nos esprits au monde physique.

En 1975, un physicien, Jack Scarfati, fit une proposition tellement évidente qu'aucun physicien n'avait osé y penser : « les lois de la physique actuelle sont incorrectes ou inadéquates pour décrire l'effet EPR, ou le théorème de Bell ».

Selon lui, les particules sont connectées intimement d'une façon qui transcende l'espace et le temps, et qu'il a appelée « le transfert supraluminique de néguentropie sans signaux » (1).

Comme l'écrit encore J. M. Schiff, « dans ses moments visionnaires, Scarfati affirme même que sa théorie psy-supraluminique (appelée également kabbale quantique) permettra l'immortalité virtuelle, la solution de la crise de l'énergie en utilisant l'énergie du point zéro, le décryptage du code de communication esprit-cerveau, l'utilisation de molécules comme minuscules ordinateurs super-rapides, la télépathie supraluminique, la création d'entités énergétiques au-delà de l'espace-temps, la création d'une flotte de vaisseaux interstellaires, et la communication avec des formes d'intelligence inférieures et supérieures » (2).

Si les théories de l'holomouvement de Bohm, ou toute autre physique comparable, comme le théorème de Bell, devenaient dans l'avenir la tendance de la physique, les traditions de l'Orient et de l'Occident se fondraient alors en une seule et même danse. Et, comme le dit Gary Zukav, « ne soyez pas trop surpris si, au XXIe siècle, les programmes de physique incluaient des cours de méditation » !...

Science et conscience

Au début du siècle, rechercher une explication du monde physique à travers la structure du noyau atomique, entouré de quelques électrons, convenait parfaitement aux chercheurs de l'époque. Les deux constituants fondamentaux du noyau que l'on connaissait étaient le proton et le neutron. Peu à peu, l'étude des particules a révélé l'existence d'autres particules. Aujourd'hui, le catalogue des constituants fondamentaux de la matière contient environ 260 particules élémentaires. Les physiciens distinguent trois classes principales : les leptons (du mot grec qui signifie léger), et dont il n'existe que cinq types, y compris la particule tau qui vient d'être découverte ; les hadrons, qui sont généralement plus lourds, et dont les plus familiers sont les protons et les neutrons ; et enfin les photons,

(1) Néguentropie : négation de l'entropie, c'est-à-dire l'ordre par opposition au désordre.

(2) *Op. cit.*

médiateurs de l'intéraction électromagnétique, qui constituent une classe à eux tout seuls.

A chaque nouvelle découverte, les physiciens espèrent enfin trouver les constituants primordiaux de la matière. Or il se pourrait bien que le concept mécaniste de « particule élémentaire » doive, lui-même, être remis en question. Cependant, bien des physiciens hésitent encore à franchir ce pas. Dans « le Tao de la Physique » (1, Capra écrit : « l'antique tradition consistant à expliquer des structures complexes en les décomposant en éléments constitutifs plus simples, est si solidement enracinée dans la pensée occidentale que la quête de ces composants se poursuit encore. Il existe toutefois en physique une école de pensée radicalement différente, qui part de l'idée que la nature ne peut être réduite à des entités fondamentales (...) Elle doit être comprise comme un système cohérent, dont les composantes sont elles-mêmes cohérentes ».

C'est dans cet esprit qu'en 1968, Geoffrey Chew développa une vision holistique adaptée à la physique des particules, et connue sous le nom de « hypothèse du bootstrap » (2). La philosophie du bootstrap marque un rejet définitif de la conception mécaniste du monde en physique. Cette théorie stipule que chaque particule aide à recréer les autres particules, qui la créent elles-mêmes. L'ensemble des particules s'autogénérerait donc. « En physique moderne, écrit encore Capra, les chercheurs en sont arrivés à constater que toutes leurs théories des phénomènes naturels y compris les lois qu'ils décrivent, sont des créations de l'esprit humain, des propriétés de notre carte conceptuelle de la réalité, plutôt que la réalité elle-même (3). » L'hypothèse du bootstrap n'est pas encore solidement démontrée, mais des physiciens songent déjà à l'étendre au-delà de la description des hadrons, à l'univers des leptons qui paraît plus simple dans sa structure que l'univers observable.

Une certaine vision de l'univers pourrait d'ores et déjà être « bootstrappée », et selon Geoffrey Chew, ceci pourrait

(1) *Op. cit.*
(2) Bootstrap signifie « lanière de botte ».
(3) « Le Tao de la Physique », *op. cit.*

affecter notre concept de l'espace-temps macroscopique, et même celui de la conscience humaine.

Cette hypothèse a été développée par un topologiste, Valentin Poenaru, et d'autres chercheurs de Berkeley et d'Orsay (1). La théorie du bootstrap topologique, née de cette union de chercheurs, éclaire d'un jour nouveau la nature de l'espace-temps, problème fondamental de toute théorie physique. De même que le concept du cerveau holographique de Pribram, l'holomouvement de David Bohm, et le théorème de Bell, le monde observable à travers le bootstrap topologique apparaît comme une approximation. Les lois fondamentales n'opèrent PAS à l'intérieur de l'espace-temps continu. Cet espace-temps, réceptacle de la réalité à notre propre échelle, apparaît lui-même comme une approximation. « On arrive ainsi à cette affirmation étonnante, écrit Basarab Nicolescu (2), étonnante dans la bouche des physiciens par rapport à la tradition newtonienne puis einsteinienne : la réalité est une approximation. La réalité quantique implique un espace multidimensionnel, différent de l'espace-temps du réalisme classique, un espace plus large, où l'événement physique se passe dans toutes les dimensions à la fois. Par conséquent, on ne peut plus parler à ce niveau-là de temps-lumière, continu. Il n'y a pas d'avant et pas d'après. Tout se passe comme s'il y avait discontinuité du temps lui-même. Ainsi, dans le bootstrap topologique, il n'y a plus vraiment d'opposition entre les objets séparables, et les événements non séparables. Le bootstrap topologique pose la question essentielle de la nature de l'espace-temps, et en particulier celle d'une possible déduction de l'espace-temps continu de la réalité observable. »

Et Zukav (3) précise que « le mot réalité est dérivé des racines signifiant " chose " (res) et " pensée " (revi). La réalité signifie donc : toute chose que l'on ne peut penser ». Aucun concept ne peut enfermer la vérité au sens de « ce qui est ». La perception ultime ne se résume ni dans le cerveau, ni dans aucune autre structure matérielle, bien

(1) La topologie est une branche des mathématiques, qui considère l'univers des formes comme une globalité.

(2) « Nous, la particule et le monde », Ed. Payot.

(3) *Op. cit.*

qu'une structure matérielle soit une condition indispensable à sa manifestation.

Il existe une similitude entre la pensée et la matière Toute matière, y compris celle qui nous constitue, est définie par de l'information. L'information est ce qui détermine l'espace et le temps. (Ces différentes définitions sont extraites d'un cours de physique que David Bohm donna en avril 77 à Berkeley.) Les travaux de Geoffrey Chew soulignent le rôle essentiel joué par le photon (de masse nulle) dans l'engendrement du monde observable. Nicolescu (1) précise que les photons sont le lien entre le monde quantique de l'événement discret, et le monde continu classique. Les photons sont donc des transmetteurs d'information qui passent de l'univers du dehors à l'univers du dedans ou vice versa, ou pour employer la terminologie de David Bohm, de l'ordre implicite vers l'ordre explicite et réciproquement. Les mystiques diraient : du monde créé, manifesté vers les mondes spirituels, les mondes de lumière !...

Toutes ces théories provocatives affectent donc notre concept de l'espace-temps macroscopique, c'est-à-dire l'univers manifesté, et par conséquent le concept de la conscience humaine.

Eugene Wigner, prix Nobel de physique, précise qu'il n'est pas possible de formuler les lois de la théorie des quantas d'une façon pleinement cohérente sans faire référence à la conscience. Wigner et d'autres physiciens ont soutenu toutefois que l'inclusion explicite de la conscience humaine sera sans doute un aspect essentiel des futures théories de la science. Et Jean Charon ajoute (2) : « Ces approches par approximations successives du réel, développées par la physique de ce siècle, conduisent à faire disparaître graduellement la barrière cartésienne séparant sujet et objet, et viennent rejoindre les approches préconisées depuis des millénaires par la pensée orientale. Ainsi, verrions-nous la connaissance rationnelle, la physique, gravir pas à pas la haute montagne qui accède au réel, pour trouver finalement, déjà installée au sommet, la Connaissance... intuitive !... »

(1) *Op. cit.*
(2) « L'esprit et la relativité complexe », Ed. Albin Michel.

Cette vision de la réalité rejoint parfaitement les courants de pensée orientaux, qui enseignent depuis des millénaires que la vraie réalité se situe au-delà de l'univers des cinq sens. L'inclusion de la conscience humaine dans les théories de la science est un fait entièrement nouveau. Cette intrusion pourrait apporter à de nombreux points de vue, de nouvelles possibilités qui pourraient dépasser le cadre conventionnel de la science. Mais il y a conscience et Conscience, la seconde étant peut-être la conscience supérieure. Si une telle entité existe, pouvons-nous nous unifier à elle ? sentir sa présence ?

Peut-être cette union est-elle une sorte de connexion quantique reliant tout ce qui vit dans notre univers ? Comment pouvons-nous devenir plus intelligents, plus sensibles, et plus compréhensifs envers nous-mêmes autant qu'envers l'univers dans lequel nous vivons ?

La réponse est simple. Elle nous conduit à une alternative : voulons-nous réellement devenir plus intelligents ? Désirons-nous comprendre l'univers dans lequel nous vivons ? Si ces questions amènent des réponses positives, c'est que vous êtes déjà en contact avec cette conscience supérieure. Si ces questions ne vous concernent pas, vous n'aurez simplement pas le sentiment d'être connecté à cette conscience. Il n'est pas nécessaire de se demander si une telle « connexion quantique » existe, puisqu'elle existe en vous. Pour écouter les informations, il faut tourner le bouton de la radio. Mais pour ce faire, il faut d'abord vouloir écouter les informations !...

La vision que nous avons de nous-mêmes est en train de changer. Dans le concept classique newtonien, les êtres humains n'avaient pas de place spéciale dans l'univers. Ils n'étaient que des observateurs. Ce qui arrivait, à l'extérieur d'eux, n'était dû qu'à des forces et des causes extérieures. Avec la nouvelle vision quantique d'avant 1935, nous avons découvert que nous pouvions connaître la position et le « moment » de chaque objet dans l'univers. Mais cette découverte contenait ses propres limites : la nature quantique ne peut au mieux rendre compte que de l'endroit et du « moment » probables. Depuis 1935, notre vision a évolué vers l'idée que l'inclusion de la conscience humaine dans le champ de recherches permettait l'accès à la compréhension de la nature réelle de l'Univers Si nous changeons notre conception du monde, notre nouvelle vision changera le futur. L'un des champs les plus prometteurs dans la recherche de la réalité est d'altérer la vision de la réalité restreinte du « dehors », en changeant notre « dedans ». Peut-être ainsi d'autres états de conscience nous montreront-ils d'autres univers ?

Actuellement, la physique pionnière s'intéresse au concept de la conscience. Après avoir considéré l'univers comme un « monde-machine », et l'être humain comme séparé de cet univers, après avoir considéré le corps et l'esprit comme deux entités distinctes et séparées, la science actuelle s'engage peu à peu dans une voie holistique, universelle, où la notion de corps, d'esprit, et d'univers, devient UN dans cette dimension temporelle. Jean-Marie Schiff (1) cite un réseau scientifique, le Energy Hot Line, à Los Angeles, qui est engagé dans l'étude et le développement de concepts qui transcendent complètement la vision mécaniste du monde. Ainsi des matières telles que l'Alchimie, la technologie atlante, l'antigravitation, les ordinateurs ternaires, la technologie du cristal, le décodage d'archives anciennes, les ELF (fréquences extrêmement basses), l'holographie, l'énergie des pyramides, la gravitation quantique, l'énergie supraluminique, le voyage temporel, font l'objet de recherches très actives. Certaines de ces matières sont déjà au programme des universités avancées, comme le Stanford Research Institute, ou le Caltech, qui dépend de l'université de Californie à Los Angeles.

Des concepts comme le transfert supraluminique de Scarfati, ou la connexion quantique, provoquent aujourd'hui les mêmes sentiments de prudence que les visions coperniciennes au XVIe siècle. Ceux qui ressentent actuellement les prémices d'une transformation sous-jacente, pensent que les courants de pensée des prochaines années pourraient bien amener à la détection, la découverte et la compréhension de lois invisibles autour de nous.

La compréhension de la nature holistique de l'univers nécessite un nouveau cadre de pensée, un « basculement de paradigme ».

Ainsi seulement atteindrons-nous une compréhension et

(1) *Op. cit.*

une explication de la nature holistique de l'être humain, dans lesquelles les notions de corps et d'esprit, d'espace et de temps, de conscience et d'univers, visible et invisible, seront étroitement imbriquées les unes aux autres.

CHAPITRE VI

LA MORT

Survivons-nous à la mort ? Depuis l'aube des temps l'humanité n'a cessé de se poser cette question, et d'y apporter des réponses, différentes selon les siècles et les civilisations. Une partie de notre « Moi » subsiste-t-elle après que le corps physique a cessé ses fonctions ? Ou l'esprit n'est-il qu'une fonction du cerveau qui cesse son activité en même temps que les organes ? L'être humain n'est-il alors rien de plus que ce qu'il semble être ?

Ces interrogations diverses, avec toutes les implications que comportent leurs réponses, dorment depuis toujours dans les racines de la philosophie et des croyances religieuses. Jusque dans les années 70, l'un des points importants de la recherche psychique a justement été de tenter d'amener ces problèmes à la lueur froide de la raison et de la science. Mais aujourd'hui, grâce à l'apport de la philosophie et des traditions orientales, et à la possibilité d'élargissement du spectre des consciences, le problème de la vie après la mort peut enfin être abordé différemment dans notre société moderne occidentale qui a toujours cherché à le fuir. En effet, dans nos pays, on a tendance à cacher la mort, à refuser d'en parler, alors qu'avec la naissance, elle est le seul élément inéluctable de la vie, le seul point commun entre tous les êtres humains.

Historiquement, il y a seulement une quinzaine d'années qu'en Occident, scientifiques et chercheurs de tous horizons commencent à aborder ce problème sous un angle entièrement nouveau. Ainsi, le psychiatre américain d'origine suisse, le Dr Elizabeth Kubler-Ross, a observé des milliers de personnes de tous âges au seuil de la mort, alors que d'autres chercheurs ont essayé de comprendre ce qui se passe à ce moment précis en revivant une mort artificielle dans un état altéré de conscience. Tous se sont sérieusement penchés sur ce sujet qui concerne l'être humain depuis des milliers d'années et qui n'a pas encore trouvé d'explication rationnelle.

L'étude sérieuse des états altérés de conscience éclaire ce sujet d'un jour nouveau : la mort pourrait-elle n'être qu'un passage, une clé, un nouvel état de conscience pour un être détaché de son enveloppe matérielle ? Les éléments de réponse sont nombreux. Pourtant il n'est pas aisé de les aborder avec les mots de tous les jours. Je vais cependant m'efforcer de m'en tenir à un langage simple et clair, afin de rendre compte dans la mesure du possible de la mort en tant que passage d'un état à un autre. J'espère ainsi pouvoir aider certains à faire face à leur propre mort, ou à celle d'un proche, de façon plus positive.

Lorsqu'on côtoie des mourants et leurs familles, les mêmes questions reviennent sans cesse : qu'est-ce que la vie ? Qu'est-ce que la mort ? Pourquoi les jeunes enfants meurent-ils ? Et tant que l'on n'a pas conscience de la façon dont s'opère cette transition, il est difficile d'aider ceux qui vont passer de l'autre côté à le faire dans de bonnes conditions.

Dans l'Antiquité, dans les anciennes Traditions, chez les populations dites primitives, les individus étaient beaucoup plus familiarisés que nous avec le concept de la mort. La vie après la mort faisait partie de leurs croyances, sous des formes différentes. Mais dans notre civilisation moderne occidentale, ce concept est peu à peu tombé dans l'oubli. Aujourd'hui il remonte enfin à la surface avec les idées du Nouvel Age, mouvement qui n'implique ni religion ni croyance, mais simplement avec une spiritualité, une ouverture envers « quelque chose » de bien plus grand que nous. Ce nouveau courant de pensée repose sur l'idée selon laquelle nous sommes un maillon important de la grande tapisserie de la vie, et nous contribuons à l'évolution de l'univers qui nous entoure. Nous sommes tous nés d'une source ultime, que certains appellent Dieu, d'autres le Créateur, l'Energie Primordiale ou le Grand Architecte. Et comme le disait le penseur mystique allemand Maître

Eckart : « La graine de Dieu est en nous. Les graines de poires deviennent des poiriers, et les graines de noix des noyers. La graine de Dieu devient lui-même. » Nous avons une parcelle de cette Source en nous, et ceci nous donne l'Immortalité virtuelle.

Dans le même esprit, la philosophie zen professe que : « Plutôt que de vivre les cent ans de la vie d'un homme qui n'a pas la perception de l'état où la mort n'existe pas, mieux vaut vivre la courte vie d'un seul jour de celui qui le connaît (1). »

La mort : un passage

De plus en plus nombreux sont ceux qui pensent, à juste titre, que leur corps physique n'est qu'une « maison » qui reçoit un « hôte », un cocon qui abrite « autre chose ». Au moment de la mort, nous nous libérons de ce cocon pour redevenir aussi libre qu'un papillon. C'est ainsi que le Dr Kubler-Ross s'adresse aux enfants mourants pour leur expliquer ce qui les attend.

Les chercheurs qui tentent d'élucider le mystère de la vie après la mort axent leurs recherches dans trois directions principales : interviewer des cas de mort clinique (2), vivre la mort dans l'une de ses vies passées, ou vivre une mort fictive dans le présent, dans un état altéré de conscience suffisamment profond pour que l'âme ne s'attache plus à rien de terrestre.

Au fil de mes années de recherches, j'ai fait voyager des centaines de personnes dans leurs vies passées, et je les ai souvent amenées jusqu'au dernier jour de leur vie. Ils ont ainsi revécu la transition vers les mondes de l'Esprit. Je leur ai alors demandé de se percevoir sous cette forme non physique, et d'observer l'environnement comme un témoin : tous ont eu à ce moment précis la même réaction de soulagement. Souvent, les sujets se sentent dans un

(1) J. Head et S.-L. Cranston, « Le livre de la réincarnation », Ed. de Fanval.

(2) Mort clinique : se dit des personnes que les médecins ont déclarées décédées d'après leurs critères (arrêt cardiaque, cessation d'activité cérébrale) et qui sont revenues à la vie.

environnement auréolé de lumière d'or. Parfois, l'esprit flotte un moment à proximité de l'endroit où le corps physique est étendu, léger et détaché. Les sujets sont alors capables de percevoir nettement l'univers physique où leur enveloppe matérielle repose. Je me rappelle à ce propos une anecdote : en 1978, un avion de ligne s'écrasa tragiquement sur l'aéroport de Chicago, faisant de nombreuses victimes. Le lendemain du drame, un médecin de Boston, médium reconnu, atterrit sur ce même aéroport, et faillit s'évanouir lorsqu'il posa le pied sur le sol : des centaines d'esprits flottaient au-dessus de l'aéroport, pas encore suffisamment détachés du monde physique pour abandonner le lieu où la mort les avait cueillis.

La similarité de tous les témoignages que j'ai recueillis m'a particulièrement troublé, et intéressé. D'autant que ces récits concordent également avec ceux qui ont été réunis par d'autres chercheurs, dans d'autres circonstances. Ainsi, les mourants qui ont été observés en milieu hospitalier ressentent, peu de temps avant le décès, une étonnante sérénité. La souffrance physique semble disparaître, même chez les malades atteints de maladies très douloureuses. Et lorsque la mort survient, leurs muscles faciaux se détendent, laissant place à une incroyable expression de sérénité et de paix intérieure.

Certaines personnes déclarées cliniquement décédées, avant de revenir à la vie d'une manière inexplicable aux yeux de la médecine, ont pu raconter à leur retour ce qui leur était arrivé pendant ce voyage aux confins de la vie et de la mort. Leurs récits se rapprochent curieusement de ce que m'on raconté les sujets qui ont revécu leur mort au cours d'une régression dans le passé.

De son côté, la thanatologue américaine Elizabeth Kubler-Ross (1) et son équipe de recherche ont collecté, à travers les Etats-Unis, l'Australie et le Canada, des milliers de témoignages émanant de personnes de tous âges, le plus jeune étant un enfant de deux ans, et le plus âgé un homme de 97 ans. Ils ont interrogé des gens de différents systèmes culturels, de différentes croyances, des Esquimaux, des Hawaïens, des Aborigènes d'Australie, des Indiens bouddhistes, des Catholiques, des Juifs, des athés, des agnos-

(1) Thanatologie : science de la mort

tiques. Le Dr Kubler-Ross voulait obtenir le plus d'informations possibles, en provenance des sources les plus variées, car elle voulait être certaine que les témoignages des mourants n'étaient pas contaminés par leurs croyances. Ils en sont ainsi arrivés à la conclusion que la mort est une expérience unique, qui n'a rien à voir avec le système de croyance quel qu'il soit.

Chacun de nous expérimentera à son tour cette expérience unique, au moment de sa mort : la séparation de l'esprit et du corps, ce moment où le « moi immortel » se détache de l'enveloppe temporaire où il a séjourné. Dans tous les cas (morts cliniques, descriptions de mort au cours de voyages dans le passé, ou accompagnement des mourants), les individus semblent quitter cette enveloppe dans une absence totale de panique, de peur ou d'anxiété. Ils ressentent même alors un sentiment d'union, de globalité. Ils sont totalement conscients de l'environnement dans lequel ils se trouvent au moment du décès, que la mort soit douce et lente, ou rapide et violente, qu'elle advienne dans une chambre d'hôpital ou à la maison. L'esprit qui vient de quitter le véhicule terrestre perçoit parfaitement le monde physique dont il est en train de se détacher. Il regarde même le corps avec une certaine distance, comme s'il planait deux mètres au-dessus de la scène, singulièrement détaché, comme s'il n'était plus connecté à ce corps. Cette phase se déroule en général au moment où les ondes cérébrales deviennent complètement plates, ne manifestant plus aucun signe d'activité. L'esprit se rend alors parfaitement compte des discussions des médecins autour du corps étendu, et des pensées qui concernent la personne décédée, mais sans en ressentir les effets négatifs.

J'ai eu l'occasion à plusieurs reprises de dialoguer avec des personnes qui avaient connu cet état de mort clinique. L'une d'elles avait été asphyxiée par le gaz, alors qu'elle prenait sa douche. Son mari, la découvrant inanimée, appela immédiatement le S.A.M.U. et les pompiers, qui tentèrent de la ranimer. A son réveil, la jeune femme décrivit comment elle avait flotté dans la pièce, étrangement détachée, dans un sentiment inhabituel de calme, de paix et de sérénité. Elle .décrivit avec précision les gestes des pompiers, leurs vêtements, leurs visages. La pièce lui semblait étonnamment large, comme si elle avait agrandi enflé. Puis elle raconta comment on l'avait enveloppée dans une couverture pour l'emmener en ambulance à l'hôpital. Elle flottait toujours au-dessus de son corps pendant le trajet. Elle se réveilla peu après dans son lit.

L'une de mes amies, avocate politique new-yorkaise, proche collaboratrice d'un sénateur de Washington, vécut une aventure similaire au cours d'un coma diabétique. Elle se vit flotter au-dessus de l'ambulance qui l'emmenait à l'hôpital. Lorsqu'elle se réveilla, elle essaya de raconter au personnel médical ce qui lui était arrivé, mais elle se heurta à un mur d'incompréhension, et se rendit compte du total black-out qui entoure ce type d'expérience. Lorsqu'elle réalisa qu'on ne la croyait pas, elle se tut. Des années plus tard, dans la rue où elle habite, dans l'une des banlieues de New York, elle rencontra deux autres personnes qui avaient connu une expérience similaire. Elles partagèrent leur aventure, et réalisèrent qu'elles avaient dû, toutes trois, faire face à la même incompréhension.

Contrairement à ce que l'on pourrait croire, ceux qui vivent ainsi une mort partielle avant de renaître à la vie n'en reviennent pas forcément croyants, mystiques, ni même perméables à l'idée de réincarnation. Mais loin de tout concept religieux, leur existence en est tout de même profondément changée. Après la mort, nous expérimentons un second corps, le corps éthérique. Cette expérience s'accompagne toujours d'un sentiment de globalité, d'un sentiment total, même lorsque le corps physique est mutilé. Les affections du corps physique ne rejaillissent en aucune manière sur l'intégrité du corps éthérique. C'est pourquoi, souvent, ceux qui ont ressenti cette plénitude avant d'être réanimés retrouvent leur corps physique et ses souffrances avec une certaine nostalgie, pour ne pas dire malaise. Ils s'y sentent emprisonnés.

Ainsi, l'un des pionniers de la régression dans les vies antérieures, le Dr Helen Wambach, connut par deux fois la mort clinique, sur la table d'opération, avant d'y mourir définitivement au cours d'une intervention en août 1985. Elle raconte qu'après des années de recherches, il lui a été donné d'expérimenter de première main ce qu'elle recherchait depuis tant d'années. Lors de sa seconde mort clinique, elle quitta son corps et traversa les phases successives de la transition. Elle rencontra alors un être enveloppé de lumière qui lui dit : « Le moment n'est pas encore venu, il faut redescendre. » Elle fit demi-tour. Elle vit alors l'équipe de réanimation affairée autour de son corps. L'un des médecins se grattait la tête, se demandant ce qu'il pouvait bien tenter pour la sauver. (Il est intéressant de noter que le terme « équipe de réanimation » a pour équivalent, en anglais « resurrection team », ce qui signifie « équipe de résurrection ». Puis le Dr Wambach quitta l'état de sérénité dans lequel elle baignait pour rentrer dans son corps, dont elle ressentit brutalement toute la souffrance.

Nombre de médecins et de chirurgiens se demandent si les descriptions de ce genre ne seraient pas seulement des projections du mental. Cela pourrait raisonnablement être le cas, notamment lorsque la « mort clinique » affecte une personne handicapée ou malade depuis des mois voire des années. Elle pourrait alors essayer de se voir telle qu'elle voudrait encore être, et produire ainsi, par la force de son esprit, une projection phantasmatique à la réalité. D'abord, la plupart des cas de mort clinique arrivent de façon trop soudaine, et dans des conditions telles que le sujet ne pouvait pas prévoir ce qui allait se produire. Lorsqu'un piéton se fait renverser par un chauffeur ivre, il n'a pas le temps de phantasmer sa mort. Un homme eut ainsi un accident de voiture au cours duquel il eut une jambe sectionnée. Sa conscience ne pouvait pas avoir connaissance de cette mutilation, et pourtant, pendant qu'il flottait au-dessus de son corps physique, vêtu de son seul corps éthérique, il ressentit la plénitude de ce nouveau corps en même temps qu'il observait l'ancien. Il ne pouvait pas, à ce moment-là, savoir qu'il allait se réveiller, et projeter son désir de ne pas être mutilé.

Elizabeth Kubler-Ross cite un autre cas : un aveugle, qui vécut un état de mort clinique, raconta à son retour avec force détails l'agitation des médecins autour de son corps physique, la couleur de leurs blouses et de leurs cheveux, leurs attitudes, leurs gestes, toutes choses dont il ne pouvait avoir connaissance à l'état normal. Ce cas n'est pas unique.

Tous les chercheurs qui se sont penchés sur ce sujet en sont revenus forts d'une nouvelle certitude : nul individu ne meurt jamais, du moins au sens où nous l'entendons dans notre société. Au moment de la transition, que ce soit dans les vies passées ou dans le présent, personne n est jamais tout à fait seul. Même si la mort survient dans un désert ou dans une capsule spatiale perdue dans l'immensité glaciale du vide interplanétaire, des êtres accompagnent le passage. Le mourant, pendant la phase intermédiaire, reçoit toujours l'aide d'êtres, qui sont soit des guides, soit des parents ou amis décédés qui viennent leur apporter leur soutien. Elizabeth Kubler-Ross a étudié et accompagné de nombreux malades de tous âges au seuil de la mort. Elle a remarqué qu'en général, ils prennent conscience de la possibilité qu'ils ont de quitter leur corps physique. Les enfants sont les premiers à noter ce phénomène et à l'utiliser. Les malades commencent alors à avoir ce que l'on appelle des « expériences hors du corps », ou « expériences de dédoublement ». Bien sûr, ce type d'expérience peut se vivre en d'autres circonstances : soit d'une manière consciente, soit pendant le sommeil bien que peu d'entre nous en ramènent le souvenir. Curieusement, les enfants mourants connaissent en général un regain de spiritualité en totale disproportion avec leur âge et leur expérience. Ils prennent conscience de ces courts voyages et cela les aide considérablement lors de la transition

Un metteur en scène new-yorkais âgé de 56 ans, Victor Sokolov, mourut cliniquement pendant 23 minutes. Dans son quotidien, il avait l'habitude de se montrer particulièrement sceptique vis-à-vis de tout ce qui avait un caractère mystique ou religieux. L'équipe médicale fit tout son possible pour le ramener à la vie, puis finit par se rendre à l'évidence : la mort était survenue de manière irréversible. Ils tentèrent tout de même un dernier essai, véritable tentative de l'impossible, et Sokolov revint à lui. Sokolov raconta ce qui lui était arrivé alors qu'il était « là-bas » (1) :

« Les jours qui suivirent mon retour à la vie furent très pénibles. Je ne parvenais pas à reprendre contact avec le monde environnant. Je me demandais lequel, de celui-ci ou de l'autre, était illusoire. Toute mon attention se portait sur mon corps, qui ne m'inspirait alors que méfiance et étonnement. (..) Le sixième jour, je me réveillai dans un

(1) J. Head et S.-L. Cranston, « Le livre de la réincarnation », Ed. de Fanval.

monde beaucoup moins étrange. Quelque chose en moi avait décidé de franchir la dernière étape. (...) Par moments, j'éprouve encore la nostalgie de cette autre réalité, de cet état d'ineffable quiétude, au sein d'un Tout harmonieux, dont le seul souvenir suffit à émousser en moi des tentations invétérées au cœur de l'homme, comme l'envie de posséder, de plaire, de réussir. Je me sens heureux d'être ici et à cette heure, mais je sais que cette terre, domaine enchanté du soleil, des vents, de l'enfance et de l'amour, mais qu'accable aussi le mal, la laideur et la souffrance, n'est qu'une des nombreuses étapes du long voyage qui doit me conduire vers des destinations inconnues. »

La mort n'est pas une fin, mais un passeport pour ces destinations inconnues.

Les enfants et la mort

Bien que d'autres chercheurs aient investigué des cas de mort clinique, les plus célèbres étant le Dr Raymond Moody (1), et plus récemment Kenneth Ring (2), le Dr Kubler-Ross a été l'une des seules à s'être penchée sur la mort des enfants.

Le Brain Mind Bulletin du 5 mars 1984 cite un rapport sur la mort clinique des enfants, qui tend à démontrer que les adultes et les enfants vivent la mort clinique de façon différente. Cette étude suggère que les enfants connaissent des expériences plus vivaces que les adultes, probablement parce qu'ils sont moins programmés, culturellement, à résister à la nouveauté. Ils voient deux fois plus fréquemment que les adultes une lumière rayonnante de paix, ineffable et attirante. Durant l'expérience, les adultes gardent en général leur identité d'adulte alors que les enfants mettent de côté leur caractère enfantin pour devenir « sans âge », empreints d'une sagesse qui défie le temps. Un chercheur de l'Université du Connecticut, Nancy Bush, s'est livrée elle aussi à des études de ce genre : selon elle, les enfants ne sont pas aussi rigides que les adultes. Ils ont

(1) « La vie après la vie », et « Lumières nouvelles sur la vie après la vie » Ed. Robert Laffont.
(2) « Sur la frontière de la vie », Ed. Robert Laffont.

moins d'attentes précises et d'idées préconçues à propos de leur vie. Nombre d'entre eux transcendent leur état d'enfant. Elle cite des exemples : l'un ressentit une irrésistible sensation de sagesse et de savoir, alors qu'il n'avait que douze ans lorsqu'il fut déclaré mort cliniquement ; une autre, qui n'avait que neuf ans lorsque cela lui arriva, raconte qu'elle se sentait calme et forte, éternelle, qu'elle avait l'impression de ne plus être une enfant. La plupart du temps, lorsqu'ils sont parvenus à l'âge adulte, ils retrouvent spontanément un vocabulaire d'enfant pour raconter leur expérience, comme s'ils employaient automatiquement les mots dont ils disposaient lorsque l'aventure leur est arrivée.

Les chercheurs ont tendance à croire à la validité de ces exposés rétrospectifs, parce qu'ils reflètent d'une manière authentique l'innocence de l'enfance, que ni le temps ni la sophistication ne peuvent effacer.

Dans le même Brain Mind Bulletin, on apprend que les étudiants de l'Université de Wichita, dans le Colorado, produisent des cassettes vidéo réalisées autour de sujets ayant connu des expériences de mort clinique. Howard Mickel, le responsable de ce département, précise que ces cassettes sont offertes aux professionnels de la santé et aux membres de la faculté qui donnent des cours sur la manière d'apprendre à mourir. Selon lui, ceux qui ont traversé l'expérience de la mort clinique se sentent aliénés par les institutions médicales et religieuses. Le cursus de formation type de l'infirmière, dans le monde occidental en général et aux U.S.A. en particulier, n'aborde pas le problème de l'accompagnement du mourant. Pourtant, elles sont les plus concernées par ce sujet auquel elles sont confrontées régulièrement dans le cadre de leurs activités.

Howard Mickel cite un sondage réalisé auprès des mourants : une personne sur trois, au seuil de la mort, rapporterait les mêmes paramètres que ceux que l'on peut extraire des nombreux cas de mort clinique. Plus de huit millions de personnes semblent avoir quitté leur corps, être passés à travers un tunnel, ou avoir ressenti une sorte de paix transcendante. Plus loin Mickel dit encore que ces témoignages sont généralement réservés aux journaux à sensation parce que la science médicale continue à les prendre pour des hallucinations. Ce sont pourtant des expériences qui mériteraient d'être étudiées avec tout le sérieux dont dispose la recherche. L'une des vidéocassettes raconte la rémission spontanée d'un leucémique. Au seuil de la mort, cet homme voyagea à travers une étendue très lumineuse, entre deux montagnes. Là, un être lui dit : « Voilà, tu es guéri. » L'homme regagna son corps physique, et guérit effectivement sans explication scientifique médicale satisfaisante. Il me semble que les cas de ce genre sont suffisamment étonnants pour mériter que les instances scientifiques s'y intéressent sérieusement.

Dans son dernier livre (1) le Dr Kubler-Ross parle tout particulièrement des enfants atteints de maladies incurables : « Ces jeunes enfants, écrit-elle, savent ce qui les attend après la vie. Ceux qui s'apprêtent à mourir, au lieu d'avoir peur et de combattre, nous donnent des leçons sur la manière de vivre.

Voici le récit des derniers instants d'un enfant mourant, témoignage qui est loin d'être exceptionnel : une infirmière demandait à un enfant de sept ans, leucémique, comment il voyait le paradis. C'est comme si vous passiez à travers un mur vers une autre galaxie, répondit-il. C'est comme si vous marchiez dans votre cerveau, ou dans un nuage. L'esprit est là, mais pas le corps. Est-ce que tu peux nous dire pourquoi les gens sont si effrayés à l'idée de mourir ? demanda encore l'infirmière. Si vous ne vous attachez pas à votre corps, répondit l'enfant, si vous laissez les choses se faire, ce n'est pas réellement douloureux. Penses-tu que cette vie sur terre est la seule que nous vivions ? insista l'infirmière. Ceux qui le pensent sont dans l'erreur, assura l'enfant. Je sais qu'un jour je reviendrai. »

Quelque temps avant la mort, les enfants expérimentent des voyages hors du corps, et prennent conscience d'autres êtres qui les attendent de « l'autre côté », pour les guider, les aider. L'Eglise a appelé ces êtres des « anges gardiens ». La plupart des mystiques et des religieux les nomment « guides ». J'ai été confronté à eux, et je les ai appelés « passeurs ». D'autres encore les nomment « veilleurs ». Le nom qu'on leur donne importe peu. L'essentiel, c'est que nous sachions que chaque être humain, de sa première

(1) « On children and death », Ed. Mac Millan.

inspiration à sa dernière expiration, de sa naissance à la fin de son existence physique, est en présence de ces guides qui l'aideront à passer de l'autre côté, là où il n'y a plus ni corps physique, ni temps, ni espace.

Les enfants atteignent au seuil de la mort une sagesse que bien des adultes leur envieraient, et cela les fait parfois réagir de façon étrange : une petite fille, Suzie, était atteinte de leucémie (1). Comme elle sentait sa mort approcher, elle réalisa qu'il lui était de plus en plus facile de quitter son corps physique. Sa maman, qui la veillait jour et nuit, ne cessait de lui dire : « ne me quitte pas ma chérie, je ne pourrai plus vivre sans toi ». C'est généralement de cette façon que, dans notre société occidentale, nous préparons nos proches à mourir : soit en essayant de nier cet événement inéluctable, soit en culpabilisant le mourant d'oser vouloir partir sans nous. Suzie, qui peu à peu se préparait à mourir, eut conscience d'une vie après la mort. Une nuit où elle se trouvait dans un état altéré de conscience, elle vécut une expérience hors du corps au cours de laquelle elle se rendit compte qu'elle pouvait voyager sans son enveloppe physique, libre de « voler » partout où elle le désirait. Ce contact avec une nouvelle réalité, difficile à expliquer, la poussa à adopter une attitude que l'on rencontre souvent chez les enfants mourants. Un soir, sentant sa fin approcher, Suzie dit à sa maman : « rentre te reposer un peu, tu es très fatiguée. Tu reviendras ce soir ». Sa maman obéit. Et Suzie profita de son absence pour franchir la porte qui sépare la vie terrestre de l'autre vie. Comme si, dans un éclair de lucidité, elle avait éloigné celle dont l'amour et l'incompréhension risquaient de rendre le passage difficile. Généralement, lorsque cela se produit, les parents développent une terrible culpabilité d'avoir « abandonné » leur enfant dans cet ultime instant, sans imaginer une seconde que c'est eux qui l'ont voulu.

Elizabeth Kubler-Ross a également remarqué une sorte de prescience chez les enfants mourants. Elle a observé de nombreux enfants qui venaient d'être accidentés avec leur famille. Parfois, leurs parents étaient déjà décédés, parfois, ils étaient seulement dans un état proche de la mort. Elle a

(1) Dr Kubler-Ross, *op. cit.*

assisté ainsi de nombreux enfants mourants qui n'étaient pas au courant du décès de leurs proches, et elle fut très impressionnée de constater que ces enfants savent toujours qui les a précédés dans la mort. Leur visage, en général très tourmenté, se détend une quinzaine de minutes avant le décès, laissant place à une immense sérénité. Ils s'apprêtent à quitter la terre en sachant parfaitement qui les attend de l'autre côté.

On peut penser que, lorsqu'elle est au courant du décès des parents, le Dr Kubler-Ross influence psychiquement ces enfants et leur apprend, bien malgré elle, ce qu'elle sait. Mais souvent, elle n'est pas au courant du décès qui se produit, dans une salle voisine, alors qu'elle est déjà en compagnie de l'enfant. L'information n'a donc pas pu circuler de subconscient à subconscient entre le médecin et le petit malade. Le Dr Kubler-Ross précise qu'elle n'a jamais rencontré un seul enfant qui se soit trompé à ce sujet. Elle ne sait pas comment expliquer ce phénomène. Pour ma part, je pense que peu de temps avant la mort, la vision éthérique se déclenche, permettant au mourant de voir les proches qui l'attendent de l'autre côté.

Au cours de mes conférences, j'ai parfois rencontré des personnes ayant vécu des expériences de mort clinique, qui acceptaient de témoigner en public. Dans le cadre restreint d'une salle de conférence remplie d'un public concerné et prêt à écouter, la chose est plus facile, loin de toute tentation de jugement, de critique. Personne ne cherche alors à donner à ces témoignages la moindre étiquette psychiatrique, et les sujets se racontent plus volontiers, nous offrant des récits susceptibles de nous faire mieux comprendre des choses qui nous dépassent. Ce qui empêche souvent les mourants de faire partager à leur entourage l'expérience qu'ils sont en train de vivre, c'est notre incroyable tendance à classer, étiqueter, catégoriser, juger ce qui nous dépasse. Et cela nous met dans une position très inconfortable face à la mort, car rien, dans le modèle mécaniste du monde tel qu'il est véhiculé dans notre civilisation occidentale, ne nous offre le moindre point de repère auquel nous raccrocher.

Les chercheurs qui osent se pencher sur ce sujet sont, eux aussi, de la même manière, jugés et catégorisés. Le Dr Kubler-Ross raconte (1) comment elle a été critiquée, jugée par les pairs de la science médicale au sein de laquelle elle a été formée. « D'autres, écrit-elle, en réaction contre la prise de conscience spirituelle de plus en plus importante, ont dénié tout mon travail et clairement affirmé que j'étais devenue psychotique à force de côtoyer des enfants mourants. On m'a donné toutes sortes de noms, depuis " Antéchrist ", jusqu'à " Satan " lui-même ! J'ai été étiquetée, avilie et dénoncée. J'ai fini par prendre ces attaques pour des compliments, car leur disproportion indique que je suis en train de travailler sur un sujet qui effraie tant que le seul moyen de s'en défendre est d'attaquer, n'importe comment. »

Voici un des plus beaux récits rapportés par le Dr Kubler-Ross dans son livre (1) : Pierre, un petit garçon de quatre ans, fit une réaction allergique à un médicament et fut déclaré mort. Désespérée, la maman s'accrochait à son enfant en l'implorant de revenir. Après ce qui sembla être une éternité, Pierre ouvrit les yeux et dit avec la voix d'un très vieux sage : « Maman, j'étais mort. J'étais dans un lieu magnifique, le plus beau qu'on puisse imaginer. Je ne voulais pas revenir. J'ai vu Jésus et Marie. Marie m'a dit que le temps n'était pas encore venu pour moi de quitter cette terre. J'ai essayé de l'ignorer, mais Marie s'en est aperçue. Elle m'a alors poussé en disant : " Tu dois repartir, tu dois sauver ta mère du feu. " C'est à ce moment-là que Pierre a ouvert les yeux. " Tu sais maman, ajouta-t-il, lorsque Marie m'a dit cela, j'ai couru à nouveau vers la maison. " »

La maman de Pierre était une femme simple et très pieuse. Elle n'osa pas parler de cela à quiconque pendant des années. Peu à peu, la dépression la gagna, à cause de la mauvaise interprétation qu'elle faisait de ce que Marie avait dit à son fils. Elle pensait que Pierre devait la sauver du feu, des flammes de l'enfer. Elle ne comprenait pas pourquoi elle était promise ainsi à la damnation éternelle. Elle n'avait pas compris qu'il s'agissait d'un langage symbolique. D'abord, si Pierre a vu Marie et Jésus, cela peut être en partie à cause de son milieu, de son environnement culturel et religieux. Il peut tout aussi bien s'agir

(1) *Op. cit.*

d'êtres désincarnés, de maîtres, de guides, à qui il a donné des noms qu'il connaissait. D'autre part, le feu dont parlait l'être que Pierre a rencontré était aussi un feu symbolique. Treize ans après l'accident, la maman de Pierre rencontra le Dr Kubler-Ross et lui raconta toute son histoire. Le médecin demanda alors à la femme d'arrêter de penser pour questionner son intuition, son moi interne. Puis elle dit : « Que vous serait-il arrivé si Pierre n'était pas revenu vers vous ? » La maman se prit la tête à pleines mains et cria : « Mon Dieu, c'eût été un enfer !... »

Voilà un exemple du langage symbolique que l'on entend souvent au-delà de l'univers des cinq sens. Et si les êtres humains écoutaient plus souvent leur propre intuition spirituelle, s'ils ne contaminaient pas ces messages par leur propre négativité, leurs propres peurs, leurs propres culpabilités, et leur besoin incessant de se punir, ils comprendraient mieux le sens du magnifique langage symbolique que les mourants essaient de transmettre par le biais de leurs visions, de leurs espoirs, de leurs besoins, de leur connaissance.

L'accompagnement des mourants

En novembre 1985, mon épouse Marguerite se rendit à Genève pour assister à une conférence du Dr Kubler-Ross patronnée par la Croix-Rouge suisse. A l'issue de cette conférence, elle participa à un séminaire de deux jours, animé par une infirmière spécialisée dans les maladies incurables qui suivit les enseignements du Dr Kubler-Ross pendant sept ans.

Au cours de ce séminaire, un texte circula. Il émanait d'une élève infirmière de troisième année, Barbara Dobbs, et rapportait les résultats d'un travail effectué dans le cadre du cours de santé publique. En voici quelques extraits (1) :

« Malgré le fait que soulager les souffrances et aider à mourir fasse partie intégrante des soins infirmiers, bien peu d'infirmières sont assez préparées pour accomplir cette partie de leur tâche. Dans le courant des deux dernières années de stage à l'hôpital, je n'ai pas vu un seul malade

(1) « L'infirmière devant la mort. »

atteint de la maladie terminale être vraiment pris en charge au point de vue psychologique par l'équipe soignante, comme il aurait été en droit de l'attendre. (...) Ces patients étaient en général évités au maximum, ou rassurés " à bon marché ", par des " ne vous en faites pas " ou " tout va s'arranger ". Quelquefois, leur regard semblait dire : " Ne comprenez-vous donc pas ? "

Cet état de fait n'est pas dû au manque de bonne volonté des infirmières, mais à leur manque de préparation, d'information, d'enseignement à ce sujet. Il y a bien sûr quelques exceptions, mais il s'agit toujours d'infirmières ayant des convictions religieuses personnelles, qui pouvaient les aider elles-mêmes, mais pas toujours aider les malades. A chaque fois, il m'a semblé que le patient en question avait le droit de recevoir des soins infirmiers plus complets au niveau psychologique. C'est surtout lorsque j'ai pu observer avec quel doigté l'infirmière, qui était alors ma chef de stage, savait aborder les malades entrés en phase terminale, que l'idée me vint qu'il fallait à tout prix mieux préparer ceux qui approchent et soignent des êtres humains parvenus à la dernière limite de leur existence terrestre, et qui doivent affronter " la vallée de l'ombre de la mort " comme dit le psalmiste. »

Là, le rapport cite les différents stades du deuil et de l'affliction. Barbara Dobbs tente de diviser le processus de la mort, ou du moins de la connaissance que nous en avons, en différents stades : « D'abord, la plupart des gens qui affrontent la mort emploient la négation, non seulement au début de leur maladie, mais aussi périodiquement tout au long de son cours, comme pour se protéger de l'intensité de la vérité qu'ils doivent accepter. La première réaction du patient est donc un état de choc temporaire dont il sort graduellement. (...) Il va petit à petit laisser cette négation derrière lui pour utiliser d'autres mécanismes de défense. La négation est alors remplacée par une intense colère, accompagnée d'hostilité et de ressentiment. La question est alors posée : " pourquoi moi ? ". Ce second stade est souvent difficile à supporter pour la famille et l'entourage du patient. La colère et l'hostilité sont projetées dans toutes les directions, parfois même au hasard. Le troisième stade est celui de la négociation. Il est très utile au malade, même s'il ne dure généralement pas longtemps. S'il a été impossible de faire face à la triste réalité au cours du premier stade, et que la colère s'est déversée sur Dieu et hommes au cours du second, il est alors possible d'entrer dans une sorte de négociation qui pourrait repousser l'inévitable. En d'autres termes, le malade se dit à ce moment-là : " Si Dieu a décidé de me faire quitter la terre, s'il n'a pas répondu à mes cris de colère, peut-être répondra-t-il à ma demande si je la formule avec plus de douceur ? " Tout cela dans une sorte de culpabilité latente. L'aumônier peut être très utile à ce stade, car cette culpabilité se manifeste en général dans la sphère religieuse.

Ensuite vient le stade de la dépression. Le patient n'arrive plus à nier sa maladie. Souvent, il doit se soumettre à de nouvelles thérapeutiques, à des opérations, à l'hospitalisation. Il devient plus maigre, plus faible. Il ne peut plus occulter ce qu'il est en train de vivre. Il y a deux sortes de dépressions : l'une réactive, l'autre préparatoire. La dépression réactive arrive comme le résultat d'une perte passée, alors que la dépression préparatoire se base sur une perte imminente. Notre réaction à ces dépressions se veut être un encouragement. Nous voudrions faire voir aux malades le bon côté des choses, mais le plus souvent, c'est là une expression de nos propres besoins, de notre propre incapacité à tolérer un visage triste. Cette dépression préparatoire à la perte imminente de tout ce que l'on aime joue un rôle de facilitateur. Elle aide le malade à entrer dans le stade suivant : l'acceptation. Si les stades précédents ont été bien traversés, le malade se retrouve sans angoisse, déprime ni révolte. Il a pu exprimer ces sentiments, et son envie de continuer à vivre au cours des semaines précédentes. Il est prêt à accepter sa mort, au sens propre du terme : faire acte de recevoir. »

Le document développe ensuite ce dont le mourant a besoin sur le plan de l'hygiène, du confort, de l'écoute psychologique, du respect. Puis il aborde le problème des besoins spirituels : « Le patient doit pouvoir mourir avec dignité, entouré de respect et d'humanité. Il doit pouvoir recevoir fréquemment les visites de sa famille et de ses amis s'il le désire. Il doit pouvoir souffrir le moins possible. Il doit pouvoir clarifier ses relations, exprimer ses vœux, partager ses sentiments, et planifier avec sa famille, d'une façon intelligente, les changements que sa mort va imposer aux vivants. Enfin, il doit pouvoir mourir dans un environnement qui lui est familier. » Et le rapport se conclut ainsi : « Je crois aussi que tout être humain a le droit de savoir qu'il va mourir, afin qu'il puisse s'y préparer, faire la paix avec lui-même, avec sa famille, et avec son Dieu. La planification dans le temps est très importante. Dès la confirmation du diagnostic, les patients doivent être mis au courant, afin d'avoir le temps de s'adapter à la réalité d'une manière positive, au moment où ils en ont encore la force. »

Dans « rencontres avec les mourants » (1), le Dr Kubler-Ross raconte les derniers moments qu'elle passa au chevet d'une jeune fille de 21 ans : « J'ai demandé qu'on apportât deux chaises pour ses parents, à qui on avait dit de rester dans la salle d'attente. Ils ne devaient passer que cinq minutes par heure au chevet de leur fille qui était en train de mourir. J'insistai pour qu'on plaçât des chaises pour eux à la tête du lit, mais l'infirmière répliqua, comme une chose allant de soi, que c'était contraire au règlement et donc impossible. Je lui demandai les raisons de ce règlement absurde, mais je n'obtins pas de réponse. On ne peut pas changer les choses par une révolution brutale, on pourrait faire plus de dégâts que de bien. Il faut faire preuve de patience. On ne change les choses qu'en les faisant doucement évoluer.

Je travaille auprès des mourants presque 24 heures par jour, aussi suis-je plus à l'aise avec eux que les infirmières. Il faut bien comprendre que si les infirmières sont si impersonnelles, cela ne relève ni de leurs sentiments profonds, ni de leurs désirs, mais du fait qu'elles travaillent tous les jours au milieu des mourants, et qu'elles sont obligées de s'isoler, de s'insulariser, pour ne pas trop souffrir. La qualité de leurs soins du point de vue purement technique est généralement excellent, mais elles n'ont pas compris que tous, nous devons mourir, et que chacun d'entre nous aimerait mourir avec un minimum de confort, de tranquillité et de dignité.

Cette jeune fille mourut seulement, dans son service, à trois heures du matin. Les infirmières avaient la tête farcie des connaissances nécessaires, mais elles n'avaient pas

(1) Extrait d'un recueil de conférences intitulé « Confrontations with dying », publié dans le bulletin Laennec, 23e année, n° 2, 1974.

dans le cœur les sentiments qu'il eût fallu. Elles refusèrent d'éteindre la lumière éblouissante de la chambre, et de donner des chaises aux parents. Il en est ainsi tous les jours dans des centaines d'hôpitaux. Mais je pense qu'en formant les jeunes à cet aspect de leurs activités, les choses évolueront. C'est notre seul espoir de changement. »

Ce texte d'Elizabeth Kubler-Ross a été écrit il y a près de quinze ans. Il faut avouer que dans ce domaine, comme dans beaucoup d'autres, les choses ont changé. De plus en plus, on constate une conscience et une volonté, une ouverture, de la part aussi bien du personnel de santé que des mourants.

Aux U.S.A., il se tient près de 1 500 séminaires par an sur l'art de mourir, ce qui prouve bien que les gens sont de plus en plus nombreux à se préoccuper de ce problème, qui, un jour ou l'autre, concernera chacun de nous. Et que faire dans ces moments difficiles, sinon réapprendre des choses perdues, oubliées, que les civilisations anciennes possédaient, et que les sociétés dites primitives connaissent encore aujourd'hui ? Dans ces séminaires, certains moments sont à la limite du soutenable. On y montre des films vidéo, filmés derrière des glaces sans tain après acceptation du mourant. Il y raconte ses derniers instants, la façon dont il les vit, ce qui se passe dans sa tête, ce qu'il ressent, etc. Ces documents sont d'une aide précieuse pour chacun d'entre nous, en vue du moment où il devra passer de l'autre côté pour naître à nouveau. Car naissance et mort sont deux phénomènes identiques. Le fait de quitter ce monde représente une naissance dans l'autre. En mourant, nous redevenons « nouveau-nés ».

Les étapes du passage

Toutes les données se rapportant aux étapes du passage vers l'autre côté, qu'elles émanent de témoignages de personnes ayant vécu une expérience de mort clinique, de récits rapportés au cours de régressions dans le passé, ou des textes des grandes traditions, se ressemblent curieusement.

Dans « La vie après la vie » (1), Raymond Moody les décrit ainsi :

— Incommunicabilité,
— audition du « verdict »,
— sensations puissantes de calme et de paix,
— audition d'un bruit céleste,
— traversée d'un tunnel obscur,
— projection extra-corporelle,
— rencontres avec des êtres désincarnés, puis avec un être de lumière,
— bilan de la vie,
— arrivée à la frontière, puis retour.

Kenneth Ring (2) précise, lui, que toutes ces composantes ne se reproduisent pas forcément dans tous les cas, et en tout cas pas dans le même ordre. Toutefois, il faut signaler que ce n'est pas parce qu'un sujet n'a pas le souvenir d'un de ces éléments, que forcément il ne l'a pas vécu. Elizabeth Kubler-Ross ajoute que le rappel à la mémoire de l'expérience ne se produit que dans un cas sur dix environ, principalement dans les cas de mort survenue brutalement (accidents de voiture, attaques cardiaques, suicides ou meurtres), avant de céder à la réanimation. Les simples rêves, domaine quotidien s'il en est, ne passent la barrière du mental pour se révéler à la conscience que chez un petit nombre d'individus. Chez les autres, le mental, trop puissant, rejette dans l'inconscient ces images qu'il juge peut-être perturbantes. Il est normal que les personnes ayant un mental très puissant, rejettent, a fortiori, des expériences comme celle de la mort clinique, lorsque cela leur arrive. Il est cependant intéressant de noter que tous les témoignages émanent de toutes les couches socio-économiques et culturelles de notre société occidentale. Le milieu, la religion et le niveau culturel ne semblent jouer aucun rôle dans la censure opérée par l'inconscient.

Certaines traditions orientales expliquent le processus de la désincarnation comme étant une double activité, liée essentiellement au corps éthérique. L'âme prononce la parole de retrait, et l'ensemble de la substance éthérique, dans laquelle baignait l'organisme physique, se retire de

(1) Ed. Robert Laffont.
(2) « Sur la frontière de la vie », Ed. Robert Laffont.

l'enveloppe mortelle et se rassemble dans la zone du corps éthérique, qui entoure le corps physique. Puis la conscience de l'âme commence sa montée à travers les plans de conscience, du plan éthérique vers le plan astral, puis vers le plan causal.

Parfois, au moment de la mort ou peu de temps auparavant, le mourant ressent une oppression physique, comme s'il devenait une masse de terre qui sombre dans l'eau. Cette impression correspond au retrait de la vie qui passe du plan physique, « la terre », au plan astral, « l'eau ».

Il arrive aussi que le mourant se sente envahi par le froid, comme une masse d'eau qui sombre dans l'air. C'est le retrait de la conscience qui passe du plan astral, « l'eau », au plan mental, « l'air ». C'est là que se situe le passage de la mort proprement dite. Puis le mourant éprouve un froid encore plus intense, comme si son corps était plongé dans une eau qui se change en air. Il s'ensuit une sensation d'explosion, comme si tous les atomes du corps physique se désagrégeaient. Il lui semble qu'il explose physiquement tant sa conscience mentale, l'air, s'identifie à la conscience de l'âme, le feu, qui a prononcé la parole de mort, sentence contre laquelle l'élémental physique qu'est l'instinct de conservation ne peut rien. J'ai étudié ces différentes phases au cours de plusieurs séminaires, regroupant des dizaines de personnes.

J'ai amené les sujets dans un état spécial d'éveil, à une demi-heure de la mort qu'ils avaient vécue au cours d'une de leurs vies passées. Puis j'ai étiré cette demi-heure afin de faire revivre aux participants les différentes étapes du passage, telles qu'elles se manifestent sur le plan de la sensation physique. Souvent, des sujets qui avaient des phobies irraisonnées de la mort, sans relation avec leur âge ni leur état de santé, s'en voient débarrassés après cet exercice.

Voici comment je procède : je demande d'abord aux participants de se laisser aller : derrière leurs yeux clos, ils voient des lumières, des lucioles, des arabesques qui vont et viennent, se font et se défont. Puis, de temps en temps, un visage apparaît. Peut-être est-ce le leur lorsqu'ils étaient plus jeunes ? Ou celui d'un homme ou d'une femme qu'ils ont aimé ? Les choses vont et viennent... Comme nous approchons de la transition fictive, je demande aux sujets de laisser venir à la surface des souvenirs de souffrance, de tristesse, mais aussi de joie, de bonheur, souvenirs de l'enfance, puis de la toute petite enfance. Nous savons que lorsqu'un être humain est sur le point de mourir, l'ensemble de sa vie se déroule devant ses yeux en quelques secondes, comme un film.

C'est ce dont parlent Anne et Daniel Meurois-Givaudan lorsqu'ils évoquent la chambre des souvenirs (1) : « Dans les heures, et même les jours qui suivent la séparation définitive du corps astral et du corps physique, l'être humain qui devient alors une entité, une âme, revoit en détail le déroulement de son existence entière. Il assiste à tout cela comme un véritable spectateur qui ne sentirait aucune émotion à la vue d'un film. Ce film lui est d'ailleurs projeté en marche arrière si l'on peut dire. L'entité commence par revoir ainsi les dernières heures qui ont précédé sa mort, puis il remonte le fil du temps jusqu'à la minute même de sa naissance. La durée de ce processus est bien sûr un peu différente d'un individu à l'autre. Pour en avoir une idée précise, il faut savoir que cela se prolonge généralement aussi longtemps que l'être de son vivant, était capable de rester éveillé. (...) Est-ce en ce lieu que tout cela se passe ? Non, pas du tout, car sauf en ce qui concerne des individus particulièrement évolués et détachés de la vie terrestre, le corps astral demeure dans les jours qui suivent le décès près des lieux et des êtres qu'il connaissait. Ces souvenirs en marche arrière que reçoit automatiquement un corps astral sont pris dans le corps éthérique. Tu comprends qu'avant de se dissoudre lentement, en même temps que le corps de chair, le corps éthérique agit comme un projecteur sur la conscience astrale... Ses forces, son contenu, viennent enfin s'inscrire dans les différentes couches de l'éther dont je vous ai parlé. Le souvenir de toute une vie va alors s'imprégner de façon indélébile dans celles de ces couches qui lui servent d'aimant. »

Lorsque j'ai lu ce passage pour la première fois, j'ai été particulièrement intéressé. En effet, il y a environ deux ans, mes pratiques m'ont amené à penser que le souvenir des vies passées, ou de la période entre deux incarnations, n'était peut-être pas stocké dans les banques mémorielles

(1) « Terre d'émeraude », Ed. Arista.

du subconscient, mais dans le premier corps subtil qui entoure le corps physique : le corps éthérique. Il semble même aujourd'hui qu'à l'aide de certains cristaux, il soit possible de lire dans ce corps éthérique, comme on déchiffrerait sur une bande magnétique le message qu'elle contient. Ce domaine est actuellement exploré par certains médecins, dont la démarche se veut à la fois spirituelle et holistique.

Lors de mon retour en France, il y a deux ans, j'ai fait une retraite spirituelle dans une abbaye de Normandie. Je travaillais alors sur la compréhension du phénomène de la mort. Je me suis dit que l'endroit était particulièrement approprié à ce travail. Dans la chambre que j'occupais, je me suis placé dans un état si profond que j'ai perdu complètement la notion de mon corps et du temps qui s'écoulait. Au bout d'un laps de temps que je ne saurais préciser, j'ai senti comme une plume qui quittait mon corps. Puis je me suis senti comme une boule de lumière qui flottait dans un univers lumineux lui aussi. Je me suis vite rendu compte que c'était la lumière immortelle de mon âme, et j'ai compris que la mort n'existait pas, qu'elle n'était qu'un mythe de l'humanité.

Dans cet état de libération totale, je me suis souvenu que la veille, l'un de mes amis avait été victime d'une attaque cérébrale en dictant son courrier à sa secrétaire. Malgré une réanimation et huit électrochocs, le malheureux n'avait pu être ramené à la vie. Son cerveau n'avait pas été irrigué pendant plus de cinq minutes, et les médecins étaient restés très perplexes quant à l'issue du malaise. Je me concentrai alors sur l'âme de mon ami. Instantanément je vis une petite boule de lumière qui tournait comme un bourdon affolé en décrivant de larges cercles concentriques. Je tentai de me concentrer encore davantage, mais hélas j'ignorais encore ce qu'il m'était possible de faire pour l'aider. Je me contentai donc de lui envoyer des vibrations de paix.

J'eus alors la vision d'un être environné de lumière, qui m'envoya une vibration d'amour inconditionnel et de connaissance. Je « reconnus » Véda, cet être qui m'apparut dans une clairière du passé, il y a plusieurs milliers d'années (voir chap. I). J'étais moi, et en même temps je n'étais plus moi. J'étais une conscience universelle, un souffle, une musique, un faisceau de clarté blanche qui tourbillonnait sur lui-même. Je me suis retrouvé devant cette lumière dont tant de mystiques parlent, et je me suis fondu en elle. Je dansais au soleil de l'esprit. Puis en une fraction de seconde (bien que le temps terrestre n'existât plus), je revécus toutes mes vies passées. Tout ceci allait et venait, comme les images d'un kaléidoscope. Je savais que lorsque je me réveillerais, je ne serais plus tout à fait le même.

Lorsque tout fut fini, je sortis. Je marchai longtemps dans les prés environnants qui longent une rivière, en bordure d'un petit bois. Je songeais au monde de l'autre côté : où est l'illusion ? ici ou là-bas ? me demandai-je. Bien sûr, ce monde est tangible, je le sens, je le vois. Mais de l'autre côté je ressentais les choses de façon aussi présente et intense, tous mes sens me paraissaient même multipliés.

Cette expérience m'avait plongé dans un état que peu d'êtres humains ont expérimenté. Rempli d'un amour incommensurable, je ressentais en marchant la vie de chaque brin d'herbe, de chaque animal, de chaque insecte. Je sentais la pulsation de la vie autour de moi, même dans les choses inanimées. Je compris alors que l'univers était vivant, totalement.

Il se passa encore bien d'autres choses, mais malheureusement ma conscience en a perdu le souvenir. Lorsque je me retrouvai dans ma chambre, je m'aperçus que près de trois heures s'étaient écoulées, alors que je pensais avoir voyagé pendant une heure tout au plus. Je compris alors quelles immenses facultés nous possédons, et à quel point notre ego et notre rationalité peuvent bloquer l'ouverture du chemin qui mène à ces possibilités différentes.

A dater de ce jour, j'ai acquis la conviction que l'heure de la mort et le moment de la naissance sont, de toute une vie, les instants les plus importants.

Cela me prit quelques jours pour reprendre vraiment pied dans le quotidien, et retrouver mes occupations habituelles. Plus tard, lorsque j'ai eu l'occasion de lire les ouvrages de Pierre Weil (1), j'ai appris dans le détail ce qu'est l'expérience mystique. Aujourd'hui, je suis intimement persuadé que n'importe qui, absolument n'importe qui, est capable de vivre de telles expériences, qui n'ont

(1) *Op. cit.*

bien sûr rien à voir avec les qualificatifs psychiatriques dont d'aucuns cherchent parfois à les affubler.

J'en suis sûr aujourd'hui, la perte d'un corps physique ne doit pas être considérée comme une tragédie, puisque cette mort est synonyme de naissance dans les mondes spirituels. Chaque être humain aspire, selon ses espoirs, à retrouver le « paradis », ce lieu rayonnant de lumière éclatante. Or, à l'instant même où la nature spirituelle de l'être humain par-delà la mort, se voit remplie de cette lumière, elle devient lumière elle-même. Tous les mythes de l'humanité associent cette forme de « paradis originel » à l'image de la Lune ou du Soleil.

Anne et Daniel Meurois-Givaudan l'appellent « le domaine de la lumière blanche » (1). Le Bardo-Thödol, le livre des morts tibétain (2), parle lui aussi de la lumière de l'esprit : « Nous trouvons le paradis représenté par la lumière, non seulement dans les mythes mais aussi dans les écrits mystiques de diverses cultures. Ils nous rapportent l'expérience de la lumière apparaissant spontanément. Nous connaissons de nombreux témoignages selon lesquels le visage de certains hommes s'illumine à certaines occasions. Les masques en or déposés sur le visage des morts, à Mycène par exemple, devaient représenter cette lumière puisque le mort, entré dans le règne de la lumière, était devenu lui-même l'éternel éclat de la lumière. Un jour, le bouddha Sakyamuni, qui fut dans notre monde le Bouddha, demanda à ses moines :

— Que pensez-vous, moines, la forme est-elle éternelle ou périssable ?

— Périssable, ô Seigneur !

— Qu'est-ce qui est périssable, la souffrance ou la joie ?

— La souffrance, ô Seigneur !

— Ce qui est périssable, plein de souffrance, et soumis à la transformation, peut-on en déduire que c'est moi, mon être même ?

— Non, ô Seigneur ! répondirent les disciples.

Cette conversation, extraite des Pali-Sutras, éclaire d'un jour particulier la nature de l'être humain, et sa pérennité,

(1) « Terre d'Emeraude », *op. cit.*

(2) Extrait de l'introduction à la version française du Bardo-Thödol, écrite par Eva Dargyay, Ed. Albin Michel.

au-delà de la forme, de l'enveloppe, de la dimension manifestée.

La mort chez les Tibétains

Les préceptes de la religion tibétaine reposent en grande partie sur l'idée de réincarnation, et intègrent la mort comme une étape essentielle de l'évolution. Ainsi, lorsque le cycle des vies sur terre est achevé, et que la période de manifestation de l'âme est terminée, celle-ci transcende cette dimension et se retire de l'univers physique pour concentrer son énergie et son attention sur d'autres plans de réalité plus subtils. Or, en langage hermétique, tout processus d'élévation, de montée, implique forcément la mort. L'être humain ne peut progresser vraiment vers une compréhension totale de la loi du cycle des morts et des renaissances que s'il renonce aux visions restreintes et forcément limitées de la dimension matérialisée, car cette connaissance implique une vision globale de l'ensemble des phénomènes qui constituent la vie.

Rappelez-vous : mourir c'est renaître, et se transformer c'est mourir à chaque instant.

L'être humain est une édification de ces quatre éléments mortels et donc illusoires : le corps physique, dense ; le corps éthérique ; le corps astral, ou corps émotionnel, véhicule des désirs ; le corps mental, objectif, (appelé aussi mental inférieur dans d'autres traditions orientales). L'ensemble de ces corps est vitalisé par le « prana » qui provient de « l'akasha », les plans éthériques cosmiques C'est l'incarnation du principe de l'ego à l'intérieur de l'être qui lui donne son statut d'humain.

La mort n'est pas un événement limité à un moment donné, mais un processus qui se prolonge souvent longtemps. Certains signes annoncent parfois l'approche de la mort. Selon le Bardo-Thödol (1), ceci correspond à la libération des éléments constitutifs du corps : « Les signes suivants annoncent généralement l'approche de la mort : l'homme éprouve le poids de son corps plus qu'à l'ordinaire. Ses lèvres et sa bouche se dessèchent. Les chaleurs

(1) *Op. cit.*

vitales quittent son corps et l'esprit s'assombrit jusqu'à s'évanouir. Alors les forces de vie s'estompent, et l'esprit entre dans une lumière blanche de ciel crépusculaire, semblable au petit lever du jour, avant que le soleil n'ait atteint l'horizon. Cette lumière blanche passe au rougeâtre, semblable au ciel d'un lever de soleil. L'obscurité enveloppe alors l'esprit qui s'évanouit. (...) C'est le moment où la respiration extérieure s'arrête, mais où le souffle intérieur n'est pas encore interrompu. Lorsque l'esprit du mort sort de cet évanouissement, il voit la lumière originelle, resplendissante comme la transparence d'un ciel brillant. »

S'il reconnaît cette lumière fondamentale, le mort est alors libéré. Mais s'il ne la reconnaît pas, il reste à l'état intermédiaire. C'est pour cette raison que les Tibétains évitent soigneusement les pleurs et les lamentations dans la chambre du mort car le poids de cette vibration de tristesse et d'attachement pourrait retenir l'être qui cherche à quitter la terre. Les proches parents restent souvent éloignés de la chambre mortuaire pour être sûr de ne pas entraver le passage de leur proche vers l'autre côté.

En février 1984, je me rendis à Chicago avec mon épouse pour une tournée de conférences. La veille de notre arrivée, le père d'un ami proche mourut. Dès que nous fûmes sur place, nous nous rendîmes au chevet du mort, avec Kryiananda, un yogi avec lequel j'ai travaillé et dont j'ai suivi l'enseignement pendant plusieurs années. La famille était réunie autour du cercueil. Kryiananda s'approcha de la bière, et d'un petit signe de tête me demanda de le suivre. Il tapota la main du mort, et se mit à lui parler comme on parle à un enfant un peu apeuré : « C'est bien, lui dit-il, il ne faut plus rester là à présent. Il faut monter... monte... monte... Tout va bien aller maintenant... monte... monte vers la lumière. » Tout en parlant il fermait les yeux par intermittence, et se concentrait sur l'âme qui semblait flotter là. Au bout de quelques instants, il se retira et nous dit : « Tout va bien. Il a beaucoup souffert mais maintenant il est en train de monter vers la lumière. »

Ce jour-là, j'ai compris à quel point nous pouvions aider un proche à passer de l'autre côté. Et cela pourrait presque être de la psychothérapie à l'échelle de l'esprit.

De la même façon, toutes les traditions orientales enseignent qu'il ne faut pas pleurer un mort, car les vibrations de chagrin le rattacheraient trop à la terre et il aurait du mal à s'élever. En revanche, la puissance de la prière et de la concentration peut l'aider à passer vers d'autres plans.

Dans la préface du Bardo-Thödol, le lama Anagarika Govinda précise que les Tibétains sont peut-être en arrière dans le domaine du développement technique, mais qu'ils sont d'autant plus avancés dans le domaine de la psychologie et des techniques de méditation. Il suffit de lire des œuvres comme le Lamrim-Chen-Po, de Tsonkapa, pour être émerveillé par le développement extraordinairement raffiné de la psychologie dans la scholastique tibétaine. Aujourd'hui seulement, nous commençons à comprendre ces idées très avancées, grâce à la psychologie des profondeurs qui, pour la première fois, a osé dépasser les frontières de notre conscience éveillée pour s'aventurer dans les couches profondes de la psyché humaine. La psychologie moderne découvre ainsi les structures universelles du conscient profond, et leur conditionnement par les archétypes.

Le Bardo-Thödol nous apprend aussi que notre être profond n'est pas différent de celui d'un Bouddha; si ce n'est qu'un Bouddha a conscience de cette nature profonde, tandis que l'être humain, trop attaché à la dimension matérielle, ne l'a pas, aveuglé qu'il est par l'illusion de l'ego, du « moi » :

« Cette nature profonde de l'être s'appelle sunhyata, pure potentialité, pure vacuité non encore formée que présuppose toute forme. Ce sera, pour la conscience de l'esprit illuminé, le dharma, la plus haute vérité, la loi de vertu immanente. Elle représente l'état spirituel d'un Bouddha. Le Dharma-Kaya (littéralement le corps du Bouddha) ou corps de vacuité, corps de dharma en soi, est le plus haut principe de la bouddhéité. Le Sambhogayaka (le corps de jouissance spirituelle bienheureuse) est le fruit du dharmakaya au niveau de la vision intuitive. Ici, l'indicible devient vision créatrice, forme symbole spirituel, expérience de la félicité bienheureuse. C'est l'héritage que nous ont laissé par leur action dans le monde les âmes ayant atteint l'illumination. L'illumination intérieure transforme donc le corps visible en corps de métamorphose, nirmanakaya, qui est la description du corps de tout être humain passé par la voie d'une métamorphose spirituelle. »

Le Bardo-Thödol est devenu célèbre sous le titre de « livre des morts tibétain », un titre très impressionnant, surtout par son analogie avec le « livre des morts égyptien ». Cependant, ce titre ne correspond pas vraiment au contenu de l'ouvrage. Le Bardo-Thödol contient une philosophie compréhensible et humaine, qui s'adresse aux hommes et non aux dieux ou à des primitifs. Dans le titre original, le mot « mort » n'apparaît pas. Ce mot dévoie totalement le sens de l'œuvre, qui réside dans l'idée de libération : « Libération des illusions de notre conscience égocentrique, qui oscille perpétuellement entre naissance et mort, être et ne pas être, espoir et doute, sans parvenir à l'éveil et à la paix du nirvana, cet état stable loin des illusions du samsara et des états intermédiaires. Ce n'est pas un guide des morts, mais un guide de tous ceux qui veulent dépasser la mort en métamorphosant son processus en un acte de libération. (...) Par la coupure automatique de l'enveloppe corporelle et de toutes les volitions et empêchements de la conscience superficielle, la mort nous donne visiblement une occasion exceptionnelle de nous libérer de l'emprise de nos instincts obscurs, et nous permet d'apercevoir la lumière libératrice, ne serait-ce qu'un instant. Celui qui peut rester attaché à cet instant et se tenir à la hauteur de ces connaissances aura part à cette libération. Par contre, la chute de celui qui ne peut rester à ce niveau entraînera un retour plus ou moins difficile dans le cercle des naissances. »

La doctrine du karma

Tous les systèmes de pensée hindous, comme le Bardo-Thödol, professent que les actes de tous les êtres humains commis de leur vivant physiquement, en paroles ou en pensées, déterminent leur destin dans l'état intermédiaire qui suit la mort, et décide d'une éventuelle renaissance. Ces textes, issus de la pensée traditionnelle orientale, affirment non seulement que les actes ont une signification immédiate, mais que leurs influences se manifestent ultérieurement, chaque situation étant le résultat de sa propre cause. En d'autres termes, nous sommes la somme de toutes nos expériences passées, qu'elles soient bonnes ou mauvaises.

Le karma est la dynamique qui pousse l'âme dans l'incarnation, une sorte d'enchaînement causal. Cette doctrine est reconnue en Inde par tous les systèmes bouddhiques. Au Tibet, on lit le Bardo-Thödol pendant les sept semaines qui suivent le décès (c'est le laps de temps maximum que le mort peut passer dans l'état intermédiaire après que l'âme s'est détachée du corps physique). Il y est dit : « Lorsque l'esprit du mort entre dans l'état intermédiaire, il ne sait tout d'abord pas qu'il est mort. Il se croit encore vivant, et s'étonne que le monde qui l'environne soit soudain si différent. Le mort est devenu un corps pensant qui perçoit tout ce qui l'environne, même ce qui ne peut être vu par le commun des mortels. Comme dans un rêve, ce corps mental peut se transporter là où il veut, sans aucune contrainte matérielle, car il n'a plus ni chair ni sang. Ce corps mental est cependant encore lié à son corps physique, et à l'endroit où il vivait. »

La lecture du Bardo-Thödol au chevet du mort, là où il avait l'habitude de vivre, peut donc être entendue par son corps mental.

Anne et Daniel Meurois-Givaudan racontent qu'un jour, lors d'une projection astrale, ils furent emmenés par leur guide, l'être bleu, au bord d'une autoroute où un accident venait de se produire (1) : « Regarde en direction du véhicule sans t'en approcher, dit le guide, et apprête-toi à faire vibrer ton corps de lumière suivant un mode différent afin, si cela est nécessaire, de te détacher du plan astral directement en contact avec la terre ».

Petit à petit, ma vue gagnait en intensité et je pouvais observer à loisir la danse fébrile des vibrations et des étincelles de lumière qui créent la nuit de notre monde. Soudain, à quelques dizaines de mètres sous nous, près de la carcasse calcinée, je crus deviner une forme de brouillard d'un blanc grisâtre. Je distinguais maintenant ses contours avec une netteté plus grande. C'étaient ceux d'un homme, ou du moins d'un être humain. Mes yeux s'en détachèrent un peu : une espèce de bouillonnement multicolore sur la chaussée me faisait comprendre qu'il se mettait à pleuvoir. La voix de notre guide s'insinua à nouveau en nous : « c'est le conducteur de ce véhicule, ou plutôt son corps astral.

(1) « Terre d'Emeraude », *op. cit.*

Comme tu l'as deviné, il a définitivement quitté son enveloppe de chair. Il y a un peu plus de trois jours que l'accident s'est produit. Vois cet homme tourner ainsi autour du véhicule qui lui a donné la mort. Cela doit indiquer qu'il était d'une élévation d'âme tout à fait moyenne. Tu peux être certain qu'il avait des opinions très floues sur ce qui attend les êtres humains après le grand passage. Regarde-le tourner pauvrement, à la façon d'une feuille au gré du vent. Le vent pour lui, vois-tu, c'est son désir. Son désir de réintégrer le monde auquel il était accoutumé. La rupture a été si brutale qu'il en est encore à s'interroger sur la réalité de ce qui s'est produit. Aussi longtemps qu'il ne comprendra pas qu'il n'appartient plus au monde de la chair et qu'il ne sentira pas en lui la sécurité ardente de découvrir un autre univers, il demeurera ainsi ».

Ainsi le karma, d'incarnation en incarnation, pousse l'être vers son accomplissement.

Dans le cadre du travail sur les vies passées, la notion de karma est très importante. Lorsqu'un sujet vient de décrire sa mort au cours d'une vie passée, je lui demande de monter, et éventuellement d'avancer dans le temps. Puis j'établis un pont entre passé et présent. C'est une étape particulièrement importante. Pour moi, c'est même là que tout commence. Ce n'est pourtant pas l'avis de tous les chercheurs. J'ai eu un jour entre les mains un livre sur les vies passées, écrit par un hypnotiseur anglais qui avait fait régresser environ 400 personnes. Arnold Bloxam parlait d'un sujet particulièrement sensible, qui fut obligé d'arrêter le travail après la huitième séance. Arnold Bloxam raconte lui-même l'erreur qu'à mon sens il commit à ce moment-là : « au moment de la mort, la personne commença à s'agiter, et devant son agitation je décidai de la ramener au présent ». C'est exactement, à mon avis, ce qu'il ne faut pas faire. Lorsque le sujet s'agite, c'est justement que nous touchons un point sensible, et donc important. Il suffit alors de le faire sortir de son corps afin de lui faire voir la scène, quelque pénible qu'elle soit, sans peine et sans émotion. C'est fondamental, car c'est à partir de ce moment-là que l'être prend enfin conscience de son karma.

Une fois la transition accomplie, lorsque l'être se trouve de l'autre côté, j'établis le pont entre passé et présent pour effacer les effets négatifs de l'événement douloureux qui vient de remonter à la surface.

La loi du karma est très simple : les yogis disent que la sagesse efface le karma. Plus simplement, la connaissance d'un événement efface les influences négatives de cet événement. A partir du moment où il y a compréhension, il y a élévation spirituelle et il devient inutile d'expérimenter plus longtemps ce qu'on a compris.

Généralement, les personnes reviennent de l'expérience avec une vision différente de leur existence. J'ai remarqué que le changement affectant leur personnalité ressemble d'assez près à celui des gens qui ont vécu une mort clinique. Ils se montrent moins conflictuels dans leur vie de tous les jours, perdent la notion de pouvoir, et dépassent leurs angoisses, leurs peurs, pour acquérir une nouvelle liberté.

On a raconté beaucoup de choses sur les vies antérieures, mais tout cela a en grande partie été écrit par des gens qui n'avaient pas expérimenté eux-mêmes ce phénomène sur une suffisamment grande échelle pour en parler de manière éclairée. Les titres universitaires n'ont rien à voir avec les capacités de celui qui cherche. J'ai rencontré des universitaires de haut niveau, comme le Dr Pecci, mais aussi des personnes très simples, qui avaient suffisamment travaillé sur ce sujet pour pouvoir l'aborder efficacement. Heureusement, les choses sont en train de changer. Les chercheurs sérieux ont découvert d'autres états de conscience, et la plupart des opérateurs sont aujourd'hui passés par des expériences qui, si l'on ne peut les qualifier de mystiques, ont considérablement élargi leur spectre de conscience.

La mort dans les civilisations disparues

Au fil de mes recherches sur la mort, j'ai recueilli nombre de descriptions classiques. Pourtant, parfois, en remontant le fil du temps, certains sujets sont arrivés jusqu'en Atlantide. Et là, il s'est passé des choses curieuses qui se rapprochent des récits obtenus par d'autres chercheurs, avec d'autres moyens. Ainsi, il semble que les Atlantes aient connu la mort consciente. Un jour, une jeune femme, revivant une vie en Atlantide, me dit : « j'ai terminé mon cycle, il faut que je retourne d'où je viens, dans ma véritable demeure ». Elle se revit alors, revêtant une robe blanche, et marchant en direction d'une très belle plage. Là, elle s'assit dans le sable en regardant le soleil couchant, et en repensant à tout ce qu'elle avait accompli au cours de sa vie. Puis son âme partit doucement, quitta l'enveloppe de chair, et monta, bascula vers un autre plan de fréquence. C'est l'une des plus belles descriptions de mort qu'il m'ait été donné d'entendre.

Il semble que plus tard, d'autres peuples, comme les Celtes, aient connu la mort consciente d'une façon plus ou moins vivace, tout au moins en ce qui concerne leurs prêtres, leurs druides. Il leur fallait attendre d'être atteints par la maladie pour retrouver la faculté de quitter définitivement leur corps physique, mais dans ces circonstances, ils savaient le faire. Ils n'atteignaient pas le niveau des Atlantes, qui étaient capables de décider de leur départ en pleine santé, et pour des considérations uniquement spirituelles.

J'ai eu quelques sujets qui m'ont rapporté des récits de vies en tant que Cathares. Les descriptions qu'ils m'ont faites sont toujours très belles, parfois douloureuses. Il semble ainsi que les Cathares avaient accès à ce qu'ils appelaient le rite de la mort consciente, le rite du consolamentum qui n'était donné aux adeptes que sur leur lit de mort. Le catharisme fut la religion de la catharsis, de la purification. Les membres de ce mouvement mytique se recrutèrent parmi ceux qui avaient reçu le Saint-Esprit, et qui étaient censés mener une vie pure et sans péché. Les Cathares véhiculaient la doctrine de la renaissance. Ils considéraient que leur corps était une construction du malin, et que la terre, le monde réel, se trouvait de l'autre côté. C'est la raison pour laquelle ils se rendaient au bûcher en chantant.

Le code cathare comprenait le renoncement à la propriété, le végétarisme, la chasteté et la vérité. (On peut noter au passage le parallèle avec le Zen qui dit que toute parole est déjà un mensonge.) Ils avaient aussi un profond respect pour tout ce qui est vivant, aussi bien les humains que les animaux. Lors de la croisade contre les Albigeois, on a demandé à des personnes suspectées de catharisme de manger de la viande ou de tuer un animal. Le plus haut grade des Cathares était celui de « Parfait ». C'étaient les initiés, les guides du groupe.

Les Cathares ont-ils su quelque chose que nous ne savons pas ? On m'a raconté un jour que dans une grotte de Lombrives, presque un siècle après la chute de Montségur, on a retrouvé de nombreux Cathares disposés en rosace, allongés sur le sol, vides de toute vie, comme s'ils avaient réussi à quitter leur corps consciemment. Ces enveloppes physiques ne présentaient aucun signe de blessure ou d'empoisonnement. Je n'ai pas réussi à vérifier les sources de cette information, mais elle correspond étrangement à certains récits ramenés par des sujets qui revivaient une vie de Cathare.

Les régressions en Egypte antique sont très riches en récits sur la mort. Il faut dire que la civilisation égyptienne possédait un culte de la mort très perfectionné, qui recoupe avec une précision étonnante les récits de régression.

Dans « Les initiés et les rites initiatiques en Egypte » (1), Max Guilmot écrit : « Est initié quiconque accède à un nouveau palier de compréhension métaphysique ou religieuse, avec l'aide d'un groupe d'hommes investis de pouvoirs spéciaux, et habilités à dispenser plus de lumière, soit par le geste, soit par la parole, soit par le développement de symboles sacrés. Quand l'homme a passé cette épreuve, quand il a été touché par le mystère, il est véritablement devenu quelqu'un d'autre. »

Car c'est bien d'initiation qu'il s'agit : en effet, les Egyptiens considéraient la mort comme une étape initiatique. Les initiés de toutes les traditions professent que la mort ne se connaît point. Lorsqu'elle survient, chaque être humain l'éprouve, simplement. Il est aussi absurde de disserter de la mort que de tenter de décrire le goût du sel !...

L'intuition de la mort ne peut jamais se manifester qu'à partir de celle de la vie. Lorsque la mort survient, la base existentielle de l'homme est rompue. Le corps physique cesse ses fonctions et l'être se trouve libéré de son sarcophage de chair. Néanmoins, nous expliquent ces initiés, il existe différents modes de libération. Ainsi, une existence fortement insérée dans le plan matériel connaîtra, lors de la

(1) Ed. Robert Laffont.

fin des fonctions physiologiques, une transition pénible. Au contraire, ceux qui ont élargi le spectre de leur conscience ont éprouvé d'avance de leur vivant la future destinée de leur être profond. Ils passent alors aisément les différentes portes menant vers les sommets des mondes de lumière.

L'Egypte ancienne connut des rites initiatiques de la mort au cours de son exceptionnelle civilisation. Les hauts lieux de l'initiation égyptienne étaient Abydos, ville sainte entre toutes, Busiris, berceau d'Osiris, et Carnac, où se pratiquait le culte d'Osiris. Abydos abritait l'une des plus anciennes nécropoles de l'histoire. Là, dès 3200 av. J.-C., reposèrent les corps des premiers pharaons. Abydos devint, à partir du deuxième millénaire avant notre ère, la gardienne de la tête d'Osiris, qui conduisit les hommes à l'immortalité.

« La part la plus précieuse du corps divin, écrit encore Max Guilmot (1), démembré par Seth Dieu du mal, reposait en ce haut lieu à l'abri d'une châsse surmontée de deux plumes. Le saint tombeau était construit au sud de la cité, en un endroit nommé Peker. Au nord se dressait le grand sanctuaire d'Osiris, dont l'actuel Koml Sultan laisse devi ner l'irrémédiable ruine. Ce temple fut, avec le saint sépulcre, l'ardent creuset de la foi osirienne. L'inestimable relique, la tête d'Osiris, leur conférait un rayonnement inégalé de puissance sacrée. Osiris, dont la résurrection promettait à tout homme pieux l'existence éternelle... »

Aussi l'Egypte tout entière désirait-elle mourir en Abydos, auprès du Dieu, reposer dans la paix dispensée par le Saint Tombeau, et connaître enfin son ombre. La répétition du miracle de la résurrection, tel était le vœu formulé par tout un peuple de siècle en siècle.

Un texte capital, le papyrus T 32 de Leyden, fut trouvé dans la tombe d'un inconnu. Il raconte la démarche initiatique d'Horsiésis, qui mourut au premier siècle de notre ère, en 64 ap. J.-C., dans une Egypte placée sous la coupe romaine. Horsiésis était âgé de 50 ans lorsque Jésus fut mis en croix. Le papyrus de Leyden raconte comment Horsiésis fut initié en Abydos. Et curieusement, les récits de régressions égyptiennes faisant état d'initiation à un rite mortuaire recoupent et complètent les données de ce texte

(1) *Op. cit.*

fondamental pour la compréhension des rites et initiations égyptiens.

Schématiquement, le rituel se compose de huit étapes, à l'issue desquelles le néophyte est proclamé maâkhérou, justifié vivant, celui qui revient d'entre les morts. Voici ces étapes telles qu'elles sont décrites par le prêtre d'Hamon dans le papyrus de Leyden :

1re étape : La couronne de justification.

« Voici Horsiésis sur le domaine sacré. On lui présente les " fleurs du maître de l'occident ". » L'octroi de ces fleurs représente vraisemblablement une guirlande, et Horsiésis recevrait ainsi la fameuse couronne de justification, que le chapitre 19 du livre des morts égyptien réserve aux défunts. Il pourrait donc se trouver, de son vivant déjà, en état de mort rituelle. Et ce dès le début de son itinéraire.

2e étape : L'entrée dans le domaine d'Abydos.

« Ensuite s'ouvre le portail de Ra Ouryt. Un prêtre portant le masque du chacal Anubis, Dieu des morts, se charge alors de guider le voyageur parmi les tombes et les sanctuaires parsemant la nécropole. » Les voici parvenus à l'entrée du fameux temple. Horsiésis et le Dieu Anubis progressent probablement sous le niveau du sol, dans un couloir souterrain.

3e étape : Anubis guide le voyageur dans la nécropole.

« Ta route, ensuite, tu la poursuis vers Rostaou, la nécropole. Tu allonges le pas dans Ta-Djeser, la terre des morts. »

4e étape : Horsiésis pénètre sous la terre.

« Tu entres dans la terre. Geb, Dieu de la terre, s'entrouvre pour toi. »

5e étape : Entrée dans le sanctuaire osirien.

Horsiésis est proclamé maâkhérou. A cet instant, il pénètre dans la salle centrale du temple d'Osiris. Un spectacle d'une sépulcrale beauté s'offre à son regard. A ce moment, chargé d'une émotion intense, le prêtre d'Hamon franchit une étape décisive de sa vie religieuse. Sans doute Anubis est-il toujours à ses côtés, et divers officiants se sont-ils joints à Horsiésis pour le soumettre à une épreuve. Le papyrus de Leyden, si concis soit-il, semble évoquer la présence d'un groupe initiatique. « Alors, dans le saint lieu, on t'accorde le titre de justifié triomphant. »

Là, Max Guilmot s'interroge (1) : « Voilà une étonnante proclamation ! En effet, l'expression maâkhérou, traduite par juste de voie, ou justifié, est ordinairement réservée aux défunts qui, mis en présence de la balance du jugement d'Osiris, défendent leur cause d'une voix sans faiblesse. Toutefois, le papyrus de Leyden évoque un rituel se déroulant non point dans l'au-delà, mais bien sur terre, dans le temps d'Abydos. Horsiésis connut-il de son vivant, au moment de pénétrer dans le saint sépulcre, la balance du jugement ? »

Cet épisode est capital, car il métamorphose un vivant en défunt. Ce procédé est l'une des principales caractéristiques de toute cérémonie initiatique. Au cours de certaines régressions débouchant sur des vies de prêtres égyptiens, j'ai recueilli des témoignages concordant avec ce texte. D'après ces récits, Anubis amène effectivement le néophyte dans le sanctuaire d'Osiris, au centre duquel se trouve un bassin. Là, il arrive que le néophyte soit reçu par un autre prêtre initié. Dans certains cas il y a un sarcophage dans lequel le néophyte s'allonge pendant que le prêtre reste à ses côtés. Ils entament une série de respirations, puis utilisent ce qui semble bien être une technique de projection astrale. Cette technique emploie comme support un fleuve de lumière qui tourne sur lui-même de plus en plus vite, jusqu'à former un cercle de lumière à travers lequel la conscience se projette. A ce moment-là, le néophyte monte dans d'autres plans en compagnie de l'initié. C'est là que commence l'enseignement réel : l'initié et le néophyte deviennent semblables à deux soleils, avant de redescendre dans la crypte rejoindre leurs deux corps physiques. Le titre de justifié triomphant, maâkhérou, est alors accordé au nouvel initié. A dater de cet instant, il n'appartient plus au monde des vivants. Il va subir, avant d'apparaître devant Osiris en personne, un bain rituel.

6e étape : le bain de régénération.

Ce bain rituel est destiné à laver le nouvel initié des dernières imperfections terrestres. Ce fait s'est trouvé confirmé dans les récits de régressions égyptiennes : le maâkhérou descend dans le bassin et reçoit un bain de lumière, qui n'est pas sans rappeler le baptême chrétien

(1) *Op. cit.*

dans le Jourdain. L'eau, symboliquement, le lavera de ses imperfections terrestres, et la lumière le nettoiera de ses impuretés psychiques.

7ᵉ étape : l'illumination.

La révélation osirienne va avoir lieu. Le postulant, devenu immortel à l'égal des Dieux, peut enfin contempler la très sainte relique. L'ineffable vision le transporte, et transpose sa conscience sur un plan interdit au commun des mortels. C'est l'illumination personnelle et sublime. Dans les récits de régressions égyptiennes, le justifié est généralement emmené jusqu'à un tombeau, un catafalque protégeant la couche d'Osiris. C'est le moment indicible de la révélation : l'être humain voit son Dieu, et en lui à cet instant s'opère une mutation du niveau de conscience caractéristique de l'ascension initiatique. Celui qui a éprouvé, ne fût-ce qu'une seule fois, la présence du divin, est désormais un isolé, un témoin muet de l'au-delà de l'homme.

8ᵉ étape : le sommet dans le temple.

Selon Max Guilmot, c'est là que l'initiation se termine : « Sans doute la nuit passée dans le sanctuaire permettra-t-elle au nouvel initié d'apercevoir son Dieu en Rêve, et de se savoir pour toujours son serviteur radieux. »

Ce n'est pas le cas dans les récits de régressions égyptiennes. Il semble bien qu'au contraire, à ce moment-là, le maâkhérou s'élève par un autre processus, vraisemblablement proche de la projection astrale, vers le monde d'Osiris. Osiris l'attend de l'autre côté, près d'une porte, clé de passage par où ils vont s'élever encore plus haut dans les plans de conscience. Osiris amène enfin le maâkhérou dans le monde des Dieux. Là, le justifié vivant devient un être divin, à l'égal de son Dieu. Visiblement, le justifié reste enfermé dans la pièce trois jours et trois nuits en méditation près du symbole d'Osiris.

Ainsi se font les huit étapes de l'initiation osirienne. Justification — régénération — illumination sont les trois phases majeures de l'initiation en Abydos, d'après le papyrus de Leyden. Il n'y a point de régénération sans justification préalable de l'âme, et point de révélation du divin avant que l'homme ne soit lui-même devenu un être divinisé par la régénération. Ces trois phases alchimiques de l'esprit, que l'on retrouve dans les initiations actuelles, amènent à un repli de l'être sur lui-même, auquel succède une puissante libération psychologique. Ainsi, l'initiation mime, par le dévoilement du sacré, ce qui chez le visionnaire se produit naturellement. Mais l'initié peut à son tour obtenir un jour l'effet spontané de l'authentique vision religieuse.

Max Guilmot conclut ainsi son ouvrage : « Un jour, l'humanité entière, suivant la route initiatique, imitera l'envol de l'oiseau de lumière. En cette ultime époque, l'homme sera réalisé. Ainsi sera atteint, voulu par le divin, le but prestigieux de l'aventure humaine. Tout sera accompli.

Jusqu'à présent, l'ignorance était la loi. Et peut-être était-ce bien ainsi. Peut-être ne fallait-il pas que l'être humain sache, car son cœur est oublieux. Mais ceux qui savent sont déjà liés à l'autre côté par l'éveil de leur conscience, qui a peur de vaincre la mort. Ceux-là ne sont point oublieux, et leurs yeux se sont ouverts. Et comme les initiés de l'Egypte ancienne, ils disent : « Ô Osiris, Seigneur des manifestations, grand et majestueux, nous voici arrivés » (1).

Ainsi, en apprenant à mourir, ne ferions-nous sans doute que nous préparer à vivre ?...

Mort, état de conscience mystique ?...

La mort peut-elle être assimilée à un état de conscience mystique ? Au cours des phases que traversent les mourants, les altérations de la conscience sont fréquentes. Et les informations collectées auprès des mourants suggèrent que ces états altérés de conscience prennent forme parfois sous le nom de « expériences mystiques », « transcendantes », ou « cosmiques », voire « religieuses ».

Curieusement, au moment de la mort, les gens semblent revivre les étapes et les paramètres de la classification de Pierre Weil. L'état normal de conscience, la conscience rationnelle, analytique, semble bien être seulement un type de conscience parmi d'autres, sous lequel git d'une manière sous-jacente une autre forme de conscience potentielle

(1) *Op. cit*

totalement différente. La plupart des êtres humains, en Occident, traversent leur vie sans suspecter une seconde de telles possibilités, mais à mon sens, le monde qui nous entoure, ainsi que l'univers dans sa totalité, ne peuvent être compris si ces autres formes de consciences sont exclues.

Jung lui-même vécut une expérience de conscience modifiée à la suite d'une attaque cardiaque qui l'avait plongé dans l'inconscience : « Je me suis trouvé dans un état d'être totalement transformé, raconte-t-il. J'étais comme en extase, et je me suis senti flotter dans l'espace, totalement en sécurité dans l'univers. Dans un trou immense mais rempli d'un sentiment de joie incommensurable. C'est la félicité éternelle, pensais-je, ça ne peut pas être décrit, c'est bien trop merveilleux. »

L'affirmation d'une réalité spirituelle après la mort est étrangère à la culture occidentale, du moins depuis la révolution industrielle. Une telle affirmation met en valeur l'expérience subjective interne. C'est pourquoi elle a été défavorisée par une culture qui met en valeur la manipulation du monde extérieur, le contrôle de la nature, et l'admiration de la science. Une expérience qui défie l'observation directe fait émettre des doutes, parce que la vérification n'en est pas possible. D'autres voient cette expérience comme une façon d'échapper aux responsabilités et réalités de la vie. Pour d'autres encore, c'est un état irrationnel de l'esprit, et par conséquent cela appartient à des domaines relevant plutôt de la psychiatrie ou de la psychothérapie. Pour toutes ces raisons, les états mystiques de conscience, et la mort pour moi en fait partie, ont été considérés, du moins jusque dans les années 60, avec suspicion. Pour ces mêmes raisons, ils surviennent aujourd'hui moins fréquemment et moins spontanément qu'à d'autres époques au cours desquelles ils étaient considérés avec plus de faveur

Ces états spéciaux d'éveil, provoqués ou non, sont d'une valeur inestimable pour les mourants et leurs familles. Lorsqu'un être humain meurt, il lui est donné l'opportunité de faire face à sa mortalité d'une manière qui pourra l'élever dans sa dignité humaine. Arnold Toynbee suggère ainsi que si un homme rentre dans la mort d'une manière aveugle, il se dégrade lui-même. N'oublions pas que la mort est un acte individuel et l'interprétation d'une telle expérience sera, et restera dans la plupart des cas, personnelle et non communiquée.

Expliquer une telle expérience par des moyens artificiels pourrait insinuer que nous sommes capables de l'interpréter correctement, que nous avons toute autorité pour en parler, que nous savons comment, dans quel système de croyance et dans quel état d'esprit un être humain devrait mourir. Bien sûr nous n'en sommes pas encore là, mais il est nécessaire et même important d'en arriver à une compréhension claire du processus de la mort. Un certain nombre de chercheurs, d'érudits et d'écrivains ont essayé de comprendre ce processus. Malheureusement, certains sont restés en dehors du sujet, comme s'ils essayaient d'analyser le contenu d'une immense forêt en restant à sa lisière. Mais heureusement, d'autres ont fait, et font chaque jour, avancer la connaissance dans ce domaine. Ainsi, demain peut-être, chacun pourra aborder sa mort et celle de ses proches comme ce qu'elle est : un passage, une transition, une renaissance. L'HOMME EST SEMBLABLE AU SPHINX ÉTERNEL.

CHAPITRE VII

LES EXPÉRIENCES HORS DU CORPS

Lorsqu'on avance dans la pratique des états altérés de conscience, peu à peu on sent ses capacités se développer. D'autres expériences deviennent alors possibles, dans la mesure où le sujet a assimilé de nouveaux concepts, et où son ego a abaissé ses barrières. Ces expériences peuvent se manifester sous différents aspects. Elles possèdent néanmoins un dénominateur commun : le sujet a le sentiment que sa conscience s'étend bien au-delà des limites de son ego, au-delà des limites de l'espace-temps.

Dans les états de conscience naturels, le degré de perception demeure limité. L'individu existe dans les limites du corps physique qui le sépare distinctement du reste du monde. Il a conscience de l'espace qu'il occupe en tant qu'être humain, et des points d'ancrage qui le lient au monde qui l'entoure. Sa perception normale des phénomènes qui l'environnent reste soumise à une limitation d'ordre spatio-temporel. A l'état normal de veille, l'individu ne vit que les événements survenant à l'instant présent, dans le lieu où il se trouve. Toutefois, il se souvient d'événements s'étant produits à un autre moment en un autre lieu, et il peut imaginer et anticiper des événements qui se produiront ultérieurement.

Lorsqu'on se trouve dans un état élargi de conscience, il semble qu'un ou plusieurs de ces paramètres soient transcendés. Le sujet connait alors un relâchement des écrans de perception et des défenses habituelles de son ego. Il peut soit conserver sa propre identité et la vivre sous une autre forme dans un environnement totalement étranger, soit s'identifier totalement avec la conscience d'une autre personne ou d'une entité spirituelle. Les expériences de sortie hors du corps ou de projection de la conscience impliquent une expansion, un élargissement du spectre de la conscience au-delà des limites habituelles de l'espace-temps, et au-delà des écrans de perception propres à l'être incarné. Mais elles se manifestent sous des formes tellement diverses, elles présentent tant de facettes, qu'il est extrêmement difficile de trouver un système simple et complet permettant leur classification et leur description systématique.

Dans son livre « Royaumes de l'inconscient humain » (1), le psychiatre Stanislas Grof avance que, dans le cas de la prescience, de la clairvoyance, de la clairaudience, des voyages dans le temps, des expériences hors du corps, de la prémonition, des voyages dans l'espace et de la télépathie, l'inhabituel ne réside pas tant dans le contenu des expériences, que dans le moyen qu'elles fournissent d'acquérir des informations qui, selon les paradigmes scientifiques communément acceptés, sont hors de portée des sens.

Cette catégorie d'expériences transpersonnelles comprend, selon Grof, des phénomènes qui ne font pas partie de la réalité objective au sens occidental du terme. Il est ici question de communication avec des esprits de défunts, d'entités spirituelles surhumaines, de rencontres et d'identification avec diverses déités, d'expériences archétypales, etc.

Grof propose une classification catégorisée en deux grandes classes :

Extensions empiriques dans le cadre de la « Réalité Objective » :

A. Expériences temporelles de la conscience :

Expériences embryonnaires et fœtales, ancestrales, collectives et raciales philogéniques (2), prescience, clairaudience, clairvoyance, et voyages dans le temps.

B. Expansion spatiale de la conscience :

Transcendance de l'ego dans les relations interpersonnelles et les expériences d'unité duale, identification avec d'autres personnes, conscience de groupe animale ou végé-

(1) Ed. du Rocher.
(2) Ayant trait aux incarnations passées.

tale, conscience de la matière organique, conscience planétaire, conscience extra-planétaire, expérience hors du corps, clairvoyance et clairaudience prémonitoires, voyages dans l'espace et télépathie.

C. Contractions spatiales de la conscience :

Conscience organique, tissulaire et cellullaire.

Extension empirique du cadre de la « Réalité Objective »

Expériences spirites et médiumniques, expériences de rencontres avec des entités surhumaines, expériences d'autres univers et rencontres avec leurs habitants, expériences d'archétypes et séquences mythologiques complexes, expériences de rencontres avec des déités, compréhension intuitive des symboles universels, activation des chakras et éveil de la kundalini, conscience de l'esprit universel, et enfin vide supracosmique et métacosmique.

Caractères généraux des expériences hors du corps

Ces expériences nous font pénétrer dans des enceintes tenues pour sacrées. Nous franchissons les portes du moi, de la religion, de la science et de la philosophie, pour nous engager dans les voies spirituelles les plus élevées, où l'être s'avance, libre de tous tabous. Dans ces voyages, le sujet garde la conscience de son physique, bien qu'il l'ait dépassé. Il est une forme qui n'a pas de forme. Il s'étend, jusqu'à englober le temps et l'espace. Il transcende même son aspiration la plus haute, et l'équilibre s'accomplit. Alors, la Sagesse, la Connaissance et l'Etre s'identifient au moment présent. Pourtant, comme l'écrit John Lilly (1), « il suffit qu'une personne ne partage pas un système religieux de croyance, et un ensemble d'expériences s'y rapportant, pour qu'elle ne veuille voir en eux rien d'autre que des aberrations, des fantasmes, voire de l'auto-suggestion psychotique. Ce schéma ne cesse de se reproduire. Mon observation personnelle me le confirme tout autant que celle des plus expérimentés de mes collègues ».

John Lilly résume ce problème de la manière suivante « Admettons qu'il y ait « n » états de conscience qui nous soient accessibles. Certains de ces états sont tout à fait

(1) « Les simulacres de Dieu », Ed. Groupe de Chamarande.

distincts les uns des autres, alors que d'autres se recoupent, ou semblent parfois identiques dans la mesure où l'attitude de l'observateur est la seule variante (...). Disposons les paramètres de l'état de conscience comme si le sujet était une sphère centrale, que nous dénommerons « observateur », à l'intérieur d'une autre sphère, que nous appellerons « état de conscience ». L'observateur est interchangeable, l'état de conscience aussi. Chacun des deux peut être en relation plus ou moins étroite avec la réalité extérieure, que nous représenterons symboliquement comme une autre sphère encore plus vaste enveloppant le tout. »

L'auto-méta-programmeur, selon la terminologie du Dr Lilly, est la sphère centrale, et l'espace de méta-programmation la sphère suivante. On présume que l'influence de la réalité extérieure et de ses programmes est atténuée soit par la solitude et le confinement, soit par les efforts de l'observateur en vue de la trancher. L'observateur dispose d'une grande gamme de choix. Il peut auto-méta-programmer son état de conscience. S'il programme dans un espace « éternel », hors de son corps et de la planète, il deviendra un point au milieu d'un continuum qui contient d'autres points de conscience, lesquels sont soit similaires à l'observateur, soit plus petits ou plus grands que lui. Pendant tout le temps où l'observateur visite cet espace, il se sent éternel. Pour lui, ni commencement ni fin, pas plus que pour les entités qui partagent l'espace en question. Il peut recevoir des informations et en communiquer si on le lui demande. Ces informations concernent certains facteurs éternels propres au réseau des êtres en question, et l'influence qu'ils ont les uns sur les autres.

Dans cet univers point de matière. Seulement des énergies de communication. La lumière y brille, mais pas comme nos yeux la perçoivent. La lumière ici « contient » la béatitude, la grâce de Dieu, la baraka, ou tout autre symbole qu'on jugerait apte à rendre compte de ce qu'elle est.

Dans notre système de culture occidental, on considère l'homme comme un être supérieur : rien ne peut lui être comparé. Toutes les espèces sont ses victimes potentielles. CETTE VUE EST DOGMATIQUE, ET CONDUIT AU SECTARISME. Au cours de toutes mes années de recherche et d'expériences avec l'Ineffable, le sentiment m'est venu d'un rapport avec

« quelque chose » de beaucoup plus grand que nous en tant qu'individus, de bien plus élevé que toute notre humanité telle que nous la connaissons, plus élevé même que l'Univers tout entier. « Quelque chose » qui entre en relation avec ceux, parmi les hommes, qui sont disposés à s'aventurer dans des états de conscience où cette rencontre, cet éveil, sont à la fois possibles et probables.

Comme le dit encore John Lilly, « le logiciel dont l'homme dispose pour modifier les systèmes de croyances, les agrandir, les ouvrir, et pour y assimiler l'inconnu, se met à notre portée. L'étude de ce logiciel humain est une science particulière, qui s'étend au-delà de toutes celles qu'on appelle « naturelles », dans les limites des mathématiques, de la physique théorique, et des états de conscience. »

Dans les états modifiés de conscience qui amènent à une projection de l'esprit hors du corps, on entre en résonance avec des réseaux énergétiques de la plus haute importance. Nous devenons alors un point de contact, une forme de communion avec des êtres à l'identité essentielle. Des informations nous parviennent en permanence, qui alimentent des réseaux de calcul en deçà de nos niveaux de conscience, et sont transmises tout au long de la chaîne vibratoire qui semble nous constituer. Ces opérations sont effectuées avec une énergie incroyable, bien supérieure à celle à laquelle nous sommes accoutumés dans les états de conscience ordinaires.

Il semble que des ondes énergétiques passent en nous, venant d'on ne sait où, pour aller se déverser en quelque réservoir inconnu. J'ai ainsi eu l'occasion, lors de certains voyages, d'entrer dans ce que l'on appelle des espaces à quatre, cinq, voire six dimensions. Il est pratiquement impossible, avec le vocabulaire courant, de décrire un univers quinti ou sexti-dimentionnel. Je ne donnerai qu'un exemple, un point de repère : dans un tel univers, il existe des constructions qui se révèlent beaucoup plus grandes à l'intérieur qu'à l'extérieur. Etrange confirmation de la géométrie non-euclidienne et des espaces riémanniens !...

Ainsi, on découvre soudain que l'on est beaucoup plus que ce que l'on croyait. Ceux qui atteignent de tels états réalisent qu'ils existent depuis des millions d'années, depuis des cycles, et qu'à de multiples reprises déjà ils ont pris forme humaine. En fait, ils n'ont cessé de transmigrer en d'innombrables formes qui n'étaient pas toutes nécessairement humaines. Ceux-là réalisent qu'il existe une immense réserve de possibilités qui leur serait accessible s'ils pouvaient se greffer sur leur Forme Essentielle, sur leur identité propre.

Après de telles expériences, la vue simpliste qui place la fin de l'existence à la mort du corps physique ne tient plus. On se trouve assujetti à une vision beaucoup plus large que le système de croyance mécaniste, centré sur le corps.

La vision actuelle la plus répandue de l'univers où nous vivons est basée sur la science, considérée comme la pensée la plus achevée dont l'être humain soit capable. En ce sens, la science, la vision mécaniste de l'univers, ne sont pas des illusions. Mais il n'est pas plus illusoire de supposer qu'il est possible, pour l'homme, d'obtenir par d'autres moyens ce que cette science ne peut lui donner. Ainsi, les expériences d'états élargis de conscience repoussent les frontières de l'être humain, alors même que nous ne pouvons prévoir dogmatiquement ce que sera la science de demain. Nous savons qu'il existe des régions de mystère, d'ignorance, des régions d'une immensité incommensurable, qui pour la science restent à explorer.

J'ai senti en moi des ruissellements d'énergie qui provenaient d'autres états d'être. J'ai ressenti des sources accessibles à l'être humain à travers son intuition, son inconscient, ou son élévation de fréquence vibratoire. Il ne subsiste plus, dès lors, qu'un seul vrai problème : l'expression, la sémantique. Lorsqu'on revient de ces espaces, on se sent à l'étroit. Souvent, au cours de la descente, on a l'impression de se glisser dans un sarcophage : univers limité, doté d'un cerveau limité, espace saturé de jugements, de concepts, de savoir, qui empêchent la transmission de la connaissance réelle.

Tous les sages, tous les chercheurs que j'ai rencontrés ont laissé transparaître leur humanité de bien des façons, en ce sens qu'ils n'étaient pas des ordinateurs à l'abri de l'erreur. D'un point de vue sémantique, nous sommes prisonniers d'une définition trop limitée de la vie et de l'intelligence. Ce que nous, êtres humains, entendons par esprit, intelligence, ou même vie, n'est qu'un reflet, un succédané d'un principe d'organisation beaucoup plus vaste. Il existe bel et bien en chacun de nous une conscience spirituelle en résonance avec la conscience spirituelle de l'univers.

Pour réaliser correctement cette expansion de conscience, il est néanmoins vital de connaître, et de comprendre la nature de notre personnalité. Trop souvent, j'ai eu l'impression d'être au milieu des deux plateaux d'une balance : d'un côté les sceptiques, niant tout cela en bloc, et de l'autre des illuminés, refusant de se situer dans l'univers quotidien. Dans les deux cas, il s'agit de réactions de fuite. Ces deux réactions ne sont que les reflets de deux parties différentes du spectre de notre identité, et chaque partie révèle l'autre. L'harmonisation ne peut se trouver dans une partie du spectre au détriment de l'autre. On ne peut la réaliser que dans la fusion avec l'essence du spectre de la conscience lui-même.

Le travail que j'ai effectué sur moi-même m'a amené à approfondir la connaissance que j'avais de ma personnalité, et cela m'a été très utile lorsque j'ai commencé à appliquer mes travaux sur les autres. Me connaissant et me comprenant, j'étais mieux à même d'accomplir un processus de communication. Mais ne confondons pas manipulations de soi et communion. Dans le processus de communion avec d'autres plans, je n'essaie jamais de me perdre. Je cherche un niveau d'ouverture qui me permette de m'étendre et d'entrer en harmonie avec quelque autre niveau de conscience que je cherche à contacter. Cela devient un processus actif, conscient, auquel je participe pleinement. La communication qui en résulte, que ce soit avec Véda, ou avec d'autres êtres, avec l'Amour Inconditionnel, la Vérité, la Sagesse ou la Connaissance, est une fusion de plusieurs énergies.

Comme la nature de la lumière, nous sommes à la fois une onde et une particule unique. Nous sommes holistiques par essence, et comme les perles dans le ciel d'Indra, nous sommes le Tout et la partie. Nous sommes tous UN, et en même temps chacun de nous est individu. Et surtout, nous avons la capacité de synthétiser, de communiquer entre ces deux extrêmes. A travers les filtres de notre perception et les écrans de notre ego, nous menons une existence fractionnée. Mais le véritable pouvoir d'identité est en nous, et c'est sur ce pouvoir que repose notre capacité de communiquer, et d'être notre propre créateur.

Dans notre civilisation mécaniste et matérielle, la conscience de l'être humain a peu à peu perdu la capacité de communiquer avec d'autres plans. Il ne sait plus communier ni avec son prochain, ni avec la Nature, ni avec les vastes espaces situés au-delà. L'homme est un géant, aveugle et muet, qui n'a plus ni mains ni pieds. Abandonné, faible et apeuré, sauf lorsqu'il s'agit de détruire.

Il semble bien qu'il existe des modèles énergétiques dans l'humain qui ne peuvent s'exprimer que par un élargissement du spectre de la conscience, à travers un canal organisé, car ces énergies sont trop puissantes pour être exposées au chaos. La plupart des théories concernant la nature de l'élargissement du spectre de la conscience ne sont que des variations de deux visions opposées : la vision scientifique occidentale, et la vision mystique orientale. Cette dernière considère la conscience comme une réalité première, alors que la vision scientique place la matière en position primordiale. La vision mystique se fonde sur l'expérience de la réalité telle que la vie l'individu lors de l'élargissement du spectre de la conscience, que ce soit le résultat d'une technique méditative, d'un processus dirigé, ou d'une manifestation spontanée comme il s'en produit parfois dans le cadre de la création artistique ou dans celui du rêve.

Ces expériences impliquent une relation à la réalité forte, personnelle, consciente, qui dépasse de beaucoup le cadre scientifique actuel. Au stade actuel, la science ne peut encore confirmer ni infirmer ces conceptions de la conscience. Néanmoins une vision systémique de l'esprit pourrait peut-être jeter un pont entre les visions scientifique et mystique de la conscience, établissant enfin un cadre d'unification de ces deux parties. Les mystiques insistent sur l'expérience directe, ce qui dépasse l'approche scientifique. Mais cela n'empêche pas ces deux approches d'être compatibles. Peut-être arriverons-nous bientôt à trouver un cadre scientifique cohérent qui permettra enfin d'aborder d'une manière nouvelle les questions que l'homme se pose depuis la nuit des temps à propos de la nature de la Vie, de l'Esprit, de l'origine et du devenir de l'être humain.

Lorsqu'on projette sa conscience au-delà des cinq sens, on entre dans des univers qui ressemblent étrangement aux visions de Karl Pribram (1) ou de David Bohm (2). Ce ne sont plus des mondes de formes, mais des modèles énergétiques. Toute matière n'est plus solide et tangible, mais elle devient construction énergétique qui se fait et se défait. Notre monde, simple assemblage d'objets séparés, est remplacé par une masse de modèles d'énergie ou de conscience, dans lesquels les types et les niveaux de limite paraissent futiles et arbitraires. La matière n'est plus l'unique fondement de l'existence, d'où l'esprit est dérivé. La conscience devient, de toute évidence, un principe indépendant, constituant la seule réalité. A terme, existence et non-existence se rejoignent. L'aphorisme du Tao est ainsi vérifié : le vide est plein et le plein est vide. La forme et le vide paraissent équivalents et interchangeables. La vision actuelle du monde s'avère alors indéfendable en tant que concept sérieux. Elle n'est plus qu'un système utile sur le plan pragmatique, mais simpliste, superficiel et arbitraire en ce qui concerne l'organisation de l'existence humaine. Il y manque trop de paramètres, et le puzzle que constitue l'être humain est loin d'être reconstitué.

Bohm suggère que matière et conscience sont inexplicables l'une par rapport à l'autre, et irréductibles à l'un ou l'autre concept. Ce sont des abstractions de l'ordre implicite (le dedans de l'univers) qui est leur champ commun, et elles sont liées dans une unité indissociable. A l'époque où Bohm jeta les bases de l'holomouvement, il fit remarquer que la fragmentation conceptuelle est renforcée par la structure de notre langage, qui accentue les divisions. Il posa donc les fondements d'un nouveau langage : le rhéomode. Ce langage décrit le monde dans un état de flux perpétuel, comme un processus dynamique, un monde fréquentiel où tout est kaléïdoscopique. Ceux qui ont expérimenté des états non ordinaires de conscience affirment souvent avoir penétré des domaines cachés de la réalité, qui leur paraissaient authentiques, et d'une certaine manière implicites et supra-ordonnés à la réalité quotidienne. Or, le contenu de cette réalité inclut des éléments de l'inconscient collectif, des événements historiques, des phénomènes archétypiques mythologiques, la

(1) Voir chapitre IV.
(2) Voir chapitre V.

dynamique d'incarnations passées, ou la rencontre d'êtres vivant sur d'autres plans de l'univers.

Les expériences spirituelles directes, telles que les sentiments d'unité cosmique, les visions de lumière d'une beauté surnaturelle, ou les rencontres avec des êtres de nature archétypale (êtres de lumière, guides spirituels), sont dans le domaine de la psychiatrie considérés comme des déformations psychotiques grossières de la réalité objective, trahissant un processus pathologique grave, ou une maladie mentale. Or, jusqu'à la publication du travail de Maslov (l'un des pères de la psychologie transpersonnelle) dans les années 60, nul ne concevait que ces phénomènes puissent être abordés d'une manière différente. La science actuelle considère les expériences spirituelles, quelles qu'elles soient, comme des phénomènes pathologiques, et le principal courant psychanalytique interprète les états d'unité comme l'expression d'une régression vers un narcissisme primaire, et d'un désarroi infantile.

« Ainsi, écrit encore Stanislas Grof (1), Franz Alexander, un éminent psychanalyste, écrivit un article dans lequel il qualifiait les états accessibles par la méditation bouddhiste de « catatonie provoquée ». Les grands chamans de diverses traditions aborigènes ont été décrits comme des schizophrènes ou des épileptiques, et diverses étiquettes psychiatriques ont été attribuées aux saints, aux prophètes et aux maîtres religieux. Ces critères ont été appliqués sans discrimination, y compris aux grands maîtres religieux comme Bouddha, Jésus, Mahomet, Sri-Ramana-Maharashi, ou Rama-Krishna. Un rapport récent du « Group for advancement of psychiatry » affirme même que le mysticisme est un phénomène intermédiaire entre la normalité et la psychose. »

Un exemple d'expansion spatiale de la conscience

Voici le récit d'une session fort intéressante, que j'ai menée avec un chercheur en médecine énergétique. Ensem-

(1) *Op. cit.*

ble, nous avons ce jour-là remonté peu à peu la double hélice de l'A.D.N. (1) :

« J'éprouve une sensation de flottement. Je suis dans un univers énergétique. C'est comme si j'avançais dans un vaisseau spatial, au milieu d'aquarelles qui défilent très vite. Mais ce vaisseau est une construction énergétique de ma conscience.

Je me suis doté d'un support pour avancer, bien qu'à la limite je n'en aie pas besoin. De l'autre côté de cette construction, il y a un univers coloré. Pour l'instant je me sens seul... Voilà, je suis arrivé... Me voilà au bord de quelque chose qui pourrait ressembler à la Terre. C'est une construction d'un autre type : une forme sphérique, universelle, de teinte bleu-vert. J'entre dans cette sphère, et le taux vibratoire change. J'ai mal dans mon corps physique... J'entoure la partie physique de mon être d'une lumière d'or... voilà, je me sens mieux. Je suis une conscience dans un champ de conscience supérieur, et en même temps, je suis dans mon incarnation. Le véhicule de cette incarnation, mon corps, est enveloppé dans un cocon de lumière, pendant que moi, conscience, je suis dans la sphère bleu-vert... Je vois maintenant un hologramme, avec des clés de passage... C'est l'hélice de l'A.D.N... Je commence à monter. Il y a 72 clés de passage, 72 étant le plan divin. A 72, il y a une nouvelle clé de passage, vers un monde où se trouve le Dieu de la Sagesse. La véritable clé de passage, en fait, c'est $999\,360^3$... Je monte... A 46, la sphère a disparu. Ce niveau correspond à un autre plan de conscience, un plan de mort et de naissance (il s'agit bien sûr de la mort initiatique, qui signifie renaissance et connaissance). Je continue l'ascension. Me voilà à la clé 72, au sommet de l'hélice. Il y a là une porte, puis un grand escalier. C'est une sorte de temple. En haut de l'escalier se trouve un soleil, un trône, et sur ce trône un homme. Ou du moins une divinité à tête de chacal, surmontée d'un cobra. Il s'agit d'Anubis, le Dieu des morts égyptien. Ce n'est pas un simple prêtre avec un masque de chacal. Non... c'est vraiment un être à tête de chacal.

Je ne peux pas aller vers lui, car je ressens un interdit. J'ai mal au corps... Derrière lui, c'est lumineux... mais je ne vois pas bien... Je ne sais pas exactement où je me trouve. J'ai

(1) Acide désoxyribonucléique.

dépassé la clé 72. Il faudrait à présent que je dépasse la clé 100... Voilà... Anubis a disparu. Je suis loin maintenant. Je vois des êtres qui dansent et qui chantent. Je n'ai aucune idée de l'endroit où je me trouve. Ces gens ne s'occupent pas de moi... J'essaie de comprendre quelles énergies sont manipulées dans la dimension incarnée, là où j'ai vu toutes les couleurs... Je vois d'abord un spectre de couleurs... Puis j'ai une seconde vision, plus belle, plus pure. Au centre, il y a un être de lumière. J'essaie de hisser ma fréquence vibratoire vers la sienne. Il est assis sur un trône, et me tend une canne à pommeau. Je n'arrive pas à l'atteindre... J'essaie de connecter un fin canal de lumière à son 3e œil, mais il n'a pas de visage... Ça y est, je viens de comprendre : la canne et le pommeau sont des clés de passage. Je la saisis, et je monte jusqu'à 1 000. A cette nouvelle clé de passage, je rencontre un livre ouvert, sur lequel est inscrite une écriture... C'est celle d'Abraham. Elle ne correspond à rien de connu sur la Terre, mais elle englobe tout ce qui est écrit ici-bas. C'est le livre des visages. Tout y est écrit : Toi, pas Toi, Toi avant, Toi maintenant, Toi après. Tout le passé de l'humanité est là aussi, ainsi que le futur. On peut tout étudier. Je comprends à présent : Sur un autre niveau de conscience, tout est possible. On peut tout créer. »

Je ne vous ai présenté qu'une petite partie de cette séance, particulièrement riche. Mais, comme cela se produit souvent, nous nous sommes heurtés ce jour-là à un problème de vocabulaire. Les mots manquaient pour décrire ce qui se passait réellement.

La descente dans l'incarnation

Au fil de mes recherches sur les voyages dans le temps, je me suis aperçu qu'il était possible de ramener des souvenirs de la période péri-natale, de la vie fœtale, des vies passées, mais aussi des souvenirs concernant la période située entre deux incarnations. J'ai ainsi effectué de très nombreuses séances au cours desquelles les sujets racontaient ce qui se passait alors que leur « âme » se trouvait de « l'autre côté ». Il semble bien que l'on soit, ici encore, en présence de ces fameux patterns, dont nous avons parlé à plusieurs reprises. Aussi, les sujets qui manifestent dans leur vie présente une sorte de refus de vivre, en retrouvent les racines dans la vie fœtale, au moment de la conception et même au moment du choix de l'incarnation. Certains semblent même ne pas vouloir s'incarner. Ce qui pourrait peut-être expliquer certains problèmes psychiatriques particulièrement difficiles à traiter. Lorsqu'il se trouve dans ce lieu, que l'on désigne habituellement par le vague terme d'au-delà, le sujet décrit généralement soit un environnement de lumière, soit un univers sombre, parfois même noir. Les recherches qui se recoupent tout à fait avec les traditions ont montré que le choix d'incarnation se fait de trois manières : l'âme, à l'issue d'une méditation solitaire, peut choisir de redescendre en fonction d'un certain nombre de paramètres. Mais, ce choix peut aussi s'opérer avec l'aide d'un guide spirituel ou en groupe. C'est alors qu'intervient la descente dans l'incarnation, qui s'accompagne généralement d'une compréhension de la nécessité de redescendre, même si certains n'en ont pas envie et pensent que cela sera très difficile. Il arrive parfois que certains sujets repoussent littéralement l'échéance de toutes leurs forces.

Toutes les traditions orientales parlent du choix d'incarnation. A un moment donné ou à un autre, l'âme, en fonction de ses acquis karmiques, décide de redescendre pour travailler sur tel ou tel point précis.

Voici, à titre d'exemple, le récit d'un homme, qui a voyagé dans plusieurs de ses incarnations passées. Dans son présent, il se sentait bloqué. Avant de venir me consulter, il avait effectué un travail à Londres, avec Dennis Kelcey (1). Mais il n'avait pas réussi à juguler ses pulsions haineuses, dirigées surtout contre lui-même d'ailleurs. Nous avons retrouvé les traces de ce sentiment jusque dans la « crypte du temps ». Pour amener le sujet jusque-là, j'ai utilisé une technique ascensionnelle au cours de laquelle j'ai demandé au sujet de pénétrer dans une construction énergétique, une sorte de temple. C'est dans ce lieu symbolique, cette « crypte du temps » que le sujet retrouve le flot de ses

(1) Dennis Kelcey est un psychiatre anglais, qui utilisa dès les années 60, les régressions dans les vies passées à titre de thérapie. Il travailla beaucoup avec son épouse Joan Grant, un très grand médium

incarnations passées, émergeant comme des eaux d'une rivière.

Cette technique ne peut être appliquée qu'à des personnes déjà préparées. C'est dommage, car elle est très intéressante, dans la mesure où elle permet d'embrasser un vaste flot de temps et d'espace, en un laps de temps réel assez réduit :

« — ... je suis un roi... mais un roi méprisant envers ses sujets. Une sorte de petit satrape local. Un mauvais roi.

— *A quelle époque cela se passe-t-il ?*

— Entre 800 et 900 av. J.-C.

— *Arrivons à la fin de cette vie.*

— Je meurs assassiné par une bande de gaillards plutôt violents qui jaillissent de la foule. Ils me précipitent la tête contre un mur. Mes gardes ont fui, ils m'ont abandonné.

— *Revenons quelques instants avant votre mort.*

— Je les hais tous. Je hais le genre humain tout entier. Je ne sais pas pourquoi. C'est de la méchanceté gratuite. Cela se passe dans une ville fortifiée... Je suis en train de me faire tuer à présent... Ils me frappent avec leurs pieds et leurs poings. Ils ne sont pas armés.

— *Arrivons à l'instant de votre mort.*

(Le sujet émet des sons bizarres, puis pousse un long cri.)

— *Votre corps a fini de souffrir. Il est mort mais vous êtes toujours vivant. Montez... montez.*

— Ahaha... Je ne peux pas... Ahahaha... je ne peux pas monter. Je suis bloqué. Je ne veux pas sortir de... de mon désespoir. J'ai tort, je le sais, mais je refuse.

— *Votre travail n'est pas fini. Vous allez redevenir diamant, et monter vers la lumière.*

— Il y a une part de moi qui est restée bloquée. Elle est dans une lumière bleu clair. Elle ne veut pas revenir... Ça y est... Elle commence à revenir.

— *Très bien. Continuons. Il y a une autre incarnation qui émerge de la rivière du temps...*

— Oui. C'est un homme. Cela se passe en Inde, vers 3000 av. J.-C. Je suis... ça m'embête de le dire... je suis bourreau. Ou plutôt homme de main. Je torture et j'exécute pour le compte d'un riche marchand, un intrigant de la cour.

— *Arrivons à la fin de cette vie.*

— Je suis très grand et costaud. Il y a des soldats là, devant moi. Ils sont trois, armés de lances. Je m'élance vers le premier et je le tue en le frappant au visage. Le deuxième m'envoie une lance à côté du cœur. Je me précipite vers lui Un troisième me jette sa lance dans l'œil gauche. Je tombe, et la première lance me transperce dans ma chute. Je me renverse sur le dos, et je tombe du premier étage de la maison où je me trouvais. Au milieu de la foule.

— *Revenons à la rivière du temps.*

(Le sujet respire bruyamment.)

— *Laissez émerger une nouvelle incarnation.*

— Je ne sais pas si c'est un homme... peut-être est-ce une bête. C'est gélatineux. Presque monstrueux. Une sorte d'homme méduse. Je suis au bord de la mer dans une grotte. Je ne suis pas seul ici. Nous sommes très nombreux Nous avons une forme conique, et nous nous mouvons sur des sortes de grosses pattes-ventouses, moitié pattes moitié nageoires. Nous sommes vraiment visqueux, gélatineux. Cela se passe... au Lémurien...

— *Revenons dans la rivière du temps.*

— Mon Dieu!... Mon Dieu!... Je suis grand prêtre. Je porte une grande robe rouge, et je fais des gestes. J'ai un truc sur la tête, une sorte de bol jaune, un réceptacle d'énergie. Je manipule des courants d'énergie extrêmement puissants... Oh là là!... Ce sont des courants d'énergie constructeurs de cités, de mondes... Je suis un prêtre très moyen. J'aime beaucoup l'expérimentation... J'ai même fait détruire des cités vers la fin de l'Atlantide. A l'époque de sa gloire, je travaillais avec les rayons lumineux, les énergies. J'étais plein de défiance envers tout ce qui m'était supérieur. Je voulais m'en sortir par moi-même, sans reconnaître l'allégeance aux forces cosmiques supérieures... Je ne sais pas comment je suis mort... Attendez... C'est quelque chose de bestial. Je suis étouffé par une sorte de sanglier sauvage dans une grotte. Ils sont plusieurs, bruns, petits et méchants. Ils me déchiquettent et me dévorent. J'ai été placé là en exil, parmi ces peuplades sauvages.

— *Mourez à présent. Passez de l'autre côté.*

(Le sujet crie puis pleure.)

— *Voilà, vous êtes redevenu le diamant. Essayons de comprendre pourquoi votre âme s'est ainsi perdue dans cette incarnation.*

— Je vois une lumière bleutée... je deviens cette lumière. Je suis une bénédiction, une lumière provenant du cœur de l'être divin, du Christ, du principe originel. L'univers n'existe pas encore.

— *Faites un pont entre l'être du présent et ceux du passé. Je voudrais que vous vous pardonniez, car c'est vous qui vous êtes puni.*

— Il me faut l'accord de la source.

— *Mais vous l'avez, puisque la source est amour et pardon. Vous pouvez vous libérer du châtiment que vous vous êtes vous-même imposé. Vous êtes une source de lumière bleue. Envoyez simplement une vibration d'amour, et recevez la même chose. Voilà... Nous allons maintenant retourner dans le diamant, dans la crypte du temps.*

— ...

— *Vous êtes redevenu le diamant. Vous pouvez comprendre tout ce qui s'est passé, car vous êtes la lumière bleue. Avant de redescendre dans l'incarnation, vous avez le pouvoir de vous détacher de cela, de vous pardonner à vous-même... Voilà... Descendez maintenant... A partir de cet instant, une structure ancienne vient de se dissiper, de se dissoudre, une structure de peur. Et en même temps, une nouvelle structure se construit. Vous êtes libre... libre. Un nouveau cycle commence pour vous, une nouvelle vie.* »

Lorsque j'ai rencontré Anne et Daniel Meurois-Givandan, dont les expériences hors du corps sont innombrables, je leur ai demandé comment ils percevaient le processus du choix d'incarnation. Selon leurs informations, il apparaît que certaines âmes sont en état de choc à la suite d'expériences particulièrement traumatisantes. Elles perdent alors conscience même de l'endroit où elles se trouvent, et dans une sorte de torpeur, glissent peu à peu vers des limbes. Pour empêcher que ces âmes ne se désintègrent et ne retournent au néant, les grands êtres spirituels les aident à s'incarner. Si le processus de la descente dans l'incarnation s'effectue en dépit d'un refus total de la part de l'âme, il peut entraîner des troubles pathologiques profonds.

Ainsi, le Dr Pecci a solutionné un problème extrêmement grave chez une malade dont une moitié d'âme était restée accrochée de « l'autre côté ». L'âme s'était fractionnée pendant la descente : une moitié s'était incarnée, et l'autre était restée accrochée « en haut ». La malade vivait littéralement sur deux plans différents en même temps, en n'ayant conscience ni de l'un ni de l'autre.

A l'époque de la rédaction de cet ouvrage, j'ai rencontré une psychologue qui, depuis sa toute petite enfance, faisait des rêves stupéfiants, comme si elle se souvenait spontanément de ses vies passées, et de sa descente dans l'incarnation. Elle se rappelait parfaitement que lorsqu'elle était bébé il lui arrivait fréquemment de flotter au-dessus de son berceau Un jour, vers l'âge de cinq ans, elle eut un coma, et sa conscience sortit de son corps : elle vit ses parents affolés, autour de son corps inanimé. Ils la saisirent et la portèrent chez des voisins pour des secours de première urgence. La conscience de l'enfant, étrangement détachée, flottait au-dessus de la scène, puis elle traversa les murs pour pénétrer dans la maison des voisins. Elle vit ses parents, et sa sœur un peu plus âgée qu'elle, autour de son corps. Elle appela mais bien sûr personne ne l'entendit. Pourtant il n'y avait aucune trace d'affolement chez l'enfant. A un moment, le voisin regarda dans sa direction, et elle eut la nette impression qu'il la voyait. Elle renouvela ses appels, mais en vain. Soudain, dans une grande glace murale, elle se vit sous la forme d'une petite lumière bleue. Puis deux autres lumières, plus grandes, arrivèrent et se mirent à lui parler, probablement dans le langage universel de la lumière : « Ce n'est pas encore le moment, lui dirent-elles, il faut retourner dans ton corps. » La conscience de l'enfant répondit : « Je voudrais bien, mais je ne sais pas comment. »

Les lumières lui expliquèrent alors comment réintégrer son enveloppe physique, par un orifice situé au sommet du crâne. L'âme de l'enfant flotta doucement vers son corps, et y entra comme on enfile un gant. Elle se sentit peu à peu revenir à la vie physique.

Voici le récit d'un sujet qui revécut sa descente dans l'incarnation au cours d'une séance. Il eut tour à tour l'impression qu'il avait un corps, puis qu'il n'en avait plus, dans une sorte d'expansion à la fois spatiale et temporelle

« — C'est bizarre... comme une expansion... comme un creux... je sens le vide. J'ai l'impression que mon dos se raidit. C'est comme une place vide à combler.

— *Remontons à présent dans les plans de conscience, jusqu'au moment où vous étiez encore esprit, avant votre descente dans l'incarnation.*

— C'est plus solide, ça ne flotte plus. Je suis dans un

univers fermé. J'ai un corps, mais ce n'est pas un corps normal. C'est un peu comme si ce n'était pas le mien. Lorsque je serre mes mains l'une contre l'autre, elles ne s'opposent aucune résistance, elles se pénètrent. Autour de moi, c'est clair... bleu lumineux. Mon corps est comme un moule creux... je me sens bien.

— *Avançons encore dans le temps.*

— Je suis toujours dans un endroit fermé. Je sens comme des machines autour de moi, mais ce n'est pas une machinerie physique. D'un coup je me retrouve dehors. Je vois une porte, et un bâtiment arrondi comme un gros igloo. Je suis seule. Je me dirige vers cette maison, et j'y pénètre. Il me faut passer par un tunnel pour y parvenir. C'est plus grand à l'intérieur que ça ne paraissait de l'extérieur. C'est plutôt clair au-dessus de moi, et sombre en dessous. Un peu comme un puits. J'ai la sensation d'être en train d'accomplir quelque chose, mais je ne comprends pas ce que c'est. La sphère dans laquelle je flotte est, en quelque sorte, l'univers en réduction. Je perçois maintenant un nuage de lumière sur lequel je dois agir pour qu'il prenne de l'ampleur. Mais c'est difficile. J'émets des vibrations de pensée... Ça y est... la lumière s'étale. La sphère est presque pleine de lumière à présent, de la lumière blanche. Je suis seule, mais je ne ressens aucune solitude. Je me sens bien, comme si je venais d'accomplir quelque chose d'important.

— *Essayez de ressentir cela dans votre corps du présent.*

— C'est comme si je remplissais mon corps de lumière, une lumière qui le nettoierait, le purifierait. Il s'expanse, comme si on le gonflait avec de l'énergie. Je me sens bien, jusque dans mon corps physique. C'est comme si on me donnait un nouveau corps, mais je ne sais pas encore pourquoi.

— *Arrivons à la fin de cet acte.*

— Mon corps est à la fois transparent et rigide, comme s'il était FAIT de lumière. J'ai l'impression qu'on m'a préparée à quelque chose. Mon corps s'assouplit. Je perçois une sorte de grand pétale de fleur qui descend, comme un entonnoir, en devenant de plus en plus sombre. Il faut que je descende par cet espèce de goulet, de toboggan. Je ne sais pas où ça mène.

Je ne sens pas de présence autour de moi, et pourtant tout est vivant. Je passe dans un puits de lumière. Ça se rétrécit.

Au fur et à mesure que j'avance, ce qui était sombre devient lumineux. Le goulet est de plus en plus étroit, au point que je ne sais pas si je vais pouvoir continuer. Je me fais toute petite. J'arrive enfin dans un espace... un espace qui palpite, comme une conscience, sans forme précise.

— *Arrivons maintenant au moment du choix d'incarnation.*

— Je sais que je viens de faire un travail, mais je ne sais pas ce que c'est. Je ne comprends pas.

— *Arrivons alors au moment de l'accrochage. Nous allons voir si cette forme palpitante est bien un fœtus.*

— Je me sens calme, dans le fœtus. Le toboggan c'était la descente dans l'incarnation. Dans la sphère de lumière, j'étais préparée à l'incarnation. Je ne sais pas au juste pourquoi je suis descendue, mais j'ai compris que... je dois me forger un code moral, comme un chevalier au Moyen Age... un code de droiture. »

Le processus de relaxation utilisé dans les cas de ce genre est le même que celui que j'emploie pour les voyages dans le passé. Cependant, lorsque le sujet se trouve dans son univers intérieur, dès qu'il commence à pénétrer dans un état d'élargissement de conscience, j'utilise une technique ascensionnelle, ayant pour support un escalier : je compte, lentement d'abord, puis de plus en plus rapidement, jusqu'à 50. Une fois arrivé en haut de l'escalier, je marque un temps d'arrêt, puis je compte de 1 jusqu'à 5. A chaque chiffre, je demande à la conscience du sujet de créer de puissantes sensations d'élévation. A 5, symboliquement, la conscience passe de « l'autre côté ». Nous pouvons alors continuer à monter. La première porte est un nuage de lumière blanche, un nuage énergétique créé par la conscience du sujet. Je lui demande alors d'y pénétrer : c'est là que commence véritablement le travail. Le sujet ressent d'abord des vibrations très douces, comme si un nettoyage s'opérait dans son être, puis il passe de l'autre côté du nuage. Parfois nous montons encore plus haut. Pour cela j'utilise d'autres vecteurs, comme une roue de lumière, ou un trône.

Lorsqu'il s'agit de retrouver le moment du choix d'incarnation, je peux également utiliser le tunnel temporel, et faire repasser le sujet par sa naissance, avant de le faire remonter peu à peu dans les plans.

Voici un autre récit, émanant d'une personne, déjà dotée d'un grand éveil spirituel, qui n'a pas revécu sa naissance, mais la naissance de l'être humain en général :

« — Je traverse un cristal. C'est difficile... j'ai mal... mal au cœur...

— *Essayez de créer une vibration mauve, et faites-la descendre sur votre cœur.*

— Aïïïe !... Voilà, ça va mieux... la douleur se calme mieux avec une vibration couleur d'or... Je passe dans le cristal à présent. Tout à l'heure les vibrations étaient trop basses, c'est pour cette raison que je n'y arrivais pas... Le mauve avait soulagé autour du cœur, mais pas le cœur lui-même... C'est curieux, c'est comme un ascenseur dans le cristal. Je monte tout doucement, et je vois tout autour de moi des galaxies... ça défile doucement. Mais doucement, c'est rapide en même temps. Les notions de rapidité et de douceur se mélangent... C'est clair autour. Je vois une mer au loin, une mer d'or, avec des reflets jaunes, orange. Je vois aussi un lac d'émeraude plus loin encore... Je ne flotte pas. Je suis bien encadré dans une structure, comme dans une ogive de cristal. Ce n'est pas moi qui bouge, c'est le cristal qui s'élève. Je suis debout, et je regarde ce qu'on me montre. C'est fou. Je vois du violet maintenant, des nuages violets avec des éclairs. Je vois des mondes au loin, enfin je crois que ce sont des mondes. Je vois comme des étoiles, des choses différentes. J'ai un corps d'énergie... J'ai l'impression que ce corps rapetisse, et que l'ogive de cristal se transforme en boule. A l'intérieur, il n'y a plus de corps, il y a une tâche, une tâche d'énergie, mais c'est toujours moi. C'est curieux... Cette boule de cristal se déplace en spirale à présent. Elle ne monte plus, elle se déplace horizontalement en spirale. Je vois des nuages d'argent, et des formes montagneuses séparées par des gorges. Des lumières d'or en émanent. Je ne vois personne, je ne vois que des nuages, des montagnes et des mers... C'est un univers d'énergie, ce n'est pas un univers formé. C'est très beau, plein de couleurs irréelles... Je sens maintenant un point central, en moi, dans la boule, mais je ne sens pas d'autre présence.

— *Les énergies que vous sentez autour de vous sont-elles des consciences ?*

— Non... en fait je ne sais pas. Je suis happée dans un cornet de rayons, un peu comme un filet à papillons. La boule se retrouve dans une sorte de mousse blanche, nuageuse. Je ne sais pas si c'est chaud ou froid, si c'est de l'eau... La boule tourne, ainsi que la mousse. Je vois des flammèches à l'intérieur, qui tournent, tournent, comme pour se malaxer. C'est un mélange d'énergies... La boule a roulé dans une sorte de mer verte. Elle est secouée, puis elle passe dans un goulet et se retrouve dans une cascade, avec des reflets d'or et d'émeraude. Oh là là, quelle chute !... Je vois à côté de moi une goutte d'eau qui est en train de s'allonger pour tomber... La boule est tombée, mais la goutte d'eau pas encore... Maintenant tout est noir... La boule descend dans ce noir. J'ai peur... Je vois des traits jaunes, et des petites fleurs violettes, qui viennent et repartent. J'ai l'impression que je suis arrivée au fond du gouffre... La boule saute sur des espèces de jets d'eau, au centre desquels il y a un trou, comme un siphon... Je suis aspirée par ce siphon... Je tombe dans une eau calme, calme ! L'endroit est mi-clair mi-obscur. Les parois ne sont pas lisses, c'est comme des gorges. Il n'y a pas de soleil. La boule change de forme... Non, plus exactement elle est toujours boule, mais il y a des formes à l'intérieur, comme un petit têtard... comme une naissance ou une métamorphose... A présent, il y a deux petites boules dans la boule... avec des yeux... et une colonne vertébrale... Je comprends à présent. Oui... c'est pour cela qu'il me faut rester dans ce calme, dans ce clair-obscur. Ça va se former... voilà le sang qui arrive. Avant je ne faisais qu'assister en spectateur, sans ressentir d'affectivité, mais à présent je commence à ressentir des choses... ça va, ça vient... Je pleure ! C'est la première fois... je suis tout petit... petit... Je suis dépendante. Je suis nourrie, et je grossis... J'ai une grosse tête, et de gros yeux, et le reste vient progressivement. Tout est orchestré, c'est merveilleux. Les autres organes se forment progressivement, en même temps que la sensibilité s'éveille... La peur... la première peur... c'est un choc... Je saute, je tourne, je cherche ma place. Je me transforme en petit être humain. Je commence à sentir que j'ai besoin de quelqu'un, et j'ai peur... J'ai à peu près quatre mois (fœtal).

— *Vous sentez votre maman ?*

Je l'ai déjà sentie, vibratoirement, lorsque la boule est tombée dans un siphon. Maintenant je la sens émotionnellement aussi. J'ai peur. Je ne comprends pas tout cela mais je le sens. J'apprends à grandir... J'ai six mois à présent. Je commence à en avoir assez... je sais que je n'arrive pas au bon moment. Maman pleure. Ça bouge beaucoup et je sens des choses sombres... J'ai huit mois... Je n'ai pas encore envie de sortir, car je sais que je suis trop petite. Maman ne s'occupe pas de moi, elle est préoccupée par d'autres choses, elle a des soucis. Je bouge, je donne des coups de pied pour l'appeler. Elle a entendu, et elle a posé sa main. C'est bien. Je sens sa chaleur et je sais qu'elle m'aime bien

— *Arrivons peu à peu vers la naissance.*

— Je tourne... je pousse dans tous les sens. Je cherche la sortie. Ma tête se place vers le bas, et je pousse avec mes pieds. Il y a comme une porte élastique. Lorsque j'appuie ça bouge. Je pousse encore... Je sens comme une cataracte d'eau qui me submerge... qu'est-ce que c'est ?!!! j'ai peur !!... C'est noir. Je reviens en arrière... Je donne encore un coup de pied et je pénètre dans ce... cet espèce de truc noir. J'étouffe. (Le sujet gémit et pleure, longtemps.) ... Je suis sortie maintenant.

— *Quelle est votre première impression ?*

— Je ne viens pas de revivre ma naissance, mais la naissance de l'être humain. Je suis dans une forêt maintenant. C'est drôle, c'est quelque chose de... transpersonnel. On m'enseigne... Je vois des roches, des pierres, surmontées de lumières. C'est toute la création qu'on me montre ainsi. Tout ce qui a existé, et ce qui va exister. Les roches qui s'éclairent communiquent au loin avec d'autres galaxies. Des êtres de lumière arrivent à l'appel des rochers. Ces pierres correspondent à des états de conscience. Parmi les êtres qui arrivent, certains correspondent à des rochers précis... Ces rochers, en fait, sont peut-être tout simplement des continents.

— *Voulez-vous dire qu'actuellement, sur la Terre, il y a des enseignants invisibles ?*

— Il y en a des invisibles, et il y en a des incarnés. J'en reconnais un... c'est un ami. C'est comme une confirmation pour moi. Je savais qu'il devait m'enseigner quelque chose, et que je devais lui apprendre autre chose en retour. Maintenant j'en suis sûre... Pourtant je ne peux croire à tout cela... c'est trop aberrant... Je doute, parce que je suis touchée émotionnellement... Il ne faut pas être touché émotionnellement... J'accepte malgré tout... Il y a beaucoup d'enseignants de cette sorte, mais certains ne le savent pas. »

Rencontre avec des êtres de lumière

Il arrive parfois, au cours des expériences hors du corps, que l'on rencontre des êtres d'énergie, comme les nomme pudiquement Pierre Weil. Ces êtres ne peuvent prendre vraiment forme humaine, car leur domaine de conscience semble trop vaste pour être limité à un seul règne. En effet, dans la mesure où ils vivent dans un univers quadri, quinti, voire sexti-dimensionnel, la rencontre ne peut se faire que dans des étages intermédiaires, des lieux énergétiques. Ces êtres s'expriment alors au moyen d'un véhicule qu'ils semblent s'être construit eux-mêmes pour la circonstance. Véda m'a dit un jour qu'il ne pouvait se révéler à travers une seule forme, car sa forme s'est dissoute. Mais peut-être se révèle-t-il à travers des groupes.

Ces êtres sont la lumière de tout être humain, ils sont l'amour qui n'a jamais quitté le monde, et qui a marché à côté de l'être dans les ténèbres. Ils sont l'être humain révélé, ses espoirs épanouis, car ils sont infinis comme l'est l'être humain lui-même.

La rencontre avec des entités spirituelles est l'une des expériences les plus enrichissantes, les plus épanouissantes qui soient. Pourtant ces êtres se manifestent rarement sous une forme réelle. Les guides sont parfois une radiance, une source d'énergie, avec ou sans vibrations de hautes fréquences. Certains sujets les perçoivent vraiment, d'autres ne font que sentir leur présence. Parfois, ils délivrent des messages, des instructions ou des explications, par divers canaux extra-sensoriels. Les sujets les reçoivent dans une sorte de communion.

Il existe toutefois divers degrés de fusion, qui peuvent amener à une identification totale. Voici le récit d'une séance au cours de laquelle le sujet s'est retrouvé dans un univers totalement différent du nôtre, en compagnie d'êtres étranges :

« — Je flotte. Je sens comme une présence. Faiblement. J'essaie de m'élever... Je perçois une lumière verte, et je flotte vers elle. Il y a un être à peau verte, aux cheveux blond roux. C'est sûrement une représentation symbolique. L être est très beau : visage ovale, peau vert olive. Je baigne dans une sorte de plénitude. L'être a quatre doigts à chaque main. Il m'emmène vers son domaine. Il n'y a pas de paysage. Ce sont simplement des modèles d'énergie, de lumière. Je pénètre dans la lumière : c'est comme un voile qui se déchire. Nous arrivons près d'une colline, flanquée de deux montagnes. Nous flottons entre les montagnes. C'est comme si un soleil se levait à la fois entre les montagnes et à l'intérieur d'elles. Un très beau soleil rouge, une boule d'énergie. Il y a aussi une espèce de cratère émergeant de la montagne. Parmi les sommets, au fond, des montagnes blanches se découpent sur un fond bleuté, comme dans un coucher de soleil. Pourtant je ne sais pas d'où vient la lumière... Maintenant nous arrivons dans un jardin, où se trouve une sorte de temple : une boule blanche, un homme blanc, lumineux, et des êtres. Il m'est difficile de voir comment ils sont habillés, car je vois surtout leurs têtes. Ils ne me voient pas. Je suis un visiteur invisible. Ils discutent, comme s'ils cherchaient quelque chose. Ils ont l'air d'être en paix, sans soucis. Sur la porte du temple il y a un « V » flamboyant. L'être vert qui est toujours à mes côtés me signale que c'est l'équivalent de l'équerre dans mon langage symbolique. Pourtant cette équerre est feu, ce qui diffère complètement du symbolisme habituel, dans lequel l'équerre symbolise la matière. Un des êtres donne un... un cours. C'est un humanoïde : il porte une robe de bure assez sévère, formée de feuilles, qui s'étalent vers le bas comme un cône évasé. Sa tête est assez curieuse, comme une tête d'insecte. Les gens ont pris place dans un amphithéâtre. Ils parlent. J'ai l'impression que je ne dois pas comprendre cet enseignement, et pourtant il me semble que cela concerne le futur de la Terre. L'être qui est à mes côtés me montre une fleur rouge : comme une marguerite, au centre orangé, dont les pétales incurvés s'ouvrent vers le haut. Je suis alors aspiré vers le haut, dans un canal et l'être vert me fait signe d'en bas. Je monte encore. La lumière devient plus dorée, et dans cette lumière, je suis transparent, parmi des formes transparentes. Je ne sais si ce sont des êtres. L'un d'eux porte au front un rubis lumineux. Je le vois comme si j'étais au-dessus de lui. Je me promène au-dessus de plusieurs êtres de même nature. Je ne me déplace pas vraiment dans un paysage, mais plutôt dans une sorte de vide, où tout s'emmêle. Maintenant j'ai l'impression que je change de plan, et je me tourne vers un autre être, un être de feu qui semble être un instructeur. Il est entouré de rouge. Il a un bras levé. D'autres êtres sont rassemblés autour de lui. Je dois me trouver dans un plan très élevé. Cet être communique avec un monde supérieur. Un rayon de lumière émane de lui, blanc, légèrement rosé. C'est dans sa poitrine supérieure, semblable à une fleur, qu'il reçoit cette lumière. Il m'est très difficile d'exprimer ce que je ressens. J'ai l'impression qu'il communique aux êtres rassemblés autour de lui quelque chose qui provient d'en haut, d'un plan encore plus élevé, et qu'il se fait le porte-parole, l'intermédiaire. Cette sorte de fleur au-dessus de lui est un point commun de communication. »

Ainsi, les mondes étrangers que les sujets découvrent et explorent dans un état d'élargissement de conscience, possèdent une réalité propre, dépassant largement le cadre de notre univers. Ils appartiennent à d'autres dimensions, de fréquence vibratoire plus fine, ou à des univers coexistant avec le nôtre. Ces sujets rencontrent parfois des êtres dotés de formes physiques complexes, de processus métaboliques et physiologiques absolument différents des nôtres. Certains nous ressemblent, d'autres ne sont que des formes de lumière, ou possèdent des caractéristiques qui ne ressemblent en rien à ce que nous connaissons. Certaines personnes mentionnent même des contacts avec des engins de lumière, « voguant » dans un autre plan d'univers, mais c'est très rare. Pourtant, quel que soit le type de rencontre, le déroulement est toujours semblable. Même lorsque l'entrevue ne dure qu'un bref instant pour le sujet, de l'autre côté elle semble toujours durer plusieurs heures. Hélas, pendant la descente, tout ce qui a été compris ou appris se dilue dans la conscience ordinaire.

Voici le récit ramené par un homme d'une trentaine d'années, de formation universitaire, dans le cadre d'un travail sur la vie fœtale. Dans son quotidien, il ressentait fréquemment des pulsions d'agressivité, comme s'il recherchait quelque chose qu'il aurait perdu. Ce fut l'une des premières fois où j'utilisai la théorie des structures dissipatives de Prigogine dans le cadre de mon travail (1) :

« — Je n'ai pas de corps. Je ne vois qu'une toile de fond... bleu nuit, constellée de petits points lumineux. Je suis un point parmi les autres. Le fond de l'univers est sombre, mais toutes ces lumières lui donnent une certaine clarté. J'ai la sensation d'être libre, je me déplace, j'évolue en virevoltant, dans n'importe quelle direction.

— *Les autres points sont-ils aussi des consciences vivantes ?*

— Je ne sais pas. J'ai l'impression qu'il n'y a que moi qui bouge, les autres points brillent, mais ils sont fixes.

— *Arrivons à un moment où il se passe quelque chose.*

— Je ne vois plus de lumière. Tout est noir, comme si les points lumineux avaient été gommés d'un seul coup. Je ne suis pas très à l'aise, j'ai la sensation d'étouffer jusque dans mon corps physique. Je peux me déplacer, mais comme dans un cul-de-sac. C'est un univers clos. Il n'y a pas d'issue. C'est comme si j'étais au milieu d'une sphère de lumière noire. C'est contradictoire, mais c'est le seul terme qui me semble approprié. J'ai beau me tourner dans tous les sens, regarder au-dessus, en dessous, à droite, à gauche, tout est noir.

— *Avançons encore.*

— J'ai l'impression qu'une brèche s'est ouverte dans la sphère noire. Devant mes yeux flotte un objet qui ressemble à un corps physique, rose pâle, transparent, superbe. Il vient vers moi. C'est un corps d'homme, fluidique, très beau. Il a surgi de la brèche bleu nuit, où règnent les étoiles et la lumière. J'ai l'impression que ce corps m'est destiné... Je vais m'y glisser... Ça y est... Je suis dedans et je le fais remuer. J'y suis bien. Il me va comme un gant !

— *Que faites-vous maintenant ?*

— Je retourne dans la brèche d'où mon corps est venu. Je replonge dans l'univers où je me trouvais tout à l'heure. C'est pareil, excepté que maintenant je suis dans mon corps fluidique. J'ai une infinie liberté de mouvement. Je peux monter très vite, et redescendre aussi vite, sans perdre ma sensation de flottement. C'est une très très grande liberté, plus grande encore que lorsque j'étais un point lumineux.

(1) Voir chapitre IV.

— *Avançons encore dans le temps. Y a-t-il d'autres êtres comme vous ?*

— C'est assez confus. On dirait qu'il y a un groupe... attendez... ils ne sont que trois et pourtant on dirait une foule entière. Ils ont un corps fluidique identique au mien, de la même couleur. Ils sont très proches de moi. Comme s'ils voulaient se pencher sur moi pour m'observer. Je ne peux pas dire si ce sont des hommes ou des femmes. C'est très flou... Je vois comme des bustes, surmontés de têtes allongées, oblongues. Les trois personnages sont absolument semblables. Ils me regardent avec une certaine bienveillance, avec des égards, comme... comme s'ils étaient là pour vérifier que tout se passe bien pour moi. Ils sont très prévenants. Je les ressens comme des êtres très bons, remplis d'un immense amour. Là... je sens quelque chose au niveau de l'estomac, comme si je recevais des ondes, de l'amour. Ils sont amour... tout amour... et ça me donne envie de pleurer... C'est comme des vagues successives.

— *Vous êtes seul avec ces êtres ?*

— Oui, seul avec eux trois. Je crois que je dois aller quelque part, mais je ne sais pas où. En fait, je crois qu'ils sont en train de s'assurer que tout va bien, que je peux me rendre là où je dois aller.

— *Vous allez accomplir une descente dans l'incarnation ?*

— Oui, c'est cela. Je suis de nouveau tout seul... je crois que les trois êtres m'ont laissé descendre. Je suis un peu comme un nageur qui ferait un plongeon. Je descends doucement, dans le cosmos. Je ressens comme du regret. Ce que ces trois êtres m'envoyaient, je sais que jamais je ne pourrai le retrouver là où je vais. C'est comme si j'avais goûté à quelque chose de délicieux, et qu'on me l'ait enlevé. J'ai vraiment du regret de les avoir quittés. Mais de toute façon il faut que je descende, c'est comme ça.

— *Alors descendez dans les plans de conscience.*

— Je descends doucement... attendez... il me vient comme un cliché : je vois la Terre, et deux adultes avec la tête levée vers le ciel, comme s'ils m'attendaient. Je crois que ce sont mes parents, ceux de ma vie actuelle. Ils m'attendent. Je flotte, je descends au-dessus d'eux, pendant qu'ils regardent dans ma direction, sans savoir qu'ils m'attendent... Je ne sais pas si je les ai choisis comme parents. J'ai plutôt la sensation qu'on me les a conseillés. En fait, je crois qu'il s'agit d'une autre vie, mais avec les mêmes parents que ceux de ma vie actuelle. Le premier visage que j'ai vu c'est celui de mon père, avec à ses côtés une autre personne, beaucoup plus mince. Ils sont sur un sol désertique, séché, du caillou inondé de soleil. Mon père est très grand. La personne qui se tient à ses côtés est beaucoup plus petite. Je crois que c'est ma mère actuelle. Mon père porte un pantalon de toile marron, sable, et une chemise... non, plutôt une tunique en toile de la même couleur. Je crois qu'ils sont dans un pays chaud. Pour ma mère, c'est moins net : une jupe, des sandales, et peut-être un pull... et un fichu sur la tête.

— *Bien. Vous allez pénétrer dans le fœtus à présent.*

— Je ne me sens pas bien. Je suis coincé, à l'étroit. Je crois que j'ai trois mois.

— *Avez-vous encore la conscience des plans supérieurs, ou votre mémoire a-t-elle déjà commencé à se fermer ?*

— J'ai l'impression que tout est intact, tout ce qui s'est passé avant est là, dans ma mémoire... Je suis plus calme maintenant. J'ai quatre mois... Je me sens de mieux en mieux... J'ai six mois et je me sens bien. Ma mère semble heureuse d'attendre un enfant. Elle est contente, et moi je suis bien. J'ai toujours les trois êtres d'amour présents à l'esprit... J'ai huit mois à présent. Je me sens moins bien... Je sens comme un malaise, mais cela ne vient pas de moi. Je ne sens pas ma mère aussi bien qu'avant, car il y a une ombre au tableau.

— *Arrivons au moment de la naissance.*

— Je suis oppressé. Je n'ai pas vraiment envie de naître.. J'ai toujours à l'esprit ces trois êtres... Ils ne m'ont pas quitté en fait... Voilà, je suis sorti à présent. Je suis calme

— *Vous avez toujours conscience des trois êtres ?*

— Oui, mais leur souvenir est déjà un peu flou. Je les ai encore présent à l'esprit, mais ils sont déjà un peu plus lointains. Leur souvenir s'efface... »

Les 7 plans du Yoga

Pour les tenants du Kriya-Yoga, et les maîtres de la lignée de Yogananda, l'univers est divisé en 7 plans répartis du bas vers le haut : Saturne, Jupiter, Mars, Vénus, Mercure, Lune, Soleil. Ces plans sont plus symboliques qu'astrologiques. Les trois plans inférieurs sont des plans émotionnels, liés à la peur. L'être humain, verrouillé par sa condition, se trouve dans le plan de Saturne, au niveau le plus bas : c'est le plan subjectif, terrestre. Plus les émotions sont intenses, plus la vision du monde est déformée. Ainsi, tous les problèmes humains sont liés au pouvoir, à la limitation, aux fausses croyances et au dogmatisme. Les maîtres du Kriya-Yoga disent encore que nous sommes nés symboliquement avec le cordon ombilical connecté au chakra martien, le 3e chakra. Or, si l'on hisse ces énergies depuis la région martienne de la violence, jusqu'au niveau du cœur, dix centimètres plus haut, on monte dans le monde astral jusqu'au niveau vénusien : chakra du cœur, amour inconditionnel, niveau noétique. Le monde astral commence au niveau du cœur. C'est le début de l'état visionnaire.

Puis, il y a le chakra de la gorge, symbolisé par Mercure, et au-dessus du soleil, l'œil unique de la mystique juive, Ajna chakra. Les yogis disent qu'à ce niveau, on peut percevoir les plans « devaniques », c'est-à-dire les plans situés au-delà du monde astral.

Ces 7 plans font partie d'un univers appelé univers mental. Le monde astral est en effet un monde mental. Et c'est bien là le principal problème de la pensée matérialiste : selon elle, hors du corps point de pensée. Ce monde mental immatériel est donc impossible. Pour le matérialiste, dès que le corps physique se désintègre, l'être meurt. L'un des premiers enseignements de la projection astrale, telle que l'enseigne les yogis, est de montrer à l'être qu'il peut sortir de son corps, le regarder, et réaliser qu'il peut fonctionner sans lui.

Selon ces mêmes mystiques yogis, il y a des sous-plans dans le monde astral, de même qu'il y a des sous-plans dans le monde physique. Selon notre état d'éveil, nous vivons dans l'un des sept sous-sous-plans, du sous-plan saturnien du plan martien de l'astral. La plupart des humains vivent dans l'un des sept plans qui possède des divisions, elles-mêmes divisibles. Ainsi, par exemple, si l'état d'éveil d'une personne se trouve dans le plan martien, le sous-plan saturnien et le sous-sous-plan jupitérien, elle sera orientée vers la politique. Toutes choses sont donc triple, ce qui permet de retrouver la notion de trinité. C'est ainsi que les mystiques du Kriya-Yoga localisent les choses et gens. Selon eux, dans cet univers, nous avons tous le cordon ombilical connecté à Mars, et c'est la raison pour laquelle nous avons le sang rouge. Mais, s'il existait un être dont le cordon soit connecté à Mercure, c'est-à-dire à la gorge, son sang serait jaune. Tant que nous vivons dans le monde physique, nous sommes enfermés dans le chakra martien dont il nous faut absolument sortir. Nous sommes tous orientés vers Mars, et donc vers la guerre.

Pour les yogis, la couleur de la peau n'a aucune importance. C'est la couleur du sang qui importe : si un être a la peau bleue et le sang rouge, il a la même provenance que nous. Il est dans un état martien de conscience. Mais si un être à la peau blanche a le sang vert, il provient d'un autre univers de conscience.

L'activation des chakras

Certaines expériences hors du corps ressemblent étrangement à ce que certains yogis appellent « l'éveil de la Kundalini » et l'activation des chakras. Les chakras sont des centres d'énergie vitale, répartis en sept roues, du bas de la colonne vertébrale jusqu'au sommet du crâne : le premier au niveau du coccyx ; le deuxième en dessous du nombril, à la hauteur de la colonne vertébrale ; le troisième au plexus solaire ; le quatrième au centre de la poitrine ; le cinquième à la gorge ; le sixième au front ; et le septième au sommet du crâne. La kundalini est un mécanisme vital que les yogis ont appelé « le pouvoir du serpent » : il est lové au bas de la colonne vertébrale.

Il y a dans le corps éthérique le long de la colonne vertébrale deux nerfs éthériques (nadis), appelés Ida et Pingala, dont la forme rappelle un caducée.

Lorsque ces deux nadis s'écartent, ils libèrent un canal central nommé « sushumna », ce qui permet à l'énergie de s'éveiller.

Dans un livre où il relate sa quête personnelle, Gopi Krishna (1) raconte sa première expérience : « Au cours

(1) « Kundalini, evolutionnary energie in men », Ed. Shambhala.

d'une méditation, alors que j'étais dans un état d'intense concentration, je ressentis soudain une étrange sensation à la base de la colonne vertébrale. J'étais assis en tailleur. La sensation fut si extraordinaire et si présente, que mon attention fut attirée vers elle. Elle cessa alors inexplicablement. Je pensai tout d'abord à un point gênant dans mon corps, et je m'efforçai de relaxer cette tension. Puis, je me concentrai à nouveau sur le lotus. Comme l'image devenait de plus en plus claire et distincte au sommet de ma tête, la sensation recommença. Je m'efforçai de ne pas m'écarter de ma méditation, et j'y parvins quelques secondes. La sensation s'étendit alors le long de ma colonne vertébrale et devint si intense et si extraordinaire que malgré moi, mon esprit essaya de sentir ce qui se produisait. J'étais maintenant convaincu qu'il se passait quelque chose d'inhabituel, certainement provoqué par ma pratique quotidienne. Mon cœur commença à battre de plus en plus fort. Il m'était de plus en plus difficile de ne pas me détacher de ma méditation. Peu après, la sensation revint. Cette fois-ci, je fis un effort encore plus intense pour garder mon attention fixée sur le lotus que je m'étais construit mentalement. La sensation grandit en intensité, et je sentis un vague flottement. Soudain, dans un grondement semblable à celui d'une chute d'eau, je sentis un flot de lumière liquide entrer dans mon cerveau et ruisseler le long de ma colonne vertébrale. Comme je n'étais pas préparé à une telle aventure, je fus à nouveau surpris. Mais, cette fois-ci, je retrouvai rapidement mon self-control. La lumière devint de plus en plus brillante, le grondement de plus en plus fort. Je me sentis balancer, puis glisser hors de mon corps que je voyais enveloppé dans un halo de lumière. Cette expérience est difficile à décrire en termes précis. Je me perçus comme un point de conscience qui s'élargissait dans des vagues de lumière. Cela s'étalait hors de mon corps dont je perdis, peu à peu, la perception. J'étais maintenant conscience sans limitation, sans lien corporel, sans sensations provenant de mes sens physiques, immergé dans une mer de lumière, simultanément conscient de chaque point, dans toutes les directions, sans aucune barrière matérielle. Je n'étais plus moi-même. Je n'étais plus un simple point de conscience confiné dans mon corps, mais un vaste cercle de conscience dont le corps n'était qu'un point, baigné dans une lumière et dans un état d'exaltation et de joie impossible à décrire. Après un laps de temps difficile à mesurer, le cercle commença à se rétrécir. Je sentis que je me contractais jusqu'à reprendre conscience des contours de mon corps. Je revins. Je me glissai dans mon corps, dans mon ancienne condition, sentant à nouveau mes bras, mes jambes, ma tête, tout mon corps et son environnement naturel y compris les bruits de la rue. J'ouvris les yeux. »

J'ai effectué plusieurs fois ce type d'expérience et je pense qu'il s'agit de l'éveil de la kundalini, au bas de la colonne vertébrale, et de son ascension à travers le canal central sushumna, avec l'activation de tous les chakras. Sous sa forme complète, ce processus provoque une expérience profonde, extatique, due à l'activation du 7e chakra, situé au sommet du crâne, et qu'on appelle « le lotus aux mille pétales ».

Les expériences de Anne et Daniel Meurois-Givaudan

Bien que la projection de la conscience hors de l'univers des cinq sens soit différente de la projection astrale pure, le ressenti et l'éveil au niveau des sujets est similaire. Ainsi, Anne et Daniel Meurois-Givaudan, à travers leurs trois livres (1) relatent leurs nombreuses expériences hors du corps, et l'éveil qu'ils en ont ramené. Nous avons eu l'occasion, lors de certaines discussions qui se sont avancées fort tard dans la nuit, d'échanger des informations sur les chemins respectifs que nous avions choisis. Je n'y ai trouvé aucune divergence de fond par rapport à mes propres expériences. Nos chemins sont parallèles, et vont au même but, s'ouvrant vers les mêmes espaces infinis.

Pour Daniel Meurois-Givaudan, tout commença au début des années 70 : il était allongé sur son lit, dans sa chambre d'étudiant, dans une ville du nord de la France. Soudain, il se sentit projeté vers le plafond et vit son corps étendu sur le lit, comme une enveloppe vide, terne. « Quelque chose » dont il ignorait l'existence venait de quitter son enveloppe charnelle, et la contemplait du dehors, sans émotion réelle,

(1) *Op. cit,* leur quatrième ouvrage « Voyage à Shambhalla est paru en octobre 1986 (Ed. Arista).

presque avec indifférence. Le « corps » avec lequel il évoluait était en tout point semblable à l'autre, mais beaucoup plus subtil, étrangement lumineux, et ignorant les lois de la pesanteur. Daniel se sentit flotter de droite et de gauche, de bas en haut, sans pouvoir diriger ses mouvements. Il vit l'un de ses bras s'enfoncer dans l'armoire de la chambre comme si ce n'était qu'un hologramme. La matière devenait énergie. A ce moment, il prit conscience de ce qui l'entourait. Tous les objets paraissaient offrir à sa nouvelle vue la danse de leurs atomes au sein d'une luminosité toute particulière d'une grande beauté. En un éclair, quelque chose l'attira à nouveau dans ce corps allongé sur le lit : il était redevenu lui-même.

C'est là que commença sa véritable recherche. A cette époque, il rencontra Anne qui allait devenir son épouse. Ils commencèrent ensemble à essayer de comprendre ce qui était arrivé à Daniel.

En 1977, survint un autre événement qui allait tout bouleverser, et donner une orientation nouvelle à leur existence. Au cours d'une sortie hors du corps, ils furent pris au cœur d'une formidable spirale de lumière, apaisante et régénératrice, qui s'estompa pour laisser place à un univers d'une beauté toute féérique. Un monde d'une splendeur inimaginable s'offrit à leurs yeux : des fleurs somptueuses aux teintes inconnues sur Terre, des sous-bois, des vallons côtoyant des cimes enneigées, la jungle, des plages paradisiaques. Tout paraissait gorgé de vie : chaque fleur, chaque caillou, même l'air qu'ils respiraient, tout était harmonie et paix. « Pas un moment, disent-ils, nous ne pûmes douter de la réalité de ce monde. Les brins d'herbe collaient sous les pas de nos corps astraux, les corolles de fleurs se laissaient prendre dans nos mains, et jamais nous n'avons perdu conscience, ne fût-ce qu'un quart de seconde. »

C'est alors qu'un être se présenta à eux, le teint légèrement bleuté, le visage oblong, porteur de vêtements fluides. Un contact s'engagea. C'est ainsi que commença leur enseignement. Il se poursuit toujours. Dans « Récit d'un voyageur de l'astral » (1), ils racontent une de leurs expériences en compagnie de l'être au visage oblong : « Mon

(1) *Op. cit.*

ami, l'être au visage oblong, s'est arrêté. D'un revers de la main, il soulève un enchevêtrement de lianes et de fleurs :

— Regarde.

Une resplendissante cime enneigée domine dans le lointain.

— Je t'ai dit qu'il y a des entités qui président à la marche de tout ce qui évolue sur le plan astral. C'est là, entre autres lieux, au pied de cette montagne, qu'ils ont coutume de se réunir. Ce sont des entités psychiques. Elles sont composées par les êtres supérieurs ayant vécu dans les périodes passées de l'humanité. C'est de leur propre initiative qu'elles sont ici et accomplissent ce travail. Les anciens les appelaient " mannes ".

— En faites-vous partie ?

— Oh, pour moi, c'est un peu différent ! Je n'ai jamais vécu physiquement sur Terre. J'ai eu une expérience matérielle sur une planète bien éloignée de la tienne. Lors de ma dernière incarnation, j'ai participé à ce que tu pourrais appeler une colonisation de la Terre en tant que conseiller en matière religieuse. Arrivé définitivement sur le plan de l'astral, il m'a semblé logique de continuer mon travail. Ainsi, je m'occupe toujours de la Terre et de son évolution spirituelle. Je me rends périodiquement au pied de cette montagne avec de nombreux amis, et nous tentons de résoudre les problèmes qui se présentent. Nous servons également d'aide aux très hautes entités du monde spirituel qui ont un aperçu plus global du cosmos et œuvrent pour le plan divin (...). La création d'établissements, comme celui que tu as pu admirer dans l'astral moyen, le royaume des morts, est décidé par ce conseil. L'organisation des hôpitaux se fait également à partir de là.

— Il y a donc des hôpitaux sur le plan astral ?

— Une personne qui vient de mourir peut avoir besoin d'une sorte de cure de sommeil astral, afin de commencer sa nouvelle vie dans d'heureuses conditions. Il y a des drogués qui, pour avoir provoqué des dédoublements de façon artificielle, ont le corps astral souvent mal en point. Nous avons des entités spécialisées dans ce domaine. Ce sont généralement d'anciens médecins ayant exercé sur Terre. La pratique de leur profession dans l'astral moyen leur permet d'approfondir leurs connaissances. Le corps astral est le double exact du corps physique. Il constitue bel et bien une réalité organique et du même coup possède des organes physiques, des centres nerveux. »

Les corps subtils

Il est intéressant de noter qu'une nouvelle branche de la médecine, la médecine énergétique, semble évoluer vers la compréhension de cette vibration subtile que la tradition appelle « le corps éthérique » et de cet autre, plus subtil encore, que l'on appelle « le corps astral ». En effet, j'ai eu l'occasion de rencontrer un dentiste qui travaille sur l'aura des dents, détectant ainsi les caries avant qu'elles ne descendent dans la dent physique. Avec un groupe de médecins, nous nous penchons régulièrement sur ces concepts. Au fil de nos recherches, nous en sommes arrivés à nous demander si ce ne sont pas les corps subtils, comme le corps éthérique et le corps astral, qui maintiennent la cohésion du corps physique, et non le contraire. Ainsi, certains types de maladies existeraient déjà d'une manière vibratoire dans le corps éthérique et dans le corps astral, avant leur descente dans le corps physique. Si c'était le cas, la détection de ces vibrations ouvrirait des horizons absolument insoupçonnés, tant dans le domaine de la prévention médicale que dans celui de la compréhension de l'être humain en tant que phénomène énergétique.

La psychosomatique nous a appris que le corps physique peut être influencé, parfois dans une mesure considérable, par certains facteurs non-matériels. De même, le corps physique a bien des façons d'influencer les corps subtils. Le corps éthérique entoure le corps physique comme une seconde enveloppe. Pour certaines traditions, le corps astral enveloppe le corps physique et le corps éthérique, alors que pour d'autres c'est une bulle vaguement ovoïde Mais, ces divergences sont vraisemblablement dues aux différents écrans de perception et de filtrage, et aux niveaux de conscience de celui qui le perçoit. Dans ce corps astral, on trouve des centres d'activité dont certains correspondent à des centres nerveux et glandulaires. Perçu par un clairvoyant, le corps astral peut avoir l'apparence globale « d'une plaque tournante de chemin de fer la nuit », ruisselante d'énergie. Le corps éthérique et le corps astral sont dans un état de perpétuelle fluctuation à cause des stimuli émotionnels du sujet, de son état de santé corporel, ou des exercices spirituels qu'il effectue. Mais dans l'absolu, ces corps ont tout de même une stabilité égale à celle du corps physique. Les auras, et plus particulièrement celles du corps éthérique et du corps astral, sont des émanations d'énergie de la personnalité totale, irradiant toutes les enveloppes. Les traditions expliquent que l'être dans sa totalité possède sept corps : un corps physique, dense et manifeste, et six corps subtils. Le premier, l'éthérique, est très proche du physique. Le second est le corps astral. Puis il y a l'enveloppe mentale qui, lorsqu'elle est perçue, tend à prendre vaguement l'apparence du sujet. Pourtant certains la perçoivent de façon très diffuse, comme une sorte de bulle enveloppant symboliquement le corps physique à environ un mètre. Généralement, on ne lui donne pas le nom de « corps ». La majeure partie des mystiques considèrent le plan causal comme la patrie du moi véritable qui a pour support les corps physique, éthérique, astral et mental. Par l'intermédiaire de ces corps, l'enveloppe causale participe à la forme corporelle. La psyché n'a pas de frontière définie. Lors d'une projection astrale, elle s'élève dans les plans de conscience. Dès qu'il sort du corps, l'esprit traverse des mouvances, des modèles énergétiques, des fragments de paysage, qui surgissent parfois à la perception à travers un fin brouillard, comme des îles au sein d'une mer. Mais à un niveau inférieur, les sujets sont parfois confrontés à des spectacles si proches du réel, qu'il leur semble n'avoir pas quitté le monde physique. De même que le corps physique expérimente la réalité matérielle, le corps astral expérimente une réalité de même nature, dans le milieu astral qui lui est substantiel.

Au terme de cette montée, chacun arrive à un sommet dépendant de son propre niveau de développement. Peu à peu, par la vertu de l'initiation, on pénètre dans des régions supérieures, où les influences du monde causal sont clairement discernables. Si l'ascension est considérée comme un pur exercice d'imagination, le sujet peut naturellement imaginer son élévation. Mais il arrive un moment où la réalité d'une telle expérience doit être pesée dans toute sa dimension.

La beauté du monde astral est fréquemment méconnue

des occultistes et des spirites dont les vibrations sont beaucoup trop basses. En terme spirituel, les niveaux supérieurs du monde astral sont vécus comme la « félicité céleste ». Il représente alors le plus haut niveau de beauté et de béatitude que la nature humaine soit capable de ressentir.

A travers toutes ces expériences de nature transpersonnelle, on s'aperçoit qu'il n'existe qu'un voile des plus légers entre notre condition présente et notre nature véritable. L'état de conscience dans lequel nous sommes plongés lorsque nous pénétrons dans des mondes astraux ne s'exprime habituellement pas par des mots. Pourtant, lorsqu'on est dans ces mondes de lumière, on retrouve un langage très ancien qui permet une meilleure approche de la communication, à laquelle nous n'avons pas accès dans notre condition physique : c'est la langue universelle de la lumière. Le transfert d'informations qu'elle opère s'effectue par une véritable projection d'informations, d'unités vivantes, qui sont à la fois plus précises et plus globales que notre langage courant.

Nous avons, en tant qu'êtres humains, tendance à nous emprisonner dans des concepts à la fois faillibles et trompeurs. Peut-être le devenir de l'homme est-il de revenir à un état élargi de conscience. Mais toutes les techniques dont nous avons parlé ne sont que quelques-uns des facteurs permettant l'élargissement du spectre de la conscience. Pour parvenir au saut quantique qui mène à la perception élargie, il faut surmonter bien des obstacles, parfois subtilement camouflés. Le principal consiste à fuir la réalité quotidienne en recherchant des pouvoirs psychiques supérieurs. Nos capacités latentes méritent bien sûr d'être développées, mais ni par curiosité ni pour en faire étalage. Elles ne peuvent jouer leur rôle que si elles sont intégrées à la vie matérielle ordinaire. La découverte du sacré ne peut se faire qu'après avoir transcendé nos limitations de toutes natures. Cet éveil de notre globalité constitue la dimension la plus importante de l'évolution humaine. Ce nouveau paradigme n'est pas un credo, mais l'éveil d'une sensibilité nouvelle, alignée tant sur l'essentiel des enseignements mystiques traditionnels des grandes religions du monde que sur les visions les plus avancées de la physique actuelle.

Bien sûr, tout ceci dépasse notre compréhension rationnelle. Pourtant, le simple fait d'y être confronté, même brièvement, satisfait sur le moment les besoins intellectuels et spirituels des sujets. Toutes les questions qu'ils n'ont jamais osé se poser trouvent ici les réponses. Lorsqu'ils redescendent les degrés, les strates des plans de conscience, ils savent qu'ils ont été confrontés à quelque chose qui les dépasse dans leur incarnation limitée. Et bien qu'une grande partie de ce qu'ils ramènent se dissolve pendant ce retour, il s'opère toujours un grand Eveil.

CHAPITRE VIII

VIES PASSÉES, VIES FUTURES, ET QUÊTE DU GRAAL

Les travaux sur les états modifiés de conscience, s'ils ne sont pas encore très développés en France, connaissent un vif succès dans d'autres pays, notamment aux Etats-Unis. Voici en résumé les recherches des plus éminents chercheurs dans ces domaines qui, je l'espère, susciteront bientôt, ici, l'intérêt qu'ils méritent.

Les travaux d'Helen Wambach

Le Dr Helen Wambach est une psychologue clinicienne, qui se rendit célèbre par ses travaux sur les régressions dans les vies passées. Elle compila et publia ses recherches dans deux ouvrages (1). Elle a travaillé sur plusieurs milliers de cas, sous hypnose, et s'est livrée à de très intéressantes statistiques, classant, répertoriant, et analysant tous les éléments ramenés par ses sujets. Elle s'est ainsi aperçue que, dans l'ensemble, les renseignements ramenés à propos de l'habitat, de la nourriture, de la proportion de population par rapport à l'époque et à la région du globe, correspondaient à ce qu'on sait sur le plan historique. Elle a donné des conférences dans le monde entier, et ses livres ont été traduits dans quatorze langues. Le sérieux de ses travaux a donné une crédibilité nouvelle à

(1) « Life before life » (Ed. Bantam Books) et « Re-living past lives (idem), paru en français sous le titre « Revivre son passé » (Ed. Robert Laffont).

cette discipline, et a porté à l'attention du grand public la réalité de la thérapie à travers les vies passées en tant qu'outil de l'éveil de soi.

Helen Wambach est décédée le 18 octobre 1985, à l'âge de 60 ans. En février 1984, au cours d'un voyage en Californie, des membres de l'Association for Past life Research and Therapy (A.P.R.T.), dont je fais partie, m'organisèrent un rendez-vous avec le Dr Wambach, à son domicile de Pinole, à quelques kilomètres de Berkeley, de l'autre côté de la baie de San Francisco. Helen Wambach était déjà souffrante, et ne recevait plus personne. Elle avait en effet connu deux fois la mort clinique sur la table d'opération, expérimentant ainsi, comme elle me le dit plus tard, ce que des centaines de personnes lui avaient raconté au cours de ses vingt ans de recherches.

Par deux fois donc, elle eut l'occasion de se voir flotter au-dessus de la table d'opération. Puis elle monta vers une lumière, avant de redescendre sur les conseils d'un être, qui par deux fois, lui précisa que l'heure n'était pas encore venue. Elle réintégra son corps, et retrouva les douleurs physiques de cette enveloppe abîmée.

Avec mon épouse Marguerite, nous passâmes tout un après-midi en compagnie d'Helen Wambach. C'était une femme remarquable par sa culture, son amabilité, et sa conscience de la fragilité, mais aussi de la grandeur et la noblesse des êtres humains.

Nous parlâmes bien sûr de la réincarnation et des vies passées. Voici quelques extraits de l'interview que je recueillis à cette occasion.

« Lorsque mes livres sont parus, une quantité innombrable de personnes ont voulu me rencontrer, à tel point que j'ai parfois dû m'isoler.

— *Que contenaient-ils pour susciter un tel intérêt ?*

— Je pense que cet engouement était dû au sujet que je traitais. La réincarnation. Le Dr George Gallup, dans un sondage, rapporta que 25 % des Américains croient en la réincarnation, et ce chiffre n'a cessé de progresser au cours de ces dix dernières années. Gallup trouva ce résultat stupéfiant, d'autant que 15 % d'entre eux déclaraient avoir connu des expériences hors du corps. Parmi ceux qui croient à la réincarnation, on trouve beaucoup de jeunes. Je pense que je suis arrivée à une époque charnière, une époque de changement. J'ai simplement essayé de rendre tout cela plus respectable. Je me suis posé toutes les questions que se pose l'Américain moyen : est-ce de l'imagination, ou est-ce la réalité ? J'ai hypnotisé 6000 à 7000 personnes au cours de sessions de groupe, non seulement des Américains, mais aussi des Canadiens et des Anglais. Mon premier échantillon regroupait un millier de personnes, mais je voulais être sûre que les résultats statistiques restaient stables sur un échantillon plus large (1). En outre, comme je jugeais important que d'autres chercheurs utilisent ma méthode sur d'autres sujets, afin de vérifier, par de nouvelles statistiques, s'ils obtenaient des résultats similaires aux miens, j'ai donc formé plusieurs personnes à cet effet.

— *Quel est le pourcentage des personnes qui parviennent à revivre des vies passées ?*

— Environ 90 %. J'ai fait des recherches complémentaires sur les 10 % de sujets récalcitrants, car je désirais savoir pourquoi certaines personnes parviennent à se relaxer sans problème, mais n'arrivent pas à retrouver leurs vies passées. J'ai donc constitué un petit groupe de sujets, et nous avons travaillé à mon cabinet de Berkeley. J'ai abandonné l'hypnose classique, et j'ai utilisé des techniques de relaxation basées sur des imageries mentales, ou des techniques destinées à les placer dans un état émotionnel intense. Seulement 2 sur 10 ne percevaient rien dans ces conditions. Ce travail m'a permis de mettre en évidence des blocages, des résistances cachant des traumatismes profonds, sur lesquels j'ai encore eu à utiliser d'autres techniques. Je vais vous en donner un exemple : je pose directement au sujet une question à propos de sa vie passée. S'il me dit ne rien percevoir, je lui réexplique ce qu'il doit faire en lui demandant de se concentrer sur ma voix. En reprenant plusieurs fois de suite, il parvient presque toujours à un déblocage. Le plus souvent, ces résistances sont dues à la nature traumatisante d'une des

(1) « Revivre son passé », paru en France voici quelques mois, est sorti aux Etats-Unis en 1976, et portait sur des études faites entre 1973 et 1975. Helen Wambach a travaillé pendant près de dix ans après la publication de cet ouvrage, et sa pensée s'est considérablement enrichie. Le Dr Wambach de 1984 était bien différent de celui de 1973.

vies passées, qui bloque tout ce qui peut concerner le rappel à la conscience des vies passées. Lorsque je peux faire revivre à ces sujets l'expérience de la mort, dans la vie passée immédiatement précédente, le blocage se lève. Le rappel à la conscience des vies passées semble se déclencher lorsque le cerveau atteint une fréquence de 8,3 cycles par seconde, ce qui correspond à un rythme alpha, état relativement léger de relaxation. Ce qui laisse supposer que le souvenir des vies passées reste près de la surface, et n'est pas profondément enfoui dans le subconscient comme on a parfois tendance à le croire.

— *Que répondez-vous aux scientifiques sceptiques, comme le Dr Ian Stevenson, qui pense que les régressions sont des fantaisies cérébrales, auxquelles on ne peut attacher plus d'importance qu'à certains rêves ?*

— Rêver, c'est un peu ce que je fais faire à mes sujets. Je les ramène dans un état proche du rêve. Je n'ai rien contre ce que dit le Dr Stevenson. Je veux simplement savoir si mes sujets rêvent mes rêves, au lieu de vivre les leurs, sous prétexte que je les dirige. Il n'y a aucun doute dans mon esprit à ce sujet : le rêve, ce processus primaire, est un immense sac, un réservoir d'information, qui contient tout ce que nous avons vu ou expérimenté, même en seconde main. Et j'ai ressenti le besoin de tester cela.

— *Sur quels critères avez-vous choisi les périodes temporelles auxquelles vous avez fait régresser vos sujets ?*

— Dans les lectures d'Edgar Cayce, on trouve beaucoup de monde vivant autour de Jésus, en Palestine. J'ai pensé qu'il ne pouvait pas y avoir tant de monde à cet endroit à cette époque.. C'est la raison pour laquelle j'ai choisi l'an 25 comme l'une de mes périodes temporelles. J'ai ainsi voulu voir si la population était distribuée dans des proportions plus proches de la réalité dans les récits sous hypnose. Si tout cela avait relevé de l'imagination, j'aurais en effet eu plus de récits situés en Israël qu'à Rome, ce qui n'a pas été le cas. De même, j'ai choisi l'an 1700, parce que j'ai supposé que j'allais obtenir de nombreux récits de pèlerins, d'immigrants américains, souvenirs qui sont restés très vivaces dans notre histoire. Puis j'ai choisi 1850 parce que je pensais obtenir beaucoup de Scarlett O'Hara, et de récits à propos de la guerre civile (1). J'ai donc choisi toutes les périodes de référence en partant de l'hypothèse que, s'il s'agissait de projections mentales, nous obtiendrions des récits correspondant davantage à notre culture ou à notre inconscient collectif, qu'à la réalité. La suite m'a donné raison, puisque les répartitions en populations que nous avons obtenues étaient très proches de la réalité. Ainsi, pour la période autour de 500 av. J.-C., j'ai obtenu plus de récits de vie en Chine qu'en Grèce et en Egypte réunies. En 25 ap. J.-C. seulement 6 sujets sur 1 050 se sont retrouvés en Israël. Trois seulement ont rapporté avoir écouté un prêcheur. Et deux d'entre eux ne savaient pas de qui il s'agissait, et seul le troisième a prononcé le nom de Jésus.

— *Comment avez-vous intégré la notion de karma à vos recherches ?*

— La plupart des thérapeutes qui travaillent sur les vies passées se sont trouvés dans l'obligation, un jour ou l'autre, d'intégrer ce concept à leurs travaux. A partir du moment où j'ai acquis la certitude que les récits ramenés par mes sujets reflétaient une réalité, et non une somme de fantaisies culturelles, j'ai été forcée de me poser la question du karma. Je viens de terminer une étude de trois ans portant sur les relations, dans les vies passées, avec des personnes que l'on connaît dans le présent. J'ai appelé cela les liens karmiques. J'ai collecté quantité d'informations à ce sujet, ce qui m'a permis de rédiger un manuscrit reflétant exactement la façon dont le karma se construit dans une vie, et dont il peut être travaillé dans une autre. Dans ce manuscrit, j'expose aussi l'histoire d'une relation entre deux âmes, avec leurs interactions karmiques sur une période de 2 600 ans. C'est mon prochain livre (2).

— *Dans l'un de vos livres, vous exposez une étude montrant que 80 à 85 % des sujets ont pris la décision formelle de renaître, après avoir dressé un « plan » sur lequel ils doivent*

(1) « The civil war », pour les Américains, est la Guerre de Sécession

(2) A ma connaissance, ces travaux n'ont pas encore été publiés, mais un groupe de travail est en train d'assurer la poursuite des travaux d'Helen Wambach. Nous pouvons donc espérer que ce manuscrit sera publié dans les années qui viennent.

travailler dans cette vie. Pensez-vous que ce plan est établi à partir d'expériences karmiques du passé ?

— Je me suis posé de nombreuses questions à ce sujet. J'ai d'abord utilisé la régression à travers les vies passées comme outil thérapeutique. Chaque fois que je trouvais des liens karmiques dans le passé d'un sujet je le ramenais dans la vie où cela s'était produit, notamment dans les cas de relations de couples très difficiles. J'ai ainsi obtenu d'excellents résultats. J'obtiens plus de détails à ce sujet en consultation individuelle qu'en groupe.

— *Vous avez entre les mains des récits émanant de toutes les époques. A la lumière de cette information, pensez-vous que la race humaine soit en train de progresser, d'évoluer ?*

— Nous vivons une époque superbe pour l'évolution individuelle : de nos jours, la société permet par exemple de se marier trois ou quatre fois, ce qui offre l'immense avantage de pouvoir se débarrasser de trois ou quatre karmas. On peut se promener autour du monde au lieu de rester coincé dans un petit village. Des révolutions importantes sont encore à venir. Nous avons commencé à évoluer vers une conscience planétaire, mais les idées se sont répandues si rapidement que nous sommes en train de développer de nouveaux concepts à une vitesse vertigineuse. Nous avons perdu notre isolation, notre provincialisme. Nous sommes envahis peu à peu par de nouveaux concepts, venus des traditions orientales. A mon avis, chaque âme qui vit sur Terre construit, à travers ce rêve, le futur de la Terre. Nous avons un rêve général de nettoyage et de régénération, ce qui m'incite à penser que notre planète va changer, et que les générations qui viennent verront naître un nouvel ordre des choses. Nous commençons à prendre conscience de ce que nous savons tous, à un niveau ultime de conscience : nous sommes tous UN. Dans ce nouvel ordre des choses, les techniques médicales ne seront sans doute plus chirurgicales ou chimiques, car nous finirons bien par comprendre la relation entre l'énergie et le corps. J'en suis d'autant plus persuadée que j'ai recueilli de nombreux récits sur des projections dans le futur · il s'avère que, dans les temps qui viennent, les hommes seront capables de décider du moment de leur mort, en fonction du travail qu'ils auront ou non accompli ici-bas. Le voile qui s'étend depuis toujours entre l'être humain et son avenir post-mortem, devient de plus en plus ténu. Il est même, à mon avis, en train de se lever. C'est le plus grand espoir du Nouvel Age. »

Dans son livre « Revivre le passé », Helen Wambach précise qu'après avoir hypnotisé ses sujets, elle utilise fréquemment une technique très intéressante : elle les emmène « de l'autre côté de leur arbre ». Pour cela, elle leur suggère : « Vous êtes une pomme. Regardez à travers sa peau et voyez à quoi ressemble le soleil vu d'ici. Et la chenille, où est-elle ? Y a-t-il du vent ? » « De cette façon, explique-t-elle, nous pouvons expérimenter chaque point de l'arbre qui est notre propre entité. Et l'arbre-entité a la faculté de connaître chacune des pommes qui y poussent, en quelque saison que ce soit (...). La conscience est en marche, et va de l'avant, toujours créant. Les expériences propres au pommier, qui ont précédé l'entité-pommier que nous sommes aujourd'hui, sont accessibles grâce au modulateur de fréquence de notre hémisphère cérébral droit. »

Et Helen Wambach conclut en précisant que la question essentielle qui se pose en cette seconde moitié du xxe siècle est de savoir si l'esprit précède la matière, celle-ci étant un pur produit de la conscience, ou si, selon une idée très ancienne si répandue dans notre culture, l'esprit est un accident de l'évolution résultant du développement du système nerveux. Comme bien des discussions passées de l'histoire des idées, il est probable que celle-ci sera résolue par l'élaboration d'un nouveau concept, unissant les deux versions en une nouvelle théorie unificatrice.

Lors de notre rencontre, le Dr Wambach me révéla également qu'au cours de ses trois dernières années de recherches, de 1981 à 1984, elle avait commencé à se pencher sur une recherche sur le futur. « Lorsque j'étais jeune psychothérapeute, explique-t-elle, j'ai investi dans le présent. J'en ai vite eu assez. Alors j'ai recherché dans le passé. Mais au bout d'un certain temps, j'en ai eu assez aussi. Il ne me restait plus que le futur. C'est ainsi que j'ai commencé à travailler sur les progressions dans le futur. »

En quelques années, elle a « progressé » 2 730 personnes dans le futur de la planète, et le résultat de ces travaux devrait aussi être publié prochainement. A l'époque, elle me confia qu'après la publication de ces travaux, sa mission sur Terre serait terminée. Au départ, elle se référa à

Edgar Cayce, qui fut l'un des plus grands médiums américains de ce siècle. Dans sa vie courante c'était un homme très simple, d'éducation moyenne. Pourtant, dès qu'il se plaçait, de lui-même, dans un état altéré de conscience, il était capable de donner une grande quantité d'informations sur l'état de santé d'une personne, son passé, et éventuellement son futur. Cayce fut appelé pour cela le « prophète endormi » (1). Il donna de très nombreuses informations sur le passé de la planète, sur l'origine et la destinée de l'homme, sur l'Atlantide, et sur le futur de la Terre. Lorsqu'il mourut, en janvier 1945, en Virginie, il avait réalisé plus de 14 000 documents de clairvoyance, pour plus de 6 000 personnes. Ces documents ont été appelés « lectures psychiques ».

Helen Wambach s'est dit : « pourquoi ne pas poser des questions sur le futur à des milliers d'Edgar Cayce, à des milliers de prophètes endormis, plongés dans un état proche de celui dans lequel se plaçait spontanément Edgar Cayce ? »

En effet, comme elle le dit de façon si imagée : « Pourquoi s'occuper d'un seul prophète, ou de vingt, lorsqu'on peut faire la même chose de façon « démocratique », avec tout le monde ? »

Elle commença donc ses recherches, appliquant aux vies futures les mêmes critères qu'aux vies passées, posant des questions très ordinaires, à propos de la nourriture, de l'habillement, de l'organisation sociale, etc. Elle voulait ainsi vérifier que les sujets étaient bien d'accord entre eux sur ces petits détails, dans la mesure où, dès que l'on aborde le futur, rien ne peut être prouvé. Elle commença son travail sur un groupe de mille personnes environ, non seulement en Californie où les gens sont très ouverts sur les recherches d'avant-garde, mais aussi dans d'autres régions des Etats-Unis, plus conservatrices, comme les régions centrales de l'Indiana ou de l'Ohio, qui équivalent à notre Creuse ou notre Corrèze. Elle tenait par là à réduire autant que possible les différences culturelles. Par ailleurs, elle demanda à des psychologues, dans d'autres parties du

(1) Aux U.S.A., on l'appelle « The Sleeping Prophet ».

monde, de travailler sur le même sujet, afin de comparer les résultats. A ma connaissance, cela n'a pas été fait en France.

L'une des premières constantes qu'elle a relevées fut le développement du voyage dans l'espace. Elle a obtenu également des récits à propos d'êtres venant d'autres planètes. Projetés en 2300 ap. J.-C., certains sujets ont rapporté des vies dans des corps étranges, au cœur d'un autre système solaire. Helen Wambach rencontra de nombreuses résistances au sujet de ces vies futures, mais elle n'en a pas saisi les raisons. Beaucoup de sujets se contentent de flotter, recevant des images floues. Elle n'a pas compris s'ils évitaient la projection, ou s'ils n'avaient réellement pas de corps physique constitué. Elle se demanda si tout cela n'était pas dû à une peur inconsciente dans notre société troublée, d'un éventuel effondrement futur, d'une apocalypse telle qu'elle est véhiculée par notre culture.

A cette occasion, j'ai demandé à Helen Wambach si elle accepterait de me progresser dans le futur. Elle accepta. Je vécus là l'une des expériences les plus étranges qu'il m'ait été donné de traverser. A tel point que parfois, mon cerveau gauche se rebellait pendant qu'images et visions affluaient, dictées par mon cerveau droit. A cette époque, j'avais déjà vécu de nombreuses expériences dans le passé, et je fus étonné de constater que la façon dont le futur se révéla était à certains moments beaucoup plus forte, plus vivace, que tout ce que j'avais « vu » avant. Ainsi, je me suis projeté vers la fin du XXIe siècle : La terre m'a semblé bien différente de ce qu'elle est aujourd'hui. J'ai décrit des lumières dans le ciel, comme des vaisseaux, et des personnes utilisant des faisceaux d'énergie pour travailler sur d'autres individus... J'ai vu une civilisation clairsemée, à tel point que je me suis demandé si c'était la fantaisie la plus aberrante, ou s'il s'agissait bien de la Terre.

Aujourd'hui encore les questions restent posées. Va-t-il se passer quelque chose dans les quelque 15 prochaines années ? Il est évident que la trame temporelle du futur est mouvante, et qu'il n'y a pas de destinée mais seulement des potentiels. Les Indiens Hopis disent que l'avertissement final, annonçant les grands changements, surviendra avant l'émergence du 5e monde, lorsque la kachina Sasquasohuh (l'étoile bleue) dansera sur la place du village. Sasquasohuh représente une étoile bleue très lointaine, pas encore visible, qui apparaîtra bientôt. Les kachinas des Hopis représentent les forces invisibles de la vie. Ces Indiens disent que l'apparition de Sasquasohuh sera réelle, et non symbolique. Le temps des changements est annoncé par un son chanté durant Wuwuchim, la première cérémonie dans le cycle cérémonial hopi. Ce chant fut chanté en 1914, juste avant la Première Guerre mondiale, puis en 1940, peu de temps après qu'a débuté la seconde.

Les Hopis pensent que les plantes des mondes anciens vont réémerger, et elles seront les premiers signes avant-coureurs des changements à venir.

L'association pour la recherche et la thérapie sur les vies passées

Au cours d'un de mes voyages aux Etats-Unis, j'ai aussi rencontré une autre femme tout à fait remarquable, qui travaille sur les thérapies à travers les vies passées. Il s'agit de Hazel Denning. A presque 70 ans, elle a passé une thèse de doctorat sur le thème du sentiment de culpabilité lié aux vies passées. Cette thèse a été déposée à l'Université de Californie.

Hazel Denning a une formation de psychologie d'éducation, et de psychologie transpersonnelle. Elle utilise la thérapie à travers les vies passées depuis 1957. Elle a fondé l'Association for Past life Research and Therapy (A.P.R.T.) dont elle a été le premier président. Elle a été réélue trois fois, et c'est le Dr Pecci qui lui a succédé. Elle a donné des conférences au Japon, en Inde, en Amérique du Sud et en Angleterre.

Lors d'une de nos rencontres, j'ai demandé au Dr Denning ce qui l'avait le plus marquée en 25 années de pratique. Voici ce qu'elle me répondit : « Il n'y a aucun système de valeur dans l'univers qui nous relie à ce passé, et c'est là ce que j'ai trouvé de plus remarquable. L'idée selon laquelle le développement spirituel est le but de la vie a été validée par un très grand nombre de travaux. Le but de la souffrance est d'apprendre. A partir du moment où une personne réalise cela, et cherche à comprendre la cause d'une souffrance, son problème est en voie de résolution

Aussi longtemps qu'elle ne prend pas cette direction, celle du moi interne, elle conserve les problèmes qui lui rendent la vie difficile. »

L'Association for Past life Research and Therapy (Association pour la recherche et la thérapie sur les vies passées) fut créée en 1980, pour promouvoir l'utilisation thérapeutique des régressions à travers les vies passées. Cette dernière-née de l'horizon des thérapies est en train de devenir un outil extrêmement puissant, qui agit dans le sens d'une transformation du champ de la médecine et de la psychologie. Le but de cette thérapie, comme le précise l'association, est d'inciter chacun à approfondir sa prise de conscience, à apprendre à changer, à améliorer ses conditions de vie, que ce soit sur le plan physique, ou sur le plan psychologique.

Le programme de l'association est fondé sur sept points : la transmission de l'information au grand public ; deux congrès annuels ouverts au grand public ; un programme de formation à l'attention des médecins, psychiatres, psychanalystes, psychologues ou thérapeutes qui souhaitent ajouter les techniques de vies passées à leurs outils actuels ; la maintenance d'un annuaire des thérapeutes à travers les vies passées ; un service de référence pour des personnes recherchant des thérapeutes qualifiés en la matière ; la publication d'une revue trimestrielle ; un journal semestriel.

L'association propose aussi un programme de formation d'une durée suffisamment longue pour se familiariser avec les techniques de régression dans le passé. La formation est basée sur un cursus organisé de façon à ce que les « étudiants » récoltent l'essentiel du matériel indispensable à l'application de cette technique dans les processus thérapeutiques. Il comprend ainsi des séminaires de formation (4 minimum), des expériences individuelles de régression dans son propre passé, des présentations de cas, des démonstrations de régression, des lectures et des conférences. Le cursus est clôturé par un examen, écrit et oral. Le programme de formation est présenté à trois niveaux. Le premier niveau est structuré de manière à ce que tous les participants puissent maîtriser les techniques de base de la thérapie à travers les vies passées. Le second niveau se concentre sur la conceptualisation et l'articulation des techniques, en décrivant le processus et la dynamique de cette thérapie. Le troisième niveau, enfin comprend la formation, la démonstration et la supervision des deux autres niveaux. Les participants doivent avoir une formation psychologique de base, qu'elle soit universitaire ou professionnelle.

Enfin, il existe un niveau destiné aux psychiatres médecins, ou membres titulaires de doctorats.

A ce jour, l'association compte environ quatre cents membres, principalement aux U.S.A., mais aussi en Allemagne, Hollande, ou Angleterre. Je suis, pour l'instant, le seul membre français à ma connaissance.

Le premier président de l'association fut donc Hazel Denning, et le Dr Pecci lui succéda. L'actuel président est le Dr Dree Miller-Dunlap, psychologue clinicienne spécialisée dans le conseil pour enfants. Elle pratique la thérapie à travers les vies passées depuis neuf ans. Parmi les membres les plus éminents de l'A.P.R.T., on trouve le Dr William Erwin, professeur de psychologie analytique et membre de l'association nationale américaine pour l'avancement de la psychanalyse, et membre du comité américain des psychothérapeutes professionnels, le Dr Ronald Wong-Jue, psychologue clinicien. Ce dernier a notamment travaillé sur l'intégration des thérapies à travers les vies passées aux stratégies thérapeutiques traditionnelles. Il est actuellement président de l'association de psychologie transpersonnelle américaine. Et l'association, qui a cinq ans d'âge, connaît une vitalité et un dynamisme sans cesse croissants (1).

La quête du Graal

Le monde moderne s'est édifié sur l'oubli de la sagesse du passé et des lois solaires. Pourtant ce qui a été sera.

La sagesse des traditions anciennes nous parle inlassablement de vie intérieure et nous nous obstinons à comprendre vie extérieure. Les peuples nordiques, germaniques et celtes avaient assimilé les mystères des temps anciens qui devinrent la base occulte de leurs légendes. Légendes dont la fin fut marquée par les romans de la Table Ronde, de la

(1) A.P.R T. Box 20151, Riverside, California 92516, Tél. 714-780-1030.

Chevalerie occidentale. Durant des siècles, toute initiative spirituelle de l'Occident se trouva confinée dans l'univers physique des cinq sens, et les dogmes furent la seule source de révélation admise. C'est dans cette transition brutale, qui frappait la conscience humaine, que fleurit l'âge des troubadours et des maîtres chanteurs. Les plus grands d'entre eux décrivirent comment les chevaliers pouvaient atteindre l'apogée de l'accomplissement spirituel, le Saint Graal.

A travers toutes ces années, j'ai souvent fait un parallèle entre cette quête et la quête légendaire du Saint Graal, car derrière ce Graal se cache une voie unique, qui permet d'atteindre la conscience transcendante. Les aventures des chevaliers du Graal sont reconnues comme des épreuves d'initiation sur le chemin de cette transcendance. De même la quête du cheminement intérieur de l'être humain est liée à un grandiose mystère, à un concept du temps entièrement nouveau, et l'essence même de cette quête mène au chemin de la conscience supérieure, la conscience absolue. Comme la quête du Graal, la quête du cheminement intérieur représente le développement graduel de la vie de l'âme, le passage d'un état de somnolence à un état d'éveil. Son but est d'ouvrir et de stimuler les énergies endormies, pour rendre accessibles les secrets cachés du temps, et le sens de la destinée humaine. Dans la quête du Graal, on sort de la perspective de l'histoire pour entrer dans celle de la vie personnelle, et des degrés d'ascèse nécessaires à chaque âme en marche vers la contemplation la plus haute. Dès lors, l'Histoire se déroule sur des plans de réalité différents mais reliés entre eux par d'étroites concordances. Ces plans s'entremêlent selon que la conscience d'un être humain prend note de leur signification. L'histoire n'est pas absente mais elle est vue depuis l'intérieur de l'âme. Jugée non point dans l'ensemble de sa marche vers l'éveil, mais d'après son état de civilisation actuelle, et par rapport aux progrès qu'elle permet à chacun.

L'épopée celte d'Irlande nous conte l'histoire de Cuchulain. Il y est question d'un chien fort comme cent personnes, gardien d'une forteresse, et appartenant à un forgeron. Le gardien deviendra un lion, comme dans le château de la Merveille, où il est question d'un dragon dont le frère est un gnome forgeron. Chien, loup, dragon, gnome, sont là les gardiens du seuil de la transcendance. En fait, ces animaux, ces êtres fabuleux, ne sont que le Moi à transcender, l'ego à apprivoiser. Ainsi, l'être humain qui se présente doit gravir, pour les franchir, les degrés menant à cette transcendance. Il y a des rites de passage continuels : la fente d'un roc pour Perceval, le franchissement des eaux pour Gauvin, le franchissement du feu ou le passage à travers une barrière d'air dans d'autres traditions nordiques. Ces derniers nous parlent du renne, de l'élan, ou du cerf qui apparaît au néolithique avant d'être véhiculé jusqu'au Moyen Age à travers la légende de Saint-Hubert comme vecteur d'une puissance surnaturelle. Symboliquement les bois majestueux de cet animal en font le porteur de l'arbre du monde. Le renne, le cerf ou l'élan impliquent symboliquement la chasse que chacun va livrer pour tenter de les capturer, véritables forces fugitives. Et cette chasse ne se déroule nulle part ailleurs qu'en l'être lui-même (1).

La fusion des deux « Moi », l'humain et le divin, nous est contée dans la légende de l'épée miraculeuse brisée en deux tronçons, et dont la pointe laisse sourdre des gouttes de sang. Gauvin et ses amis essaieront tour à tour de recoller les deux morceaux sans y parvenir. Le Moi humain de ces chevaliers n'était pas assez pur pour opérer cette fusion avec le divin. Leur purification n'était pas achevée. Galahad le pur recollera les deux morceaux de l'épée, et passera victorieusement cette épreuve.

L'être humain peut faire en sorte que le Graal se manifeste de nouveau, avec ses vertus. Cet être est le chevalier qui se hissera de nouveau au sommet de sa conscience. Il s'agit en quelque sorte de l'épreuve de l'orgueil, de la faculté de savoir lutter et vaincre en se dépassant soi-même, en recourant à une subtile maîtrise intérieure. En suivant Galahad dans sa quête de la coupe de lumière, nous courons la voie hermétique, la Voie Royale, puisqu'elle se confond au lent processus à travers lequel l'Etre peut se substantifier. L'ego, le moi pesant et compact, se dissout épreuve par épreuve, se fond, se lézarde et s'ouvre à une perception puis à une dimension de plus en plus vastes. Les êtres commencent alors à sentir souffler sur leurs visages

(1) Georges Sansonetti, « Graal et Alchimie », Ed. L'île verte-Berg Inter.

une brise venant d'une patrie qu'ils peuvent apercevoir dans le lointain à travers le spectre élargi de leur conscience.

Ainsi, Perceval cheminant vers le château du roi pêcheur traverse de nuit une forêt. Soudain un arbre se manifeste : un arbre de lumière qui semble porter des milliers de bougies, au point que sa clarté illumine la forêt. De même l'être qui hisse sa conscience au-delà des cimes peut apercevoir l'arbre de lumière. Mais dans cette quête, ne permettez jamais à aucun prêtre, ni homme ni Dieu, d'interférer dans votre liberté. Sous aucun prétexte nous ne devons chercher de mystérieux pouvoirs qui ne seraient pour nous qu'un danger de chute. L'esprit habite en chacun d'entre nous, puisque nous sommes faits à son image. Et l'être, s'il est vraiment purifié, peut se lancer au-delà des formes historiques, des traditions et des religions particulières.

Julius Evola disait que celui-là peut repousser le dogme, parce qu'il possède quelque chose de plus : la connaissance transcendante dont il connaît sur un tout autre plan l'inviolabilité. Il peut enfin revendiquer la dignité d'un être libre, parce qu'il est détaché des liens de la nature inférieure humaine. Jean Haab, dans son livre « l'Alphabet des Dieux » (1) fait s'exprimer Hésiode. Il nous raconte qu'il fut une époque où les Dieux, revêtus de leurs corps spirituels, marchèrent parmi les hommes. Peut-être, dans un passé très reculé, avons-nous été à leur image. Peut-être un jour remarcherons-nous comme eux, vêtus de nos corps spirituels.

Comprendre et vivre cela, signifie vivre dans un domaine d'amour inconditionnel, de sagesse et de connaissance, pour atteindre progressivement par la conquête de soi et la quête de son propre Graal, la certitude que les mondes de lumière ne sont pas les imaginations d'un passé mort, plus ou moins religio-romantique, mais bien la vérité de ceux qui seuls de nos jours peuvent légitimement s'appeler VIVANTS.

Nieztsche disait à son époque que l'expérience de la projection de l'esprit au-delà de l'univers des cinq sens

(1) Jean Haab, Auteur-Editeur, 23, rue Arnous, 92340 Bourg-la-Reine.

démontre que l'être humain n'est qu'un pont entre deux mondes.

Victor Hugo, lui, conte à travers un poème, ce que l'initié sait de l'évolution et de la réincarnation :

« Comme le pâtre dans le désert,
il sent croître en lui, d'heure en heure,
l'humble foi, l'amour recueilli,
et la mémoire antérieure
qui le remplit d'un vaste oubli.
Il a des soifs inassouvies.
Dans son passé vertigineux
il sent revivre d'autres vies.
De son âme il compte les nœuds.
IL cherche au fond des sombres dômes
sous quelle forme il a lui.
IL entend ses propres fantômes
qui lui parlent derrière lui.
IL se dit : « mourir c'est connaître,
nous cherchons l'issue à tâtons,
j'étais, je suis, et je dois être.
L'ombre est une échelle. Montons. »
(Magnitudo parvi).

CONCLUSION

Près de dix-huit mois se sont écoulés depuis que j'ai rédigé les premières lignes de cet ouvrage, et comme toutes choses, ma pensée a évolué au fil des semaines et des mois, au fil des pages de ce livre. Je sais qu'il présente certaines imperfections, et je demande au lecteur d'être indulgent car ce livre n'est qu'une introduction à un ouvrage bien plus grand, le livre de l'Etre Humain, le livre de la nature de l'homme, un livre qui pose des questions essentielles : qui sommes-nous réellement ? Avons-nous existé avant ? Avons-nous des facultés que nous ignorons ? Seront-elles réactivées par les hommes de demain ?

La vision actuelle de la science est fragmentée, et par là même elle n'est plus défendable. Par certains côtés, elle peut s'avérer dangereuse. Il est donc impératif d'arriver au plus vite à une vision globale de l'être humain.

Bien sûr, nous avons parlé de réincarnation, de vies antérieures, mais ces concepts ne sont eux-mêmes qu'une vision fragmentée de la réalité dans laquelle nous baignons. Ils se doivent d'être intégrés dans une vision holistique de l'homme.

La nature globale de l'être humain ouvre sur de nombreuses branches de la science actuelle : mathématiques, physique, biologie, sociologie, anthropologie, astrophysique, psychologie transpersonnelle, etc. La psychologie transpersonnelle elle-même ouvre sur un concept beaucoup plus large, un véritable mouvement transpersonnel qui se penche sur l'étude et la compréhension de tous les phénomènes qui ont été largement abordés tout au long de cet ouvrage. L'étude de la nature globale de l'homme nécessite une méthode qui reste encore à construire, à peaufiner, bien que le mouvement transpersonnel en ait déjà jeté les bases. Cette étude se doit en tout cas d'être à la fois expérimentale et « expériencielle » : le chercheur doit absolument trouver lui-même l'accès à ces états élargis de conscience, faute de quoi il ne pourra comprendre ce dont il s'agit.

Ceux qui parviennent à un tel niveau d'épanouissement de conscience n'ont plus besoin de preuves : ils ont constaté la réalité de leurs expériences. Ils n'ont plus besoin de Croire, car ils Savent, à la différence de ceux qui en font une approche scientifique, pragmatique, issue de leur « cerveau gauche ».

L'un des principaux problèmes auxquels les chercheurs de cette discipline ont à faire face est sans nul doute la transmission verbale de leurs expériences : nous nous heurtons toujours à ce niveau à des arguments issus d'une objectivité scientifique illusoire, liée à la vision cartésienne de l'univers.

Cet ouvrage relate un vécu personnel et transpersonnel, ainsi qu'une expérience issue du vécu de centaines de personnes.

Aujourd'hui, il serait encore prématuré pour moi de jeter les bases définitives d'une nouvelle vision de l'être humain. Pourtant cette vision se rapproche, à travers diverses théories issues de différentes disciplines scientifiques : des découvertes de Karl Pribam relatives à la structure holographique du cerveau et de l'univers qui nous entoure, des nouvelles données de la physique qui professent que « le tout est contenu dans chaque partie », des découvertes de Rupert Sheldrake sur les possibilités de transfert d'information à distance, etc. Nous ne pouvons oublier la parapsychologie, qui confirme statistiquement, à travers des milliers de cas, des phénomènes qui nous dépassent. Et ce, bien que l'aspect parapsychologique de la nature transpersonnelle de l'être humain doive être dépassée dès le départ. Un yogi ou un lama tibétain ne sont pas des parapsychologues !...

Au cours des derniers siècles, l'homme occidental a progressé à pas de géant dans les domaines scientifiques. Pourtant nous sommes toujours incapables de nous accommoder de certaines émotions, de certaines pulsions qui font partie de notre héritage depuis le néolithique. L'humanité, entourée par une technologie qui confine à la science-fiction, vit actuellement dans une angoisse existentielle chronique. La plupart des êtres ne savent plus qui ils sont, et vivent dans un conditionnement qui leur a été imprimé dès avant leur naissance.

Pourtant, je suis persuadé qu'une transformation sous-jacente, très lente, est en train de s'opérer à l'échelle planétaire. J'en veux pour preuve la popularité croissante de toutes les formes de méditation. Et aujourd'hui, ceux qui vivent retranchés sur eux-mêmes, bien au chaud dans leur dogmatisme, sont loin d'être plus heureux que ceux qui se posent des questions sur leur nature réelle, et sur leur constitution physique, mentale, et spirituelle.

Je voudrais toutefois rappeler que se transformer soi-même n'implique en aucune manière de vivre dans un monde meilleur. Simplement, le sujet voit alors le monde tel qu'il est, avec de nouveaux yeux, dans une perspective plus large.

Dans un état de conscience élargi, il nous est possible de ramener à la conscience des souvenirs d'un passé, même antérieur à cette vie. Nous pouvons, à travers cet éveil, répondre différemment à la vision que nous avons de nous-mêmes et du monde qui nous entoure. En touchant la source de vieilles peurs, d'angoisses lointaines, nous pouvons les transcender, les exorciser. Nous pouvons transformer notre présent et notre avenir en réveillant les énergies de notre passé que nous bloquons, consciemment ou inconsciemment. A travers ces états spéciaux d'éveil, ils nous est possible une fois encore de choisir la route qui nous amènera « chez nous », au cœur de notre nature profonde.

J'ai transgressé les limites de ce qui est conventionnellement et socialement admis. Essentiellement parce que tout au long de ces années j'ai disposé d'éléments convaincants, qui m'ont prouvé que la vision que nous avions de nous-mêmes était incomplète et indéfendable. Je tiens néanmoins à préciser que je suis conservateur par nature, et qu'à plusieurs reprises, j'ai traversé des périodes de chaos conceptuel, car je ne savais plus vers quoi je m'engageais. Néanmoins, j'ai fini par me rendre compte que j'étais un peu comme le Petit Poucet : je ramassais des cailloux blancs tout au long du chemin.

Cette situation a cessé lorsque j'ai commencé à mettre au point un cadre de recherche introduisant un ordre dans les données, et permettant une intégration et une synthèse des paramètres les plus importants.

Je conçois que le lecteur éprouve certaines difficultés à accepter les idées exposées dans ce livre, car je les ai vécues moi-même. Pourtant, ma démarche ne diffère guère de celle de milliers d'universitaires lancés vers le même objectif : dépasser les vieux carcans, le sectarisme, le dogmatisme, la vision cartésienne fragmentée de l'univers.

Comme je termine cet ouvrage, je sens Paris pulser doucement dans la nuit, sous mes fenêtres. Mon esprit s'envole au-delà des villes et des villages pour englober peu à peu la planète, et m'entraîner vers les confins de l'Univers. Bien que je sois assis à mon bureau en train d'écrire, je ressens la vibration de tout ce qui m'entoure. Je sais que l'Univers est Vivant. Je sais que je suis Un avec tout ce qui vit, qui vole, qui marche, qui rampe. Je sais qu'à un niveau absolu de conscience, je suis chaque brin d'herbe, chaque arbre, chaque plante, chaque montagne, chaque vallée. Je sais que, malgré la laideur apparente et les angoisses actuelles de la Terre, ce monde est Beau. Je sais qu'il doit exister une perspective dans cette vie, beaucoup plus large, qui permettrait à chaque être d'aider son compagnon déshérité, une perspective appartenant en priorité à ceux qui ont transcendé la nature mortelle de l'être

Souvent, en contemplant les étoiles, j'ai songe qu'en chacun de nous il y avait une petite graine de lumière, cachée au plus profond de notre être. Cette lumière immortelle a toujours brillé, et brillera toujours, même lorsque notre corps physique aura disparu.

AINSI, ONT CHANTÉ À TRAVERS MOI LES ÉNERGIES DE L'ÉTERNITÉ

BIBLIOGRAPHIE

Introduction

CAPRA F., *Le temps du changement,* Rocher, 1983.
WEIL P., *La conscience cosmique,* L'homme et la connaissance, 1981.

Chapitre II

JUNG C. G., *La psychologie du transfert,* Albin Michel.

Chapitre III

LEBOYER F., *Pour une naissance sans violence,* Editions du Seuil.
TOMATIS A., *L'oreille et la vie,* Robert Laffont.
VERNY T., *La vie secrète de l'enfant avant sa naissance,* Grasset.
CHARPENTIER Louis, *Le mystère des cathédrales,* Robert Laffont.
SLOSMANN A., *La grande hypothèse,* Robert Laffont.
VON DANIKEN E., *Signs of Gods,* Berkeley Books.
CASGAH J. Y., *Les archives secrètes de l'Atlantide,* Editions du Rocher.
DONELLY I., *Atlantis,* Harper and Row.
STIERLIN H., *L'Egypte des origines à l'Islam,* Ed. Payot.
GUILMOT Max, *Les initiés et les rites initiatiques en Egypte ancienne,* Robert Laffont.
BERNARD J. L., *Aux origines de l'Egypte,* Robert Laffont.

Chapitre IV

BRAIN Mind, Vol. 10, n° 16.
FERGUSON M., *Les enfants du verseau,* Calmann Lévy.
FERGUSON M., *The aquarian conspiracy,* Tarcher.
BUCKE M., *Cosmic consciousness,* Citadelle Press, Secaucus, U.S.A.
FERRUCCI P., *What we may be,* Tarcher, Houpton and Nifflin comp.
CASTANEDA C., *L'herbe du diable et la petite fumée,* Folio 10/18.
MOUNTAIN M., *Zen environment,* Bantam, new age book.
PRIGOGINE P. & STENGERS I., *La nouvelle alliance,* Gallimard.
SHELDRAKE R., *Une nouvelle science de la vie,* Editions du Rocher.
WILBER K., *Le paradigme holographique,* Editions Le Jour.
PRIBRAM K., *Consciousness and the brain,* Editions G. Globus-Plenum.
PRIBRAM K., *Languages of the brain,* Editions Englewoods Cliffs.
TERENCE and Dennis MACKENNA, *The invisible landscape,* Ed. Seabury.
BOHM D., *Quantum theory and beyond,* Ed. Bastin-University of Cambridge.
SPANGLER D., *Révélations,* Editions Le Souffle d'or.
GROF S., *Psychologie transpersonnelle,* Editions du Rocher.
TARG et HARARY, *L'énergie de l'esprit,* Editions Flammarion.
KRIPPNER S., *Les pouvoirs psychiques de l'homme,* Editions du Rocher.
POULIOT E., *Au-delà de l'intelligence humaine,* Ed. De l'homme.
CHANGEUX J. P., *L'homme neuronal,* Ed. Fayard.
CHARON J., *Imaginaire et réalité,* Colloque de Washington, Albin Michel.
PEARCE J. P., *Exploring the crack in the cosmic egg,* Ed. W.S.P. Simon and Shuster.

Chapitre V

CAPRA F., *Le tao de la physique,* Editions Tchou.
CHARON J., *Le monde éternel des Eons,* Editions Stock.
CHARON J., *L'esprit, cet inconnu,* Albin Michel.
CHARON J., *Mort, voici ta défaite,* Albin Michel.
CHARON J., *Imaginaire et réalité,* Ed. Albin Michel.
SCHIFF J. M., *L'âge cosmique aux U.S.A.,* Albin Michel.
ZUKAV G., *La danse des éléments,* Robert Laffont.
NICOLESCU B., *Nous, la particule, le monde,* Ed. Payot.
CHARON J., *L'esprit et la relativité complexe,* Albin Michel.
HEISENBERG W., *Physics and beyond,* Ed. Harper and Row.
BEARDEN T., *Excalibur briefing,* Ed. Strawberry Hill Press.

JASTROW R., *Des astres, de la vie et des hommes,* Editions du Seuil.
LÉONARD G., *The silent pulse,* Ed. Dutton.
SPERRY R., *Brain and conscious experience,* Ed. Plenum Press.

Chapitre VI

HEAD J. & CRANSTON S. L., *Le livre de la réincarnation.* Ed. de Fanval.
MOODY R., *La vie après la vie,* Robert Laffont.
MOODY R., *Lumières nouvelles sur la vie après la vie,* Robert Laffont.
RING K., *Sur la frontière de la vie,* Robert Laffont.
KUBLER-ROSS E., *On children and death,* Editeur Mac Millan.
KUBLER-ROSS E., *La mort, dernière étape de la croissance,* Editions du Rocher.
KUBLER-ROSS E., *Extraits de conférences publiés dans le bulletin Laennec 23e année,* n° 2.
MEUROIS-GIVAUDAN A. et D., *Terre d'émeraude,* Editions Arista.
GOVINDA LAMA A., *Bardo Thodol,* Albin Michel.
HUXLEY A., *The doors of perception,* Ed. Harper and Row.
DESJARDINS A., *Pour une mort sans peur,* Ed. La table ronde.
GROF S. & HALIFAX J., *La rencontre de l'homme avec la mort,* Editions du Rocher.
CAMPBELL J., *The masks of Gods, oriental mythology,* Ed. Penguin book.
GUILMOT M., *Les initiés et les rites initiatiques en Egypte ancienne,* Robert Laffont.

Chapitre VII

GROF S., *Royaumes de l'inconscient humain,* Editions du Rocher.
LILLY J., *Les simulacres de Dieu,* Editions Groupe de Chamarande.
KRIYANANDA Goswami, *The spiritual science of Kriya yoga,* Ed. Temple of kriya yoga, Chicago.
KRISHNA G., *Kundalini,* Ed. Shamballa.
MEUROIS-GIVAUDAN A. et D., *Récit d'un voyageur de l'astral,* Editions Arista.
MEUROIS-GIVAUDAN A. et D., *De mémoire d'Essenien,* Editions Arista.
AVALON A., *La puissance du serpent,* Ed. Dervy livres.
SPANGLER D., *Conscience et créativité,* Ed. Le Souffle d'or

Chapitre VIII

WAMBACH H., *Life before life,* Ed. Bantam books.
WAMBACH H., *Revivre son passé,* Robert Laffont.
WATERS F., *The book of the Hopi,* Ed. Ballantine.
SANSONETTI P. G., *Graal et alchimie,* Ed. L'île verte-Berg international
EVOLA J., *Le mystère du Graal,* Ed. Editions traditionnelles
HAAB J., *L'alphabet des Dieux,* Ed. Jean Haab.

ASSOCIATIONS ET PÉRIODIQUES

3e millénaire, B.P. 40, 75661 Paris Cedex 14.

Habitat et Santé magazine, 20, rue Givet, 68130 Altkirch Tél. : 89.74.00.42.

Sources, 25, rue des Capucins, 69001 Lyon. Tél. : 78.29.35.84.

Question de, Editions Retz, 2, rue du Roule, 75001 Paris

Université Populaire de Paris, 48, rue de Ponthieu, 75008 Paris. Tél. : 42.25.33.42.

Institut Karma Ling, ancienne chartreuse de Saint Hugon, 73110 Arvillard. Tél. : 79.65.64.62.

Editions du Souffle d'or (livres, cassettes), B.P. 3, 05300 Barret-le-Bas.

Plénitudes (livres, cassettes), 28, boulevard des Muriers, 94210 La Varenne. Tél. : 42.83.93 01.

Arista, « l'Essenie », 24580 Plazac

En anglais

Association for Past Life Research and Therapy, P.O. Box 20151, Riverside, California 92516 U.S.A.

Lorian Association (David Spangler) P.O. Box 663, Issa quah Washington 98027 U.S.A.

The Association for Transpersonal Psychology, P.O. Box 3049. Stanford, California 94305 U.S.A.

Brain Mind, P.O. Box 42211, Los Angeles, California 90042 U.S.A.

ReVision Journal, P.O. Box 316, Cambridge, Massachusetts 02138 U.S.A.

Si vous souhaitez être tenu au courant des différentes activités de P. Drouot (séminaires, conférences, cassettes), veuillez écrire à :

Patrick DROUOT
B.P. 326
75823 PARIS Cedex 17

TABLE DES MATIÈRES

CHAPITRE PREMIER

VOYAGE AU-DELÀ DU TEMPS

CHAPITRE II

LES TECHNIQUES DE RÉGRESSION

CHAPITRE III

LES RÉGRESSIONS

CHAPITRE IV

STRUCTURES CÉRÉBRALES ET SPIRITUELLES DE L'ÊTRE HUMAIN

CHAPITRE V

LES ÉTATS SUPÉRIEURS DE CONSCIENCE ET LA SCIENCE

CHAPITRE VI

LA MORT

CHAPITRE VII

LES EXPÉRIENCES HORS DU CORPS

CHAPITRE VIII

VIES PASSÉES, VIES FUTURES ET QUÊTE DU GRAAL

Achevé d'imprimer en décembre 1989
sur presse CAMERON
dans les ateliers de la S.E.P.C.
à Saint-Amand-Montrond (Cher)

Le Rocher
28, rue du Comte-Félix-Gastaldi
Monaco

N° d'édition : CNE section commerce et Industrie, Monaco, 19023
N° d'impression : 2581
Dépôt légal : février 1987
Imprimé en France